영어회화의 개념원리를
**가장 쉽게 설명한
신개념 학습서!**

영어회화
정답노트

CHRIS SUH

MENTORS

영어회화문장, 알고보면 이렇게 만든다!
영어회화 정답노트

2025년 9월 18일 인쇄
2025년 9월 24일 발행

지은이	Chris Suh
발행인	Chris Suh
발행처	**MENTORS**

경기도 성남시 분당구 황새울로 335번길 10 598
TEL 031-604-0025 FAX 031-696-5221
mentors.co.kr
blog.naver.com/mentorsbook
* Play 스토어 및 App 스토어에서 '멘토스북' 검색해 어플다운받기!

등록일자 2005년 7월 27일
등록번호 제 2022-000130호
ISBN 979-11-94467-93-9
가 격 23,600원(MP3 무료다운로드)

잘못 인쇄된 책은 교환해 드립니다.
이 책에 게재된 내용의 일부 또는 전체를 무단으로 복제 및 발췌하는 것을 금합니다.

머리말

해도해도 안 되는 영어회화!
영어 참 어렵죠? 해도해도 안되고요. 영어를 유창하게 말하는 네이티브를 보면 부러운 게 사실이죠. 하지만 네이티브들이 그런 경지에 오르기까지 영어에 투자한 시간을 생각하면 사실 우리가 네이티브만큼 영어를 못한다고 기죽을 필요는 없습니다. 태어나면서부터 자는 시간을 빼고는 거의 모든 시간을 리스닝과 스피킹에 투자했으니까 말이죠. 물론 이건 영어를 어느 정도 말하는 사람이 기죽지 말라는 이야기이지 10년 넘게 영어하고 나서도 아직 말 한마디 못하며 어색한 침묵과 영작시간을 다 포함해서도 아직 네이티브와 단 1분도 넘기지 못하는 사람에게는 해당되지 않습니다.

영어회화문장 어떻게 만드나
그렇다면 어떻게 해야 해도해도 안 되는 「영어의 말문」을 틀 수 있을까요? 다 성인이 된 이제 와서 네이티브들이 처음 영어를 배우듯 배울 수도 없고 또 영어공부 작심 한 달, 아니 한 주를 넘기지 못하는 사람의 전매특허인 「문법부터 하겠다」라는 「나쁜각오」를 또 반복할 수도 없고요. 그럼 어떻게 영어를 말해야 하는 걸까요? 어떻게 영어회화문장을 만들어야 하는 걸까요? 어차피 뒤늦게 외국어를 배우는 입장에서는 자연적으로 습득한 네이티브와는 달리 「논리적」이고 「조직적」으로 접근할 수 밖에 없습니다.

영어문장의 기본원리
영어문장의 기본원리를 이론적으로 파악해야 한다는 말입니다. 영어문장의 기본형은 「주어+동사+보어/목적어」라는 구조이고 동사에 따라 어떤 문형을 써야 되고 또 「보어/목적어」 자리엔 단순히 「명사」나 「형용사」 뿐만 아니라 「to부정사」, 「동명사」, 그리고 「구」와 「절」이 온다는 것을 그리고 시제는 어떤 때에 어떻게 써야 되는지를 이해하고 암기한 후 이를 골격으로 많은 어휘실력을 활용하여 그 골격에 살을 붙여 문장을 만들어야 합니다. 네이티브들이 일상에서 수없는 반복을 통해 감각적으로 몸에 익힌 것을 우리는 책상에 앉아 수학공부하듯 이해와 암기를 통해 영어문장을 하나하나 「조립」해야 하는거죠.

내가 원하는 문장을 만들어
좀 더 구체적으로 말해볼까요. 예를 들어 보어를 취하는 동사로는 be를 대표로 get, seem 등이 있으며 seem의 경우 「…처럼 보인다」라는 의미로 형용사나 명사가 보어로 올 수도 있지만 'to+동사' 형태나 '(that)주어+동사'의 절이 올 수도 있다는 걸 알아두어야 하는거지요. 또한 목적어를 취하는 동사로는 know, think, like 등이 있으며 know, think는 바로, 목적어명사 뿐만 아니라 '(that) 주어+동사'라는 절이 오지만, like의 경우는 목적어로 명사나 'to+동사' 형태를 취하나 절은 오지 못한다는 등등의 이런 내용들은 어느 정도 암기하고 있어야 된다는거죠. 이 정도는 달달 암기하고 있어야 이를 토대로 동사의 시제를 정한 다음 'to+동사'나 절 등을 붙여 자기가 원하는 문장을 만들 수 있는 거죠.

네이티브와 30분 넘게
「영어회화 정답노트」라는 이 책은 네이티브처럼 영어를 배울 수 없는 현 상황에서 문법보다는 실제로 어떻게 영어회화문장을 만드냐에 초점을 두었습니다. 영어회화 해도해도 안 된다고 푸념으로 자신의 어깨를 짓누르는 대신 영어회화 "나도 할 수 있다!"라는 강한 자기암시를 통해 한번 부딪혀보기 바랍니다. 그리고 가능한 한 많은 문형들을 응용해보고 머리속에 저장해두었다가 네이티브하고 이야기할 때 바로바로 검색해서 찾아 써먹도록 해봐요. 이제 말문을 틀 뿐만 아니라 튼 말문을 계속 이어나가 네이티브와 5분이 아니라 10분, 30분 넘게도 대화를 이끌어 갈 수 있을 겁니다. 이제 영어의 진검승부는 「실제 말하고 듣는」 영어회화능력이고 바로 이게 여러분의 미래를 좌우할 겁니다.

영어회화문장의 개념원리
영어회화문장 어떻게 만드나?

1st Day
▶ 영어회화문장을 만들기 위해서는 문장을 만드는데 필요한 최소한의 룰만 있으면 됩니다.

기본형인 「주어+동사+보어/목적어」의 형태에서 형용사, 부사 등의 수식어가 붙어 문장이 길어지는 경우 그리고 형용사, 명사, 부사의 자리에 어떤 형태의 어구들이 자리를 차지할 수 있는 지를 알아봅니다.

2nd Day
▶ 생기본동사 | be, do, have, get 모르고 어떻게 영어말해?

「주어+동사+보어/목적어」에서 가장 중요한 것은 뭐니뭐니해도 '동사'죠. 그 중에서도 조동사 및 본동사로 활약하는 be, do, have 동사와 그리고 만능동사인 get은 모르면 영어가 안되는 최우선 순위 동사들입니다.

3rd Day
▶ 동사도우미, 조동사의 세계 | 조동사 몇 개로 동사의 의미를 바꿔봐

조동사는 동사 앞에 자리잡고 동사에 「미래」(will), 「가능」(can), 「의무」(must, should), 「추측」(may, might) 등의 의미를 추가해주는 역할을 해줍니다. 몇 개 안 되는 조동사로 동사들을 다양하게 활용할 수 있게 됩니다.

4th Day
▶ 주어+동사+보어 | 주어+동사에 '보어'를 붙여보자

She is cool, He's my boyfriend 수준에서 벗어나 이제는 You look great, He seems to hate you, Let's get ready for this 등 세련된 표현까지도 응용해볼 수 있도록 '동사+보어'의 표현들에 익숙해지도록 해요.

5th Day
▶ 주어+동사+목적어 | 주어+동사에 '목적어'를 붙여보자

가장 많이 쓰이는 '동사+목적어'의 구문이죠. 회화에서 빼놓을 수 없는 like, want, try 등 목적어로 「명사」 뿐만 아니라 「to 부정사」나 「동명사」를 취하는 동사들을 중심으로 알아봅니다. 그리고 목적어가 두개이거나(I'll give you a call), '목적어+보어' 형태(Don't get her pregnant) 등도 함께 학습해보죠.

6th Day
▶ 주어+동사+구/절 | 목적어(보어)가 구/절이라고 기죽지말자!

이번에는 좀 복잡해지는데요…. 목적어가 「구」나 「절」이 되는 경우입니다. 물론 「구」나 「절」이 온다고 해서 문장이 다 복잡해지거나 길어지는 건 아니죠. I don't know how to do it이라든가 I hope he's right 등 간단한 것도 많이 있거든요. 간단한 만큼 회화에서 많이 쓰이니까 자주 쓰이는 걸 중심으로 정리해보기로 합니다.

7th Day
▶ 동사의 시제 | 언제까지 I go to a party yesterday라고 할건가!

우리들이 실전 회화시 많이 실수하는 부분이죠. 모든 걸 현재로 말하는 습관이 있는데요, 미래면 '미래,' 과거면 '과거'로 어느 정도는 맞추어서 말해야 아니면 듣는 사람 무척 헷갈리지요. 과거시제와 미래를 나타내는 be going to, 그리고 욕심내서 현재완료까지 연습해보도록 하죠.

8th Day
▶ 의문사 의문문 | 의문사로 내가 먼저 말하기

공격이 최선의 방어라는 말이 있지요. 소극적으로 네이티브들의 물음에 답하기에 진땀 빼기보다는 먼저 궁금한 사항들을 적극적으로 물어보면서 대화를 주도적으로 이끌어갈 수 있는 표현들을 집중적으로 연습해보죠.

9th Day
▶ 영어문장 바꿔서 말해보기 | 좀 특이하게 말해보기

단조롭게 A는 B다라고 계속 말하기 보다는 「A는 B보다 낫다」, 「~였으면 얼마나 좋을까」, 「~를 해라」 등 다양한 표현방식을 배워봅니다. 그래야 내가 원하는 걸 좀더 정확히 말할 수 있게 되니까요.

10th Day
▶ 영어회화 연결어모음 | 문장에 탄력을 대화에 자연스러움을!

마지막으로 by the way, you know what, actually 등 의사전달의 핵심내용은 아니지만 그런 핵심내용들을 전달하는데 중간중간 자연스럽게 연결해주는 「윤활유」 같은 역할을 하는 표현들 혹은 You did a good job!, You can say that again!, That's too bad 등등 상대방의 말을 잘 받아쳐서 대화를 원활하게 이어주는 표현들을 정리해보죠. 일명 'linking expressions'라고도 하는데요, 집을 인테리어하는 마음으로 자기가 말하는 문장을 잘 가꾸어보도록 해요.

이 책을 제대로 보는 법!

정답노트
정답노트의 설명순서이며 바로 아래 문장은 정답노트의 주요 내용을 우리말로 정리하였습니다.

She is hot or I know her
엔트리 표현이죠. 설명하고자 하는 문형의 「대표표현」으로 가급적 가장 많이 알려져 있는 표현을 선정했습니다.

정답노트 001

문장의 기본형만 알아도 영어로 말할 수 있다!

She **is hot** or I **know her**
저 여자 멋지네 혹은 나 쟤 알아

영어문장의 기본형은 주어+동사+보어 아니면 주어+동사+목적어이죠. 이 두 가지 문형만 잘 활용하면 웬만한 영어문장은 다 만들 수 있다는거죠. 먼저 동사별로 보어를 취하는 경우와 목적어를 취하는 경우를 알아두고 다음 보어와 목적어 자리에는 어떤 형태의 단어들이 오는지를 파악해야 합니다. 여기서는 동사와 보어/목적어들이 한 단어로 이루어진 가장 단순한 주어+동사+보어/목적어의 문장들을 살펴보는데, 보어자리에는 주어를 보충해주는 단어로 명사 혹은 형용사가, 그리고 목적어의 자리에는 명사, 대명사가 오게 됩니다. 우리말로는 "주어가 ~이다", "주어가 ~하다"라는 의미가 되죠.

우리말 설명
「대표표현」이 속한 문형의 구성 및 사용법을 자세히 설명하였을 뿐만 아니라 약간 변형되거나 응용된 표현들도 함께 설명을 붙였습니다.

이것만은 꼭! 외워두자
주어 + 동사 + 보어/목적어
···가 ···하다[한다]

1. 나는 바빠는
   I'm busy.

2. 난 그녀가 좋아는
   I like her.

3. 안좋은 소식이 있어는
   I have some bad new.

이것만은 꼭 외워두자!
「대표표현」외에 자주 쓰이는 표현들을 모아 학습하는 문형이 실제 어떻게 쓰이는 지를 확인하는 자리입니다. 가능하면 이 정도의 표현들은 외워두는 게 좋습니다. 기억이 나야 응용도 하니까 말이예요.

암기가 잘 되도록 문장옆이나 아래의 점선위에 영어문장을 필사해봅니다. 눈으로만 보고 지나가는 것보다는 한번 써보는게 훨씬 기억에 오래 남으니까요.

A: I'd like to speak to Ms. Lee, please.
B: I'm sorry, but she's busy at the moment.
  A: 안녕하세요. 리 씨와 통화하고 싶은데요.
  B: 죄송합니다만 그분은 지금 바쁘십니다.

A: Do I know you?
B: Yes, we met at a conference last year.
  A: 우리가 아는 사이든가요?
  B: 그럼요, 작년에 어떤 회의에서 만났었죠.

A: I really like the sofa in your display.
B: It's real good buy at that price.
  A: 전시된 소파가 정말 맘에 드네요.
  B: 저 가격이면 정말 잘 사시는거에요.

Magic Talk!

자세한 설명과 실제 예문들을 통해 익숙해진 문형이라도 실전처럼 「대화의 틀」 속에서 연습해보지 않으면 무용지물입니다. 회화는 혼자하는게 아니잖아요. 간단하지만 AB의 대화틀 속에서 학습한 문형의 쓰임새에 익숙해지도록 해요.

주어+be동사+명사[형용사]

보어가 명사일 때는 주어=보어의 관계가 성립되고 보어가 형용사일 때는 보어가 주어의 상태를 말하죠.

I am a student. 난 학생이다. (I = student)
She is gorgeous. 그녀는 멋지다.(She ≠ gorgeous)

추가 Tips

못다한 이야기를 하는 자리로 자주 쓰이는 예문을 추가한다든지 혹은 문형의 변형이라든가 함께 알아두면 좋은 표현들을 담아두는 자리입니다. 부담없이 자신의 「영어실력의 외연」을 넓히도록 해요.

Need Something More?
동사의 종류, 좀 더 친절하게

1 본동사와 조동사

문장의 가장 핵심이 되는 동사는 본동사라고 하고 본동사 앞에서 본동사의 의미를 보충해주는 것을 조동사라고 합니다. I will do it은 그것을 하긴 하되 미래(will)에 하겠다는 것을, I must do it은 그것을 꼭 해야한다(must)는 것을, I can do it은 그것을 할 수 있음(can)을 각각 부가적으로 말해주는 것입니다. 조동사로는 인칭에 따라 화려하게 변화하는 be, do, have, 인칭에는 변화하지 않지만 시제에 따라 변하는 will, shall, can, may, 그리고 불변하는 must, ought to 등이 있습니다.

- **I think I must be going now.** 지금 가봐야 될 것 같아요.
- **Can you get me a ticket?** 나한테 티켓 하나 구해줄 수 있어요?
- **You don't have to say you're sorry.** 미안하단 말은 할 필요 없어요.
- **What should I wear to the party tonight?**
  오늘 밤 파티에 뭘 입고 가는 게 좋을까?
- **I may quit this job.** 회사 그만둘지 몰라.

Need Something More?

그래도 못다한 이야기가 있을 경우에 만든 공간으로 알아두면 좋은 영어회화지식들을 정리해놓았습니다. 여러분의 영어이해에 도움이 되기를 바랍니다.

CONTENTS

1st Day 013
영어문장 어떻게 만들어?

01. 문장의 기본형만 알아도 영어로 말할 수 있다!
    She is hot or I know her
02. 그럼 왜 문장이 길어질까? - 수식어때문 1
    -형용사가 명사를 수식하는 경우-
    I met a hot girl
03. 왜 문장이 길어질까? - 수식어때문 2
    -부사가 동사/부사/형용사를 수식-
    I met a really hot girl last night
04. 그럼 문장이 복잡해지는 건? - 상당어구 때문 1
    -명사처럼 쓰이는 것들-
    I like to see a movie
05. 그럼 문장이 복잡해지는 건? - 상당어구 때문 2
    -형용사처럼 쓰이는 것들-
    Would you like something to drink?
06. 그럼 문장이 복잡해지는 건? - 상당어구 때문 3
    -부사처럼 쓰이는 것들-
    I'm here to pick up Mona
07. 뭐니뭐니해도 문장의 핵심은 동사 1
    -동사의 종류도 각양각색-
    I will not let it happen again
08. 뭐니뭐니해도 문장의 핵심은 동사 2
    -동사가 시간을 말해줘-
    I saw her yesterday

2nd Day 033
be, do, have, get 모르면 영어회화못해~

01. be+명사[형용사]는 주어의 신분이 무엇인지 혹은 상태가 어떤지를 말할 때 사용한다
    She's amazing!
02. be+형용사 뒤에 전치사+명사를 붙여 좀 더 자세히 말해봐~
    I'm worried about you
03. be동사 다음에 바로 부사(구)도 올 수 있어
    I will be there in a moment
04. This is~ 다음에 명사, 형용사, 전치사+명사를 넣어봐
    This is my friend, Jim
05. That's~ 다음에는 명사, 형용사만 넣어봐
    That's a good idea
06. It's 다음에는 명사, 형용사, 전치사+명사를 넣어봐
    It's okay
07. be동사와 주어를 살짝 바꿔보자
    Are you sure?
08. be동사가 아님 do~를 맨 앞에 붙여 물어본다
    Do you like that?
09. 부정할 때는 동사 앞에 don't나 doesn't를 붙여봐
    I don't think so
10. do가 조동사로 많이 쓰이지만 본동사 의미도 알아두어야…
    I'll do my best
11. have를 '갖고 있다'라고만 해석하면 안되지요
    I have a little problem
12. 부정형 don't have+명사는 …가 없어라는 말
    I don't have a choice
13. ~가 있어?라고 물어보려면 Do you have+명사?
    Do you have a DVD player?
14. have got은 그냥 have로 생각해야
    I've got something for you
15. got it은 그것을 갖고 있다???
    I got it

3rd Day 065
조동사로 동사를 다채롭게~

01. 미래는 will 하나면 만사 OK
    I'll call you later
02. Will you~?로 상대방에게 뭘 해달라고 하기
    Will you help me?
03. Will you~?보다 더 정중하게 하려면 Would you ~?로
    Would you do me a favor?
04. should는 무늬만 과거 내용은 현재
    You should talk to me
05. can은 할 수 있다 can't는 하면 안돼
    I can do it
06. You can[can't]~은 상대방에게 허락하거나 금지할 때
    You can go now
07. Can I~ ?는 상대방에게 뭔가 제안하거나 혹은 상대방의 허가를 받을 때
    Can I get you something?
08. Can[Could] you~ ?은 상대방에게 뭔가 부탁을 할 때
    Can you come over here?
09. must+동사는 꼭 해야 되지요
    I must go now
10. must be~는 …임에 틀림없다고 자신있게 추측하면서

You must be tired
11. I have to~는 (난) …해야 겠어
    I have to ask you something
12. You have to~ 로 너를 생각하며 충고해보기
    You have to go there right now
13. 조심스럽게 상대에게 부탁을 할 땐 May I+동사?
    May I help you?
14. 잘 모르는 이야기도 해야 될 때가 있죠, 이땐 may로
    You might be right
15. 예전에 …했었다고 할 때는 used to를
    I used to go to church

4th Day 099
주어+동사에 보어를 붙여보자

01. be+형용사+to+동사는 아예 공식으로 외워라
    She will not be able to do it
02. I'm afraid ~로 미안한 이야기를 부드럽게
    I'm afraid you're wrong
03. I'm glad~로 기쁜 마음을 전달해
    I'm glad you like it
04. I'm sorry~ 로 미안해~
    I'm sorry to hear that
05. I'm sure~ 로 자신있는 이야기를 해보자
    I'm not sure what you mean
06. 겉모습이 …한 것처럼 보일 땐 seem+보어로
    You seem a little nervous
07. 온 몸으로 느끼는 동사들도 형용사를 보어로 취해
    It sounds good to me
08. get+형용사, get은 안끼는 데가 없지요
    Don't get mad at me

5th Day 117
주어+동사에 목적어를 붙여보자~

01. like로 내가 평소에 뭘 좋아하는지 말해보자
    I like her a lot
02. 지금 바로 뭔가를 원할 때는 I'd like~로
    I'd like a window seat
03. 지금 뭔가 하고 싶을 때는 I'd like to+V로
    I'd like to check out now
04. 상대방이 지금 뭘 원하는지 물어보고 싶을 때는 Would you like+명사?
    Would you like some juice?

05. 상대방이 지금 뭘 하고 싶은지 물어볼 땐 Would you like to+동사?
    Would you like to go to a movie?
06. 좀 더 직설적으로, 나 … 할래
    I want to talk to you
07. 상대방에게 …하라고 부탁이나 희망할 땐 I want you to+동사
    I want you to come here
08. 상대방이 뭘 하고 싶은지 물어보려면 Do you want+명사/to do?
    Do you want to go out with her?
09. 내가 먼저 알아서 긴다, Do you want me to+동사?
    Do you want me to quit?
10. 내가 뭐 좀 해야 되겠어, I need +명사/to+동사
    I need to talk to you
11. 안 해도 된다, You don't need to+동사
    You don't need to worry about it
12. enjoy로 재미나게 즐겨보려면 enjoy+명사[~ing]
    I really enjoyed it
13. 한잔 땡길 때는 I feel like ~ing
    I feel like having a drink
14. 조심스럽게 부탁하거나 허락받으려면 Do you mind~ing/if~로
    Do you mind picking me up tomorrow?
15. 쉬지않고 계속 키스하고플 땐 keep kissing이라고 해야
    Why do you keep saying that?
16. 오늘 이 순간 한번 해보자구요 Try!
    I'll try to be more careful
17. …하는 게 좋을 걸, You'd better+V
    You'd better hurry
18. 동사 두개가 바로 이어진 go get~이 이상하다고요???
    Let's go get some ice cream
19. get A B, A에게 B를 가져다주거나 혹은 사서 가져다주거나
    Can I get you something?
20. give A B, A에게 B를 주다
    I'll give you a call
21. ask A B, A에게 B를 물어봐라
    Let me ask you a question
22. call A B, A를 B라고 부르다
    Don't call me chicken
23. …하게 해주면 make[get], …하게 놔두면 keep[leave]
    He makes me happy
24. I told you to+동사, …하라고 말했잖아
    I told you to get out of here!
25. 돼 안돼?(be allowed to+V)
    You're not allowed to smoke here

26. 내가 다른 사람보고 뭘 하도록 시키고 싶을 땐
    have+사람+동사
    I'll have him call you back

27. 다른 사람이 나의 것을 어떻게 해주었을 땐
    have+사물+pp
    I had my hair cut

28. 다른 사람을 …하게 만들 때는
    make+사람+동사
    What makes you say that?

29. 내가 자발적으로 뭔가를 하겠다고 말할 땐
    Let me+동사
    Please let me go

30. 도와줄 때는 간단히, to를 빼고 말하자
    Can you help me get dressed?

31. 보고 듣는 것도 동사원형을 좋아해
    I saw her kissing you

32. 달랑 동사 하나보다는 동사+명사로 말해봐 1 - make
    I made a big decision

33. 달랑 동사 하나보다는 동사+명사로 말해봐 2 - take
    You have to take a look at it

6th Day 185

주어+동사에
구와 절을 붙여보자~

01. 단어가 아닌 구를 목적어로 붙여보자 1 - know
    Let me know how to do it

02. 단어가 아닌 구를 목적어로 붙여보자 2 - tell과 show
    Can you tell me how to stop it?

03. It seems~ 다음에 주어+동사의 절을 넣어보자
    It seems that we got lost

04. It looks like~ 다음에 주어+동사의 절을 넣어보자
    It looks like it's going to rain

05. I feel like~ 다음에 주어+동사의 절을 넣어 보자
    I feel like it's my fault

06. know는 절을 목적어로 받기 좋아해 1
    I know what you mean

07. know는 절을 목적어로 받기 좋아해 2
    I don't know what I should do

08. know는 절을 목적어로 받기 좋아해 3
    Do you know what I'm saying?

09. think도 절을 목적어로 받기 좋아해 1
    I think I'd better be going now

10. think도 절을 목적어로 받기 좋아해 2
    I don't think it's a good idea

11. think도 절을 목적어로 받기 좋아해 3
    Do you think she likes me?

12. I guess는 I think와 비슷해
    I guess you're right

13. 정말 몰라 궁금할 때는 I wonder what[if] 주어+동사
    I wonder what's going on

14. 믿기지 않은 놀라운 일을 말할 땐
    I can't believe 주어+동사
    I can't believe you did that

7th Day 215

시제를 제대로 말하기

01. 현재가 미래를 말한다?
    I'll come and get you when I'm done

02. 나 …에 간다, I'm going to+장소
    I'm going to China

03. 나 …하려고 생각중야, I'm thinking~
    I'm thinking of going on vacation

04. 진행형으로 굳어져 쓰는 표현들
    I'm having fun

05. be going to+동사에서 'go'는 '가다'가 아냐
    I'm really going to miss you

06. it's going to~ 는 앞으로 …일거야
    It's going to be okay

07. I go to a night club yesterday가 말이 되냐고요!
    I went to a party last night

08. 과거형 took, made, knew도 잘 쓰이죠
    I took her to a romantic restaurant

09. 과거를 부정할 땐 didn't로
    I didn't do it

10. …한 줄 알았어, I thought 주어+동사
    I thought you were a good kisser

11. 어디서 들은 이야기 전해주기, I heard 주어+동사
    I heard things are changing

12. 직접 들은 이야기 전해주기 He said 주어+동사
    She said she wanted to marry me

13. 과거부터 지금까지 쭈~욱은 have+pp
    She has worked here for 3 years

14. "어디 갔었어?"도 현재완료로
    I have been to the station

8th Day 245

의문사로 왕창 물어보기~

01. 이게 뭐야? (What is/are+명사?)
    What's the problem?

02. What is/are+명사+like?는
    How is/are+명사?와 같아
    What is the weather like in Korea?

03. 무슨 일이야?, 왜그래?
What's wrong with you?
04. 무엇이 어떻다고요? 1
What makes you think so?
05. 무엇이 어떻다고요? 2
What happened?
06. 너 뭐를 …하는거야?
What are you talking about?
07. 너 뭐 할거야?
What are you going to do?
08. 너 뭐 …하니?
What do you do?
09. 무슨 말이냐고요?
What do you mean you quit?
10. …하는 게 어때?
What do you say we take a break?
11. …에 대해 어떻게 생각해?
What do you think of that?
12. 뭘 원하냐고요?
What do you want to do?
13. 뭐라고 한거야?
What did you say to her?
14. 원하는 걸 말해봐?
What can I do for you?
15. 언제 …야?
When's the wedding?
16. 언제 …할거야?
When are you coming back?
17. 언제 …하는 거야?
When do you want to go?
18. 어디있는지 말해봐(Where is+명사?)
Where is everybody?
19. 어디 가요?
Where are you going?
20. 어디서 …하는 거야?
Where do you want to go?
21. 어디서 …할까?
Where can I meet you?
22. 누구야?
Who's next?
23. 누가 …하는 거야?
Who wants to go first?
24. 누구를 …해요?
Who do you work for?
25. 이젠 선택해야 할 시간
Which do you like better?

26. …하는 게 어때?
Why don't you come with me?
27. 왜 …하지 않았어?
Why didn't you tell me?
28. …가 어때?
How's your family?
29. 어떻게 …해?
How do you like the steak?
30. …하는 게 어때?
How would you like your steak?
31. 어떻게 그럴 수가?
How can you say that?
32. 몇이나? How many~ ?
How many women have you been with?
33. 얼마나 많이? How much ~ ?
How much is it?
34. 얼마나 길게, 얼마나 빨리, 얼마나 자주?
How long does it take to get there?
35. …은 어때? How about ~?
How about tomorrow?
36. 어째서? How come~?
How come you're late?
37. ~ 그지?, 그렇지 않아?
You don't know her, do you?
38. …하지 않냐?
Isn't it amazing?

9th Day ················· 325
영어회화, 좀 특이하게 말해보기

01. …만큼 …해
I'm coming as quickly as I can
02. as many/much as, as good/well as
She's not as good as you
03. …보다 더 …하다(~ than)
She's doing it better than me!
04. 강조의 지존은 최상급, the most ~
You're the most wonderful girl!
05. …한다면 …할 것이다
I'll come at 11:30 if that's okay
06. 지금의 '나' 아닌 '나'를 가정해본다
If I were you, I would not go
07. 내가 …라면
I wish she was my wife
08. Be로 시작하는 명령문
Be careful!
09. 상대방에게 주의나 충고를 주는 명령문
Take it easy!

10. 상대방에게 격려하는 명령문
Keep going!

11. 상대방에게 사정하는 명령문
Give me a break!

12. 진짜 명령하는 명령문
Get out of here!

13. 길안내하는 명령문
Get off at the second stop

14. 인사하는 명령문
Have a nice weekend!

15. 상대방에게 권하는 명령문
Help yourself

16. Let's로 함께 하자고 말해봐
Let's do that!

17. 하지 말란 말이야!
Don't do that!

18. 어머 놀라워라!
What a small world!

19. 당신 참 …하네요
You're such a good friend!

20. 관계대명사는 형용사이다! (선행사 포함하는 what은 제외)
There's something you should know

21. 관계대명사 what은 회화에서 즐겨 사용해
That's not what I want

22. …가 있어요, There is/are+명사
Is there a problem?

23. …하기가 …하네요, It's+형용사 to+동사
It's hard to believe

24. 해도 돼요? Is it okay to+동사?
Is it okay to come in?

25. 이제는 …할 시간, It's time to+동사
It's time to go

26. …하는 것 같아, It's like ~
It's like you don't believe it

27. 넌 …라고 했어, You said 주어+동사~
You said you wanted to talk about it

28. 내가 알아볼게, I'll check to see if ~
I'll check to see if he's okay

29. 바로 그래서, That's why 주어+동사
That's why we're here

03. 구체적으로 예를 들어보라고?
Like what?

04. 조금만 a little bit
It's a little bit different

05. 그건 그렇고 다른 이야기를 하자면
By the way, I like suits

06. 내 말은 말야
I mean, what about you?

07. 네 말이 이 말?
You mean, like this?

08. then은 그때, 그럼, 그리고 나서
I'll see you then

09. 그 이후에
What happened after that?

10. 금방
I'll be back in a minute

11. 잠시만요
Can I talk to you for a second?

12. 가고 있는 중이야
I'm on my way

13. 어, 저기 말야
You know, I think that's a good idea

14. 상대방의 관심을 불러일으켜라
You know what?

15. 상대방의 말에 맞장구를 치자
You did?

16. 뭐라고요?
I'm sorry?

17. 좋아
All right

18. 상대방의 말에 적극적으로 동의하기
You can say that again!

19. 상대방의 기쁨에 축하해주기
Good for you!

20. 고맙다고 말하는 상대방에게 괜찮다고 말하기
You're welcome

21. 상대방에 괜찮다고 관용을 베풀 때
Don't worry about it

22. 상관없다고 말하기
It doesn't matter to me

23. 모든 걸 다 알 수는 없잖아요?
I have no idea

24. 오해는 풀기 전에 막아야
Don't get me wrong

25. 불쌍한 상대방 위로해주기
That's too bad

26. 고맙다고 말하기
Thank you for the ride

10th Day

영어문장 이렇게도 말해봐?

01. Sure는 가벼운 Yes, Okay
Sure

02. 정말이지, 사실은(in fact, ~)
In fact

1st Day

영어문장 어떻게 만들어?

정답노트 001
문장의 기본형만 알아도 영어로 말할 수 있다!

She is hot or I know her
저 여자 멋지네 혹은 나 쟤 알아

영어문장의 기본형은 주어+동사+보어 아니면 주어+동사+목적어이죠. 이 두 가지 문형만 잘 활용하면 웬만한 영어문장은 다 만들 수 있다는거죠. 먼저 동사별로 보어를 취하는 경우와 목적어를 취하는 경우를 알아두고 다음 보어와 목적어 자리에는 어떤 형태의 단어들이 오는지를 파악해야 합니다. 여기서는 동사와 보어/목적어들이 한 단어로 이루어진 가장 단순한 주어+동사+보어/목적어의 문장들을 살펴보는데, 보어자리에는 주어를 보충해주는 단어로 명사 혹은 형용사가, 그리고 목적어의 자리에는 명사, 대명사가 오게 됩니다. 우리말로는 "주어가 ~이다," "주어가 ~하다"라는 의미가 되죠.

이것만은 꼭! 외워두자

주어 + 동사 + 보어/목적어
…가 …하다[한다]

1. 나는 바빠는
I'm busy.

---

2. 난 그녀가 좋아는
I like her.

---

3. 안좋은 소식이 있어는
I have some bad new.

014

Magic Talk!

A: I'd like to speak to Ms. Lee, please.
B: I'm sorry, but she's busy at the moment.
   A: 안녕하세요, 리 씨와 통화하고 싶은데요.
   B: 죄송합니다만 그분은 지금 바쁘십니다.

A: Do I know you?
B: Yes, we met at a conference last year.
   A: 우리가 아는 사이든가요?
   B: 그럼요, 작년에 어떤 회의에서 만났었죠.

A: I really like the sofa in your display.
B: It's real good buy at that price.
   A: 전시된 소파가 정말 맘에 드네요.
   B: 저 가격이면 정말 잘 사시는거예요.

주어+be동사+명사[형용사]

보어가 명사일 때는 주어=보어의 관계가 성립되고 보어가 형용사일 때는 보어는 주어의 상태를 말하죠.

I am a student. 난 학생이다. (I = student)
She is gorgeous. 그녀는 멋지다.(She ≠ gorgeous)

정답노트 002

그럼 왜 문장이 길어질까? - 수식어때문 1
- 형용사가 명사를 수식하는 경우 -

I met a hot girl
멋진 여잘 만났어

이야기를 하다 보면 주어+동사+보어/목적어로 된 문장들만을 말할 수는 없지요. 예를 들어 I met a girl로 해도 완벽한 영어문장이지만 화자는 만난 여자가 어떻다는 추가 정보를 주고 싶고 그래서 명사인 girl 앞에 끝내준다(hot)는 형용사를 붙인거죠. 이렇게 명사를 꾸며주는 단어를 형용사라고 이런 수식어들이 많이 붙으면 붙을수록 문장이 길어지는거예요. 형용사는 가끔은 뒤에서이지만(something new) 대부분 명사의 앞에서 명사를 수식해줍니다.

형용사 + 명사
…한 ~

1. 참 좋은 생각이다!는

That's a great idea!

2. 걔는 머리가 진짜 멋져는

She's got gorgeous hair.

3. 뭔가 새로운 일이 생겼구만은

There's something new in your life.

Magic Talk!

A: You did a good job! I was very impressed.
B: Thank you.
   A: 정말 잘 했어! 매우 인상적이었어.
   B: 고마워.

A: I really want to get a set of new golf clubs.
B: How much can you afford to spend?
   A: 새 골프세트를 꼭 하나 구입하고 싶은데요.
   B: 예산은 얼마쯤 잡고 계시는데요?

A: You don't have to say you're sorry.
B: Sure I do. It was all my fault.
   A: 미안하단 말은 할 필요 없어요.
   B: 어떻게 그래요. 이게 다 제 잘못인데.

회화에서 많이 쓰이는 형용사

I'm a huge fan of the Yankees 난 양키스 열성팬이야.

Hot(멋진, 죽여주는), huge(굉장한)처럼 회화에서 많이 쓰이는 형용사로는 cool(멋진), fabulous(굉장한, 멋진), awesome(멋진), amazing(놀라운), weird(이상한), pathetic(한심한), ridiculous(우스꽝스러운) 등이 있습니다.

You're awesome man! 너 정말 캡이다!
This is so weird. 거 참 이상하네.

정답노트 003

왜 문장이 길어질까? - 수식어때문 2
-부사가 동사/부사/형용사를 수식-

I met a **really hot girl** last night
어제 밤에 정말 죽여주는 여자를 만났어

형용사와 더불어 수식어로 맹활약하고 있는 것으로는 부사가 있는데요, 부사는 수식하는 범위와 종류가 훨 다양합니다. 먼저 부사는 형용사가 말하는 상태의 '정도'를 표현합니다. 위의 'really hot girl'은 여자가 끝내주지만(hot) 얼마나 끝내주는지 그 '정도'를 부사인 'really'(정말)가 수식해주는 경우이죠. 또한 부사는 동사를 수식하기도 하는데 위 문장에서 보면 동사의 행위인 'met'이 언제 이루어졌는지를 last night 이란 부사를 통해 시간을 말해주고 있습니다. 그리고 형용사, 동사 외에도 부사는 동족인 부사도 수식(very carefully)하기도 합니다.

동사 + 부사, 부사 + 형용사[부사]
…하게

1. 난 언제나 널 사랑할거야는
   I will always love you.

2. 어제 네 여자친구에게 키스했어는
   I kissed your girlfriend last night.

3. 매우 신중히 이야기를 들어봐는
   You have to listen very carefully.

Magic Talk!

A: I got to run.
B: See you later.
   A: 뛰어가야겠어.
   B: 나중에 봐

A: We're having a big sale this week.
B: When does the sale start?
   A: 이번 주에 대 바겐 세일이 있습니다.
   B: 언제부터 세일인데요?

A: You work too hard, Mary.
B: Yes, but there is always something to do.
   A: 메리, 당신 일이 너무 많군요.
   B: 맞아요, 하지만 할 일이 끊이지 안잖아요.

Absolutely! 물론이죠!

부사가 단독으로 문장이 되는 경우로 주로 대답을 할 때 쓰이죠. Absolutely 외에 Certainly(확실해), Definitely(틀림없어) 등이 대표적이며, 부정으로 말하려면 Absolutely not!(절대 아냐)처럼 뒤에 not을 붙여주면 됩니다.

A: Is that really necessary? 꼭 그래야 돼?
B: Absolutely! 물론이지!

정답노트 004

그럼 문장이 왜 복잡해지는건? - 상당어구 때문 1
-명사처럼 쓰이는 것들-

I like **to see** a movie
영화보는 걸 좋아해

비록 수식어인 형용사와 부사가 붙었지만 주어+동사+(형용사)+명사+부사 정도의 구조는 그리 복잡해 보이지 않죠. 그럼 왜 문장이 복잡하고 또 길어질까요? 그건 문장구조를 이루는 명사(주어, 목적어), 동사, 형용사, 부사 등이 한 단어가 아닌 여러 단어 여러 형태로 쓰이기 때문이죠. 우리가 상당어구라고 말하는 것들 때문이라는 말이죠. 위 문장에서 보면 주어는 'I', 동사는 'like' 그리고 목적어인 명사자리에 '영화를 보는 것', 즉 'to see a movie'가 나왔는데, 즉 다시 말해서 to+동사가 마치 명사처럼 사용된 거죠. 그럼 이렇게 명사가 아니면서도 문장 내에서 명사처럼 사용되는 것들로는 to+동사의 부정사 외에도 동사의 ~ing형태인 동명사, 그리고 주어+동사의 절을 이끄는 that절, 의문사절 등이 있습니다.

이것만은 꼭! 외워두자

to+V, ~ing, (that) 주어+동사
···하는 것, ···하기, ···한 사실

---

1. 집에 가고 싶어는

I want to go home.

---

2. 걔하고는 그만 놀아!는

Stop hanging out with her!

---

3. 걔가 그걸 좋아하기를 바래는

I hope she likes it.

Magic Talk!

A: Would you like to go to the movies tonight?
B: Sure, but do you know what movie is showing?

　A: 오늘 밤 영화 보러 갈래요?
　B: 좋죠, 근데 무슨 영화 하는데요?

A: Why are you so angry at me?
B: Because you said I was fat and ugly!

　A: 왜 그렇게 나한테 화를 내는 거죠?
　B: 나보고 뚱뚱하고 못생겼다면서요!

A: I want to buy a snowboard.
B: Are you an experienced snowboarder.

　A: 스노우보드를 사고 싶어.
　B: 스노우보드 잘 타?

주어가 길어지는 경우

명사는 주어와 목적어자리에 올 수 있기 때문에 자연 명사상당어구인 to부정사, 동명사(~ing) 그리고 절 등도 주어와 명사자리에 올 수 있죠. 하지만 실제 회화에서는 목적어자리에는 모두 다 가능하지만 주어자리의 경우에는 to부정사나 절을 주어로 쓰는 건 피하는게 좋습니다. 다만 What I'd like to say is ~, All I'm asking is~ 와 같은 몇몇 절이 주어가 되는 표현들을 알아두면 됩니다.

정답노트 005

그럼 문장이 복잡해지는 건? - 상당어구 때문 2
-형용사처럼 쓰이는 것들-

Would you like something to drink?

뭐 좀 마실래요?

명사만 상당어구가 있는 건 아닙니다. 형용사의 경우도 형용사가 아니면서 형용사처럼 사용되는 것들이 있지요. 위 문장인 "Would you like to something to drink?"에서 보면 'something to drink'는 '마실 물'이라는 의미로 'to drink'는 마치 형용사처럼 명사 something을 수식해주고 있는거죠. to+동사의 부정사가 형용사처럼 명사 뒤에서 수식해주고 있는 경우입니다. 이처럼 형용사처럼 사용되는 것들로는 to+동사 외에 관계대명사, 분사 그리고 전치사구 등이 있습니다.

이것만은 꼭! 외워두자

명사+to+V/ 명사+~ing/ pp+(명사)/ (관계대명사) 주어+[동사]

…한, …할

1. 할 일이 많아는

   I've got so much to do.

2. 내가 뭐 좀 도와줄까?는

   Is there something I can do for you?

3. 난 딸기 아이스크림이 정말 좋아!는

   I'm a real fan of strawberry!

Magic Talk!

A: You look stressed out. What's wrong?
B: I've got so much to do and I have to go now.

    A: 스트레스에 지쳐 빠진 것 같으네. 무슨 일이야?
    B: 해야 할 일이 너무 많아서 지금 가야돼.

A: Do you have time to have a quick coffee?
B: If we go right now I do.

    A: 빨리 커피 한잔 할 시간 있어요?
    B: 지금이라면 괜찮아요.

A: Here are the tickets to the concert that I promised.
B: I don't know how to thank you!

    A: 내가 주기로 약속했던 공연 티켓 여기 있어요.
    B: 이거 고마워서 어쩌죠!

관계대명사와 접속사의 차이점

관계대명사는 두 문장의 공통어 두개를 하나의 관계대명사로 바꾸고 그 연결고리를 중심으로 두 문장을 연결하는 것으로(I have a friend who lives in New York), 관계대명사 이하의 문장은 주어나 목적어가 없는 불완전문장이 오며 반면 접속사의 경우는 완벽한 두 문장을 연결하는 것으로 접속사 이하의 문장 (I think that she is gorgeous)은 완벽합니다.

정답노트 006

그럼 문장이 복잡해지는 건? - 상당어구 때문 3
-부사처럼 쓰이는 것들-

I'm here to pick up Monna
모나 데리러 왔는데요

부사 역시 명사, 형용사의 경우처럼 부사처럼 사용되는 구나 절이 있는데요, to+동사 형태의 부정사, 그리고 전치사+명사 등의 형태로 된 부사구(until now, in the lobby), 또한 접속사+주어+동사의 형태인 부사절(~when he was young, ~because I was so busy today) 등이 있습니다. 부사처럼 정도나 시간, 장소, 이유, 방법 등을 의미하죠. 너무 복잡하기 때문에 분석적으로 미세하게 정리할 필요는 없고요 그냥 대강 이런 형태들이 부사처럼 쓰이고 그리고 이런 것들이 붙어서 다양하게 문장을 말할 수 있는 거구나 정도로만 알아두면 됩니다.

이것만은 꼭! 외워두자
to+V / 전치사+명사 / 접속사+주어+동사
…하기 위해, …할 때, …때문에

1. 3시에 회의 있어요는
   You've got a meeting at three.

2. 모나 데리러 왔는데요는
   I'm here to pick up Monna.

3. 전화할 때 자리에 없었어는
   I wasn't in when you called.

Magic Talk!

A: Why are you so mean to me?
B: Because you are an idiot!
   A: 넌 왜 그렇게 나한테 야박하니?
   B: 넌 바보니까.

A: How are you feeling these days?
B: I'm getting better every day.
   A: 요즘 기분 어때?
   B: 매일 나아지고 있어.

A: It's good to hear from you again!
B: I'm glad to see you, too
   A: 너로부터 소식을 다시 듣게 돼 좋아!
   B: 나도 너를 보게 되어 기뻐.

부사구 or 전치사구?

전치사구는 전치사+명사(in summer), 혹은 전치사+명사+전치사(in spite of)의 형태로 문장내에서 전치사처럼(because of), 형용사처럼(How can I be of assistance to you?) 혹은 부사처럼(on foot) 쓰이는 경우를 말하죠. 그리고 부사구는 이처럼 전치사구의 형태(in detail, with care) 중 부사처럼 쓰이는 것, 그리고 first of all, all the time, right away 등 다양한 형태로 이루어져 있으며 부사처럼 쓰이는 어구들을 말합니다.

정답노트 007

뭐니뭐니해도 문장의 핵심은 동사 1
- 동사의 종류도 각양각색 -

I will not let it happen again
다시는 그러지 않도록 할 게

동사는 뭐니뭐니 해도 문장의 핵심이자 근간이죠. 따라서 동사의 종류를 잘 알아두어야 하는데요 이는 동사의 종류와 성격에 따라 문장의 형태가 바뀌기 때문이죠. 먼저 기본적으로 조동사와 본동사로 맹활약하는 be, do, have는 기본중의 기본이고요 다음 만능동사 get, know, like, think, take 등 회화에서 많이 쓰이는 동사의 용법을 알아두어야 합니다. 또한 can, must, will 등의 조동사 그리고 have, get, make, let 등의 사역동사, see, watch, hear 등의 지각동사 등도 물론이고요.

본동사[조동사]/ 자동사[타동사]/ 사역동사[지각동사]

1. 나중에 봐는(will은 조동사, see는 본동사)
   I'll see you later.

2. 나하고 결혼해주겠니?는(marry는 타동사, marry with가 아님)
   Will you marry me?

3. 머리 깎았어는(had는 사역동사)
   I had my hair cut.

Magic Talk!

A: I need you to finish this by tomorrow.
B: What?! There's no way I can do that.

  A: 당신은 내일까지 이걸 끝내야 해.
  B: 뭐라구요?! 그렇게 한다는 건 불가능해요.

A: Please get it done right away.
B: Don't worry, you can count on me.

  A: 지금 당장 이것 좀 해줘.
  B: 걱정마. 나만 믿어.

A: I'm going to marry my teacher.
B: What're you talking about?

  A: 선생님하고 결혼할거야.
  B: 그게 무슨 소리야?

~ let it happen ~

잘못을 저지르고 빨리 용서받을 때 사용하기 좋은 표현이죠. 몇가지 변형을 아예 외워두기로 해요.

I promise I won't let it happen again. 다신 그런 일 없을거예요. 약속해요.
I'm sorry. I won't let it happen again. 미안해, 다신 그런 일 없을 거야.
Well, just don't let it happen again, okay?
그럼, 다신 그런 일 있으면 안 돼, 알았지?

Need Something More?

동사의 종류, 좀 더 친절하게

1 본동사와 조동사

문장의 가장 핵심이 되는 동사는 본동사라고 하고 본동사 앞에서 본동사의 의미를 보충해주는 것을 조동사라고 합니다. I will do it은 그것을 하긴 하되 미래(will)에 하겠다는 것을, I must do it은 그것을 꼭 해야한다(must)는 것을, I can do it은 그것을 할 수 있음(can)을 각각 부가적으로 말해주는 것입니다. 조동사로는 인칭에 따라 화려하게 변화하는 be, do, have, 인칭에는 변화하지 않지만 시제에 따라 변하는 will, shall, can, may, 그리고 불변하는 must, ought to 등이 있습니다.

- **I think I must be going now.** 지금 가봐야 될 것 같아요.
- **Can you get me a ticket?** 나한테 티켓 하나 구해줄 수 있어?
- **You don't have to say you're sorry.** 미안하단 말은 할 필요 없어요.
- **What should I wear to the party tonight?**
  오늘 밤 파티에 뭘 입고 가는 게 좋을까?
- **I may quit this job.** 회사 그만둘지 몰라.

2 자동사와 타동사

자동사는 목적어없이도 스스로 의미가 성립되는 동사이며 반면 타동사는 목적어없이는 말이 되지 않는 동사를 말합니다. 각 동사마다 학습할 때 자동사로만 쓰이는지, 자,타동사 모두 쓰이는지 아님 타동사로만 쓰이는지를 눈여겨 봐야 하지만 회화에서 가장 주의해야 하는 건 동사의 우리말이 …와, …에 등이 붙어 타동사인데도 자동사로 착각하는 경우입니다. 가령 …에 대해 토의하다로 옮겨지는 discuss의 경우 어엿한 타동사임에도 불구하고 우리말 '…에' 때문에 discuss about으로 쓸려는 경향이 있다는 말이죠. 그러한 예로 marry, reach, attend, obey, answer 등이 있습니다.

- **I wanted to know if you'd marry me.** 나랑 결혼해 줄지 알고 싶어?
- **I'm entering the wedding hall.** 지금 웨딩홀로 들어가고 있어.
- **Can you make time to discuss our purchases?**
  시간내서 구매품의논할 수 있어?
- **Stan has made plans to attend the conference.**
  스탠은 회의에 참석할 계획을 세웠어.

3 사역동사

학창시절 어렵게만 느껴지던 것중의 하나가 사역동사였을 겁니다. 이해하기 어려운 사역동사가 회화에서 안 쓰인다면 얼마나 좋겠습니까. 하지만 아쉽게도 사역동사는 일상생활 영어 회화에 무척 많이 쓰이고 있어 옛날의 감정(?)은 다 풀고 하나하나 용례를 잘 익혀나가야 합니다. 유명한 사역동사로는 have, make, get, let, help 등이 있으며 "동사+목적어+동사원형/pp" 형태로 쓴다는 점을 기억해두어야 해요. 엄밀히 말하면 get은 사역동사가 아니어서 get+목적어+to+V가 온다는 것도 구분해야 합니다.

- **Don't make me do this again.** 이런 일 다신 시키지마.
- **I'll get him to apologize to you.** 걔가 너에게 사과하도록 할게.
- **What did you do to get her to laugh?** 어떻게 해서 쟤를 웃게 한거야?
- **I had my secretary work on it.** 비서보고 그 일을 하라고 했어.
- **Please get it done right away.** 지금 당장 이것 좀 해줘.
- **I want you to have your homework done in an hour.**
  한 시간내로 숙제 마쳐라.

4 지각동사

지각동사로는 see, hear, listen to 등이 있습니다. 지각동사는 "동사+목적어+동사원형/~ing/pp"의 독특한 형태로 쓰인다는 점을 알아둡니다. 특히 동사원형이 올 때보다는 동사~ing 형이 올 때 좀 더 동적인 의미를 갖습니다.

- **I saw her working on it this morning.** 아침에 그 여자가 그 일하는 거 봤어.
- **I heard you and Betty talking.** 너하고 베티하고 이야기하는 거 들었어.
- **Have you ever heard him talk about his mother?**
  걔가 자기 엄마 얘기하는 거 들어본 적 있어?
- **I couldn't watch her suffer anymore.**
  난 걔가 고통당하는 걸 더 이상 볼 수 없었어.
- **I heard my name called.** 난 누가 내 이름 부르는 것을 들었어.

정답노트 008

뭐니뭐니해도 문장의 핵심은 동사 2
- 동사는 시간을 말해줘 -

I saw her yesterday
나 어제 걔를 만났어

이번에는 동사자리에 있는 동사의 형태가 바뀌는 경우를 알아보죠. 가장 먼저 머리속에 떠오르는 건 과거형태이죠. 즉 시제라고 말하는 것인데요, 과거도 현재로 이야기해 버리는(I see her yesterday) 우리의 회화실력을 감안해볼 때 시제의 중요성은 아무리 강조해도 지나치지 않죠. 아울러 가정법, 명령법 등의 사용법도 알아두면 좋죠. 또한 동사 자체가 변하는 것은 아니지만 동사에 전치사/부사 혹은 목적어 명사가 붙어서 만드는 동사구를 꼭 암기해두어야 하는데 실제 회화에서 많이 쓰이기 때문입니다. 예를 들어 examine 보다는 check out, look over를, decide보다는 make a decision으로 쓰는 경향이 강하기 때문입니다.

시제, 가정법, 명령법, 동사구

1. 너라면 거기 가지 않을텐데는
   If I were you, I wouldn't go there.

2. 진정해는
   Take it easy.

3. 가서 조사해보자고는
   Let's go and check it out.

Magic Talk!

A: Bye for now!
B: See you later. Don't forget to write.
  A: 이제 안녕!
  B: 나중에 봐. 연락하는거 잊지마.

A: Why don't we get together on Saturday?
B: Sure. Call me in the morning.
  A: 토요일에 좀 만나죠.
  B: 그래요. 아침에 전화해요.

A: I can't wait to see the new play.
B: Same here. I bought tickets last night.
  A: 새로 시작하는 연극을 빨리 보고 싶어.
  B: 나도 그래. 어젯 밤에 표를 샀어.

Last weekend, I visit my parent's house??

국내에 있는 네이티브가 가장 많이 지적하는 한국인의 영어오류는 과거이야기를 현재로 이야기하거나 혹은 과거시제를 엉터리로 쓴다는(Yesterday I was talk to my friend)거죠. 쉽지는 않겠지만 이왕하는 영어, 시제까지 맞춰보도록 해요.

Last weekend, I visited my parent's house. 지난 주말에 부모님집에 갔었어.
Yesterday, I was talking to my friend. 어제 내 친구하고 이야기하고 있었어.

MEMO

2nd Day

be, do, have, get 모르면 영어회화 못해~

정답노트 001

be+명사[형용사]는 주어의 신분이 무엇인지 혹은 상태가 어떤지를 말할 때 사용한다.

She's amazing!
쟤 진짜 멋져!

be 동사는 do, have 동사와 더불어 조동사 및 본동사로 맹활약하고 있는 필수동사입니다. 진행형(be~ing)이나 수동태(be+pp)에서 활약하는 조동사로써의 be 동사는 뒤에서 살펴보기로 하고 여기서는 be 동사가 본동사로 쓰이는 경우만 알아보기로 해요. be 동사 다음에는 보어로 간단히 명사나 형용사를 붙이면 문장이 되는데요, 주어가 …이다, 하다라는 뜻입니다. 주어가 여자친구인지 아니면 적인지 등 주어의 신분이나 정체를 말하거나(명사가 올 때) 혹은 주어가 예쁜지 미운지 등 주어가 어떤 상태에 있음을 말하고자(형용사가 올 때) 할 때 이용하면 되지요.

주어 + be 동사 + 명사[형용사/분사]
…이다, …하다

1. 쟤는 내 남친이야는

   He's my boyfriend.

2. 그녀는 멋지다는

   She's gorgeous.

3. 걱정돼는

   I'm worried.

Magic Talk!

A: **What does she do?**
B: **She's a waitress.**
   A: 쟤는 뭐하는 얘야?(직업이 뭐야?)
   B: 웨이트리스야.

A: **Don't be so hard on yourself.**
B: **You're right.**
   A: 너무 자책하지마.
   B: 네말이 맞아.

A: **Hey! You're a good dancer!**
B: **Really?**
   A: 야, 너 춤 잘춘다!
   B: 정말?

I'm a fast learner 난 빨리 배우는 타입야

누가 뭔가를 잘한다고 말할 때 우리는 동사중심으로 …을 잘한다라고 '동사중심'으로 말하지만 영어에서는 …을 잘하는 사람이라고 '명사중심'으로 말하는 경향이 짙습니다.

You cook well -> You're a good cook. 너 요리 잘하는구나
I can learn fast -> I'm a fast learner. 난 일을 빨리 배우는 편이예요.
She kisses well -> She's a good kisser. 그 여자는 키스를 잘해.
Do you drive well -> Are you a good driver? 너 운전잘해?

정답노트 002

be+형용사 뒤에 전치사+명사를 붙여 좀 더 자세히 말해봐~

I'm worried about you
네가 걱정돼

앞에서처럼 "주어가 …하다"라고 말할려면 be동사 다음에 형용사나 분사를 넣으면 되지만 좀 더 구체적으로 무엇에 관해 그런지 등을 말하려면 형용사/분사 다음에 전치사+명사의 형태를 붙이면 됩니다. I'm worred는 "걱정된다"이지만 무엇에 관해 걱정하는지를 말하려면 I'm worried about you.(네가 걱정돼), I'm ready는 준비됐다지만 '…를 할 준비가 되어 있다'고 할 때는 I'm ready for this(이거 할 준비 됐어)라고 말하면 됩니다. 이처럼 be+형용사/분사+전치사~는 be worried about, be good at처럼 숙어로 굳어진 경우가 많으니까 잘 외웠다가 회화에서 바로바로 써먹도록 해요.

이것만은 꼭! 외워두자

주어 + be 동사 + 형용사[분사] + 전치사
…에 …하다

---

1. 난 골프를 잘 쳐는
   I'm good at golfing.

2. 그녀는 거리에서 길을 잃었어는
   She's lost in the street.

3. 그거 확실해는
   I'm sure about that.

Magic Talk!

A: Why are you so angry with me?
B: Because you always take his side.
A: 왜 나한테 그렇게 화가 난거야?
B: 네가 항상 그 사람 편만 들잖아.

A: She's really good at singing.
B: Yeah, excellent.
A: 쟤는 진짜 노래를 잘해.
B: 그래 맞어, 아주 잘하지.

A: Where were you?
B: I was stuck in traffic.
A: 어디 있었어?
B: 교통이 막혀서.

be excited about~

I'm excited with/about/to/절 …에(하는 거에) 신난다, 흥분된다

I am pretty excited about it! 정말 기대되는데!
Aren't you excited we're going on our honeymoon?
우리 신혼여행가는거 흥분되지 않아?
Well I was just so excited to see you.
저기 난 널 만난다는 거에 무척 신났었어.

정답노트 003

be동사 다음에 바로 부사(구)도 올 수 있어

I will be there in a moment
바로 갈게

be동사에 부사 혹은 전치사+명사 형태의 부사구가 오기도 하는데 이때 be동사는 '…에 있다'라는 의미로 부사(구)는 바로 주어가 어디에 있는지를 말해주는 기능을 합니다. 학교나 직장에서 집에 돌아오면서 I'm back하면 돌아와있다, 즉 "다녀왔다"는 말이 되고 I'm with you하면 너와 함께 있다, 즉 "너의 편이다," 혹은 "너와 같은 생각이다"라는 의미가 되는거죠. 이 표현법도 굳어진 표현으로 많이 쓰이기 때문에 아예 자주 쓰이는 문장을 외워두는게 편리합니다.

주어 + be동사 + 부사/ 전치사+명사
~에 …있다

1. 쟤는 다이어트중이야
   She's on a diet.

2. 너 큰일났다
   You're in trouble.

3. 휴가중이야
   I'm on leave.

Magic Talk!

A: I feel like going for a beer.
B: I'm with you.
    A: 맥주 한잔하러 가고 싶은데.
    B: 나도 그래.

A: Make sure that you arrive on time tomorrow.
B: Don't worry. I'll be there early.
    A: 내일 정시에 꼭 도착하고.
    B: 걱정마. 일찍 올테니까.

A: Does Bill still work in this department?
B: He does, but he's on leave right now.
    A: 빌이 이 부서에서 아직 일을 하나요?
    B: 네, 하지만 지금은 휴가중이에요.

I'm in 나 할래, 나 낄래(게임이나 모임 등에)

I'm~ 혹은 You're~ 다음에 in 혹은 out만을 붙여 훌륭한 문장이 되는데요. I'm in하면 어떤 모임이나 게임 등에 나도 할래, 나도 낄래라는 의미고요 반대로 out를 써서 I'm out하면 난 안해, 난 빠질래라는 의미가 되죠. 특히 포커게임에서 많이 베팅을 계속 걸건지 아니면 죽을 건지 말할 때 쓰입니다.

정답노트 004

This is~ 다음에 명사, 형용사, 전치사+명사를 넣어봐

This is my friend, Jim
내 친구 짐이야

지금까지는 인칭대명사, 즉 주어가 사람이고 동사가 be인 경우를 살펴보았죠. 그런데 이 be 동사는 특히 비인칭대명사인 'This,' 'That,' 'It'하고도 궁합이 잘 맞아 중요한 표현을 많이 만들어냅니다. 먼저 This~를 살펴볼까요. This is~ 다음에 명사, 혹은 형용사 그리고 부사(구)를 넣으면 되는데요, 주어가 인칭대명사인 앞선 경우와 마찬가지로 'This'의 신분, 상태 등을 말하는 경우에 사용합니다. 참고로 「This is+사람」의 경우는 사람을 소개할 때나 전화에서 자신을 밝힐 때 쓰는 형식으로, 해석은 이 쪽은, 이 사람은, 이 분은이라고 하면 됩니다.

이것만은 꼭 외워두자

This is + 명사/형용사/전치사+명사
…이다, …하다

1. 무척 흥분되는데는

   This is so exciting.

2. 야 이거 무척 재밌다는

   This is so much fun.

3. 이거 네꺼야는

   This is for you.

Magic Talk!

A: Yeah, I'm trying to get pregnant.
B: Oh my God! This is so exciting!
  A: 예, 임신하려고 노력중이예요.
  B: 오 그래! 무척 흥분되는구만!

A: This is my lovely wife, Susie.
B: Nice to meet you.
  A: 여긴 사랑스런 내 아내 수지야.
  B: 반가워요.

A: John. This is for you.
B: What is it?
  A: 존, 이거 받아.
  B: 뭔데?

This is + 명사/형용사/전치사+명사 형태의 회화표현

This is ridiculous. 말도 안돼
This is your last chance. 이게 네겐 마지막 기회야.
This is great. 대단하다
This is bad. 이건 안 좋은데
This is so nice. 정말 고마워
This is much better. 훨씬 낫다
This is my job. 내가 할 일인데
This is unbelievable! 말도 안돼!

정답노트 005

That's~ 다음에는 명사, 형용사만 넣어봐

That's a good idea
좋은 생각야

이번에는 주어가 That~이 되는 경우인데요, 벌써 눈치챘겠지만 This~와는 달리 뒤의 be동사와 축약되어서 That's~의 형태로 사용됩니다. 그리고 That's~ 다음에는 명사, 형용사가 주로 많이 옵니다. 상대방의 말이 맞다고 맞장구칠 때의 That's right(맞아), 상대방의 사과나 감사에 괜찮다고 할 때 That's all right(괜찮아), 그리고 바로 그거야, 혹은 이게 다야라는 의미의 That's it 등이 대표표현입니다. 물론 전치사구가 오기도 하지만 굳어진 표현으로는 That's for sure(그말이 맞아, 확실해) 정도만 알아두면 됩니다.

That's + 명사/형용사
···이다, ···하다

---

1. 맞아는

That's right.

---

2. 괜찮아는

That's all right.

---

3. 내가 좋아하는거야는

That's my favorite.

Magic Talk!

A: You mean you're not going to college?
B: That's right.
  A: 네말은 대학교에 안 가겠다는 거냐?
  B: 맞아요.

A: We're so sorry.
B: That's all right.
  A: 정말 미안해요.
  B: 괜찮아요.

A: I only have a hundred-dollar bill.
B: That's okay, I have change.
  A: 100달러 지폐밖에 없는데요.
  B: 괜찮아요. 거스름돈이 있어요.

That is + 명사/형용사 형태의 회화표현

That's too bad. 정말 안됐다.   **That's not fair.** 공평하지 않아.
That's so sweet. 고맙기도 해라.   **That's okay.** 괜찮아.
That's true. 정말야.   **That's better.** 그게 더 나아.

정답노트 006

It's 다음에는 명사, 형용사, 전치사+명사를 넣어봐

It's okay
괜찮아

It's okay에서 보다시피 It 또한 be동사와 어울려 다양한 회화문장을 만들어 낼 수 있습니다. 역시 축약된 It's~ 다음에 명사나 형용사 혹은 부사나 전치사+명사를 넣으면 됩니다. 특히 It's~ 형태로 시간을 말하거나(It's 7 o'clock in the morning), 날씨를 말할 때(It's cloudy, It's rainy)도 전형적으로 사용되기도 합니다.

이것만은 꼭! 외워두자

It's + 명사/형용사/전치사+명사
(그게) …하다, …있다

1. 나도 그래는
   It's the same with me.

2. 정말 친절하네요는
   It's very kind of you.

3. 다시 보게 되어 좋다는
   It's good to see you.

Magic Talk!

A: I'm sorry I'm late again.
B: Oh, it's okay.
    A: 미안하지만 또 늦었네.
    B: 어, 괜찮아.

A: Sorry. It's my fault.
B: No, it isn't... it's mine.
    A: 미안해요. 내 탓이에요.
    B: 아녜요. 내 잘못인 걸요.

A: What should I wear to the party tonight?
B: It's up to you.
    A: 오늘 밤 파티에 뭘 입고 가는 게 좋을까?
    B: 그거야 네 맘이지.

It's + 명사/형용사/전치사+명사 형태의 회화표현

It's boring. 지겨워.	**It's up to you.** 네 맘이지.
It's so complicated. 좀 복잡해.	**It's not true.** 사실이 아냐.

정답노트 007

Be동사와 주어를 살짝 바꾸어보자

Are you sure?

확실해?

be동사가 조동사로 쓰이건 혹은 본동사로 쓰이건 be동사가 들어간 문장을 의문문으로 만드는 방법은 be동사와 주어를 맞바꾸면 됩니다. 지금까지 배운 인칭대명사와 This, That, It의 경우에서 의문문의 형태로 많이 쓰이는 건 Are you~?와 Is it~? 등입니다.

Are/Is+주어+명사/형용사/전치사구?
…이야?

1. 괜찮아?는
   Are you okay?

2. 갈 준비됐어?는
   Are you ready to go?

3. 네꺼야?는
   Is this yours?

Magic Talk!

A: Hi Jim! Are you ready for breakfast?
B: Yep.
   A: 짐, 아침먹을 준비됐어?
   B: 응.

A: Are you alright?
B: Yeah, I'm fine, I'm fine.
   A: 괜찮겠어?
   B: 어, 괜찮아.

A: Excuse me, I think I'm lost. Is this West Street?
B: Yes, it is. Where do you want to go?
   A: 실례합니다만, 길을 잃은 것 같아서요. 여기가 웨스트 가(街)인가요?
   B: 네. 어디로 가시려구요?

Are you ~?와 Is it ~?

1. Are you ~? 형태의 회화표현
   Are you married? 결혼했어?   **Are you serious?** 진심야?
   Are you all right? 괜찮겠어?   **Are you insane?** 너 미쳤어?

2. Is it ~? 형태의 회화표현
   Is it true? 정말야?   **Is it expensive?** 비싸?

정답노트 008

be동사가 아님 do~를 맨 앞에 붙여 물어본다

Do you like that?
그거 좋아해?

do는 일반동사로 쓰인 모든 문장을 의문으로 만들거나 부정문으로 만들 때 꼭 사용해야 합니다. 의문을 만들려면 주어+동사로 이어지는 평서문을 그대로 놔두고 주어가 일인칭(I, we)이나 이인칭(You) 혹은 3인칭 복수(They)이면 Do we/you/they~?라고 주어가 3인칭 단수(she, he, it)이면 Does she/he/it ~?이라고 하면 됩니다. 여기서는 가장 많이 쓰이는 Do you ~?의 경우를 살펴보죠.

이것만은 꼭! 외워두자

Do(Does) + 주어 + 동사 ~ ?
…하니?

1. 그거 알고 있어?는
   Do you know that?

2. 좀 먹을래?는
   Do you want some?

3. 쟨 아직도 기분이 그래?는
   Does she still feel bad?

Magic Talk!

A: Does she still feel bad?
B: Well, apparently she does.
  A: 걔 아직도 기분이 그래?
  B: 그래, 그런 것 같아.

A: Do you like pasta?
B: Of course! It's my favorite food.
  A: 파스타 좋아해?
  B: 그럼! 내가 젤 좋아하는 음식인데.

A: Does he know that?
B: I don't think so.
  A: 걔가 아는 것 같아?
  B: 그런 것 같진 않아.

Do they + 동사 ? 걔네들이 …하는거야?

나와 너 이야기하기도 힘들겠지만 영어실력이 일취월장할 미래를 위해 걔네들이 …하는 거야라는 3인칭 복수의 표현을 연습하도록 해요.

Do they know that we know? 우리가 알고 있다는 걸 걔네들이 알고 있어?
Do they know about each other? 걔네들이 서로 알아?

정답노트 009
부정할 때는 동사 앞에 don't나 doesn't를 붙여봐

I don't think so
그렇지 않을 걸

do는 또한 일반동사가 쓰인 문장을 도맡아서 부정문으로 만들어 줍니다. 동사 앞에 1,2인칭일 때는 do not(don't)을, 3인칭일 때는 does not(doesn't)을 붙이면 되는거죠. 역시 가장 많이 쓰이는 I don't+동사~의 경우를 중심으로 살펴봅니다. "난 그렇게 생각하지 않는다"고 부정적으로 말할 때 쓰는 I don't think so, "난 상관하지 않는다"라는 의미의 I don't care, "모른다"고 할 때의 I don't know, I don't understand 등이 유명하지요.

주어 + don't(doesn't) + 동사 ~
…하지 않아

1. 그건 잘 모르겠어, 글쎄는
   I don't know about that.

2. 말도 안돼! 뭔가 이상해!는
   I don't believe this!

3. 모르겠어는
   I don't get it.

Magic Talk!

A: When are you coming back?
B: I don't know.
  A: 언제 돌아와?
  B: 몰라.

A: What's wrong with you today?
B: I don't get it. This stuff is too hard.
  A: 오늘 안좋은 일 있니?
  B: 이해가 잘 안돼. 이 일은 너무 어려워.

A: I'm sorry that I hit your car.
B: I don't blame you. It was an accident.
  A: 선생님 차를 쳐서 죄송해요.
  B: 그럴 수도 있죠. 사고인걸요.

> **I don't care about + 명사 …가 알게 뭐야, 관심없어**
>
> I don't care! 단독으로도 많이 쓰이지만 신경안쓰는 걸 명사로 말해줄 경우에는 I don't care about+명사라고 해줍니다.
>
> **I don't care about that!** 난 상관안해!
> **I don't care about the stupid band!** 저 멍청한 밴드엔 관심없어!

051

정답노트 010

do가 조동사로 많이 쓰이지만 본동사 의미도 알아두어야…

I'll do my best
최선을 다할게

본동사로서 do 동사는 기본적으로 '(일이나 행동) 하다'라는 행위를 지칭하는 단어입니다. You did a good job하면 "일을 잘했다"라는 의미이고 또한 주로 식당이나 가게에서 다 선택을 했냐는 의미로 쓰이는 "That will do?"(이거면 충분하겠습니까?) 그리고 Would you do me a favor? 등이 대표적인 표현들이다. 한편 "Do you like her?"-"Yes, I do" 에서처럼 앞문장의 동사(like)를 반복해서 말할 때 대신 쓰는 대동사로도 사용할 수 있고, dos and don'ts에서 보듯 do와 don't는 각각 명사로 '해야 할 것'과 '하지 말아야 할 것'을 의미하기도 합니다.

주어 + do(does) + 목적어 ~
…을 해

---

1. 잘했다는

You did a good job.

---

2. 직업이 뭐예요?는

What do you do for a living?

---

3. 부탁 좀 들어줄래?는

Would you do me a favor?

Magic Talk!

A: **What do you do now?**
B: **I'm a party planner.**
   A: 지금 뭐해?(너 지금 뭐하고 사냐?, 즉 직업이 뭐니?)
   B: 파티 플래너해.

A: **Would you do me a favor?**
B: **Whatever you want.**
   A: 부탁 좀 들어줄래?
   B: 뭐든지 말만 하시죠.

A: **How could you do something like that?**
B: **I promise I won't let it happen again.**
   A: 어떻게 그럴 수가 있죠?
   B: 다신 그런 일 없을 거예요. 약속해요.

do + 목적어명사

do는 목적어로 다양한 명사를 받아 다양한 숙어를 양산합니다.

do dishes 설거지하다   **do one's hair** 머리를 빗[하]다
do one's homework 숙제를 하다   **do the laundry** 세탁하다

정답노트 011

have를 '갖고 있다'라고만 해석하면 안되지요

I have a little problem
좀 문제가 있어

have 동사는 be, do 동사와 더불어 조동사 및 일반동사로 사용되는데, 조동사로써의 have는 완료시제의 긍정, 부정 및 의문문 등에 국한됩니다. 여기서는 일반동사로서의 have동사를 살펴보죠. have를 통해 우리말 표현방식과 영어식 표현방식의 차이점을 하나 발견할 수 있습니다. 위 예문인 I have a little problem을 예로 보죠. 우리는 "(나한테) 문제가 좀 있어"라고 표현하죠. 문장의 중심은 '문제'이고 그 문제가 누구의 것이냐는 '나한테'라는 부가적인 문구로 말을 하거나 혹은 생략하기도 합니다. 그러나 영어에서는 '누구의 것'이냐를 앞세우며 말을 하게 됩니다. 그래서 have는 '…소유하다,' '갖다'라는 의미지만 I have+명사하게 되면 우리말로는 "…이 있다"라고 해석을 하는 것이 훨씬 더 자연스럽습니다.

주어 + have(has) + 목적어 ~
…이 있어

1. 내일 밤 데이트있어는
   I have a date tomorrow night.

2. 질문이 하나 있는데요는
   I have a question for you.

3. 기억력이 좋으네요는
   You have a good memory.

Magic Talk!

A: I have a date.
B: You have a date? With who?

   A: 나 데이트있어.
   B: 너 데이트 있다고? 누구랑?

A: What brings you here today?
B: I have a pain in my neck.

   A: 오늘은 무슨 일로 오셨지요?
   B: 목이 아파서요.

A: I have a problem.
B: Really? What is it?

   A: 문제가 있어.
   B: 그래? 뭔데?

I have + 명사 형태의 회화표현

I have a cold. 감기 걸렸어.(have+질병)
I have a boyfriend. 남자친구가 있어.
I have a good idea. 내게 좋은 생각이 있어.
I have an appointment. 약속이 있어.
I have an early class tomorrow. 내일 아침 일찍 수업이 있어.

정답노트 012

부정형 don't[doesn't] have+명사는 …가 없어라는 말

I don't have a choice
선택의 여지가 없어

이번에는 have 동사의 부정문 형태인 I/you don't have+명사를 알아보죠. 우리말로는 '…이 없다'라고 옮기면 됩니다. 위 예문인 I don't have a choice는 "선택이 없다," 즉 "선택의 여지가 없다"는 의미입니다. 특히 I don't have any money처럼 'any'가 쓰인 경우에는 '없음'을 강조하는 경우이고요, 뒤에 명사없이 I don't have any하면 "아무 것도 없어"라는 뜻으로 쓰입니다.

주어 + don't have + 목적어 ~
…이 없어

1. 계획이 없어는

   I don't have a plan.

2. 난 꿈이 없어는

   I don't have a dream.

3. 형제가 아무도 없어는

   I don't have any brothers.

Magic Talk!

A: What're you going to do next?
B: I don't have any plans right now.
    A: 이젠 뭐할거야?
    B: 지금 당장은 아무 계획이 없어.

A: Who would you marry?
B: I don't know, I don't have a girlfriend right now.
    A: 누구랑 결혼할거야?
    B: 몰라, 지금 만나는 여친도 없는 걸.

A: Don't let anyone in who doesn't have a pass.
B: I'll tell security.
    A: 출입증이 없으면 아무도 못들어오게 해.
    B: 경비실에 말해둘게.

You don't have a job 너 백수잖아

인칭을 바꿔 You don't have+명사하면 너 …가 없지, 너..가 없잖아라는 의미입니다.

But Jessica you don't have $20,000! 하지만 제시카, 넌 2만달러가 없잖아.
You don't have my phone number ! 내 전화번호도 모르잖아!

정답노트 013

…가 있어?라고 물어보려면 Do you have + 명사?

Do you have a DVD player?
DVD 플레이어 있어?

일반동사 have의 의문문을 만들어 볼 차례. 가장 많이 쓰이는 인칭은 'Do you have+명사?' 형태로 상대방에게 "…이 있냐?," "…을 갖고 있냐?"라고 물어볼 때 사용하면 됩니다. 특히 상대방이 갖고 있는지 여부가 불확실할 경우에는 명사 앞에 any를 붙이면 되는데 "Do you have any problem?(뭐 문제라도 있어?)"에서 보듯 이때는 "혹시…가 있나요?"라는 뜻이 됩니다. "오늘 밤 뭐 계획있어?"라고 하려면 Do you have any plans for tonight?, "우리에게 무슨 질문이라도 있어?"라고 하려면 Do you have any questions for us?라 하면 됩니다.

이것만은 꼭! 외워두자

Do you + have + 목적어 ?
…이(가) 있어?

1. 시간 좀 있어?는
   Do you have a minute?

2. 뭐 좀 아는게 있어?는
   Do you have any idea?

3. 그게 뭐 문제있어?는
   Do you have a problem with that?

Magic Talk!

A: Do you have a minute?
B: Well yeah, sure, what's up?
　A: 시간 좀 있어?
　B: 어 그럼, 뭔데?

A: Do you have a problem with me?
B: Do I? Not at all!
　A: 내게 뭐 불만있어?
　B: 내가? 조금도 없어!

A: Do you have the time?
B: It's twelve o'clock.
　A: 시간 좀 알려주시겠어요?
　B: 12시네요.

Do you have time? vs Do you have the time?

Do you have time?은 상대방에게 이야기할려고 혹은 작업(?)할려고 시간이 있냐고 물어보는 것이고 time 앞에 정관사를 붙여 Do you have the time? 하면 지금 시간이 몇시냐고 의미로 전혀 다른 문장이 됩니다. 그냥 'the'하나 붙였을 뿐인데요…. 물론 …할 시간이 있냐?라고 물어볼 때는 have the to+V 형태를 씁니다.

정답노트 014
have got은 그냥 have로 생각해야

I've got something for you
네게 줄게 있어

I've got~, You've got~의 형태가 많이 보여 또 이건 뭔가 생각하게 되죠. 형태만으로 보면 have+pp의 현재완료이지만 그런 건 무시하고 그냥 have got=have라 생각해도 불편함이 없습니다. 그래서 같은 이유로 I've got to+동사는 I have to+동사로 생각하면 되는거죠. 또한 have는 축약되어 I've got, You've got이 되지만 have 자체가 통째로 생략되기도 합니다. 한편 got to는 물론 바른 표기법은 아니지만 발음나는데로 표기까지 하는데요, 예로 I gotta go를 원래대로 복원해보자면 → I've gotta go → I've got to go → I have got to go가 되는 겁니다.

I've got + 목적어
…이(가) 있어

1. 데이트가 있어는

   I've got a date.

2. 우린 문제가 있어는

   We've got a problem.

3. 뭔가 해야 돼는

   I've got to do something.

Magic Talk!

A: I've got some news. It's about us.
B: Oh, you and me?
   A: 뉴스가 있는데 우리들이야기야.
   B: 그래, 너하고 나하고?

A: I've got to tell you, Bob is terrific.
B: Yeah, isn't he?
   A: 저말이지, 밥은 으악야.
   B: 그래, 그렇지?

A: *(over intercom)* Hi honey, I've got a cab waiting.
B: I'll be right down.
   A: *(인터콤)* 자기야 차잡아놨어.
   B: 바로 내려 갈게.

You've got+명사 네게 …가 있어, You've got to+동사 넌 …해야 해

You've got nothing to lose. 밑져야 본전인데 뭐.
You've got to help me! 나 좀 도와줘야 돼!
You've got to be kidding! 농담말아!, 웃기지마!

정답노트 015

got it은 그것을 갖고 있다???

I got it
알았어

get 다음에 명사가 아닌 대명사 it, that 등이 오는 경우가 있죠. 간단한 형태지만 인칭에 따라, 시제에 따라, 의미가 다양하게 바뀌어 혼란스럽습니다. 단어는 몇자 안 되는데 말예요. 자 그럼 시작해볼까요. get에는 '이해한다'(understand)라는 의미가 있어 I've got it 혹은 I got it하면 "알았어"라는 말이 되고요, 반대로 I don't get it 하면 "모르겠다"가 됩니다. 또한 I got it 혹은 시제를 바꿔 I'll get it(that)하면 전화벨이 울릴 때 혹은 노크를 하거나 초인종소리가 났을 때 "내가 (전화) 받을게요," "내가 (문으로) 나갈게요"라는 뜻이 됩니다. 마지막으로 인칭이 바뀌 You got it하면 "맞았어" 혹은 "알았어"라는 의미이고 끝을 올려 You got it(that)?하면 상대방에게 "알았어?," "알아들었어?"라는 말이 됩니다.

I've got + it[that]
알았어

1. 알았어는

   I've got it[I got it].

2. 내가 받게, 내가 나갈게는

   I'll get it.

3. 맞아, 알았어(You got it? 알았어?)는

   You got it.

Magic Talk!

A: You know what I mean?
B: Okay, I got it.
  A: 내 말 무슨 말인지 알지?
  B: 응, 알았어.

A: *(knocking on the door)* **Pizza delivery!**
B: I will get that! *(Running over and opens the door)*
  A: (문을 두드리며) 피자요!
  B: 내가 나갈게! (달려나가 문을 연다)

A: Let's never speak of this.
B: You got it.
  A: 이 얘긴 절대 하지 말자고.
  B: 알았어요.

get something~

1. **I got it from the gift shop.** 기념품점에서 그거 샀어.
2. **You got me.** 난 모르겠네. 내가 졌어.
3. **You got that from me.** 너 그거 나 닮은거야.

MEMO

3rd Day

조동사로
동사를 다채롭게~

정답노트 001

미래는 will 하나면 만사 OK

I'll call you later
나중에 전화할게

will은 미래를 나타내는 대표적인 조동사이죠. 사실 예전에는 shall과 '미래시제' 시장을 양분했었는데 최근에는 shall을 따돌리고 거의 '미래'시제를 장악했다고 해도 과언이 아닙니다. 우리의 입장에서 보면 잘된 일이죠. 어떤 때는 will, 어떤 때는 shall을 써야 하나 고민할 필요가 그만큼 없어졌기 때문이죠. will은 동사의 내용이 미래에 일어난다는 의미를 부여하는 것으로 주어가 '…을 할 것이다,' '…을 하겠다'라는 뜻입니다. 참고로 will의 부정형태인 will not은 줄여 won't로 쓰는데 잘못 발음하면 동사 want와 비슷하게 발음하게 되는데 조심해야죠. 실제 발음은 [wount]죠.

주어 + will + 동사
…할거야

1. 태워다 줄게는
   I'll give you a ride.

2. (식당에서) 같은 걸로 주세요는
   I'll have the same.

3. 괜찮을거야는
   It will be okay.

Magic Talk!

A: See you soon.
B: Okay... I'll call you.
> A: 또 봐.
> B: 알았어. 전화할게.

A: I'll pick you up at eight.
B: Don't be late.
> A: 8시에 데리러 갈게.
> B: 늦지마.

A: If you have any questions, give me a call.
B: I'll do that.
> A: 질문이 있으면 나한테 전화해.
> B: 그럴게.

I'll be ~ 형태로 쓰이는 회화표현

I'll be back. 다녀 올게, 금방 올게.
I'll be right there. 곧 갈게, 지금 가.
I'll be right with you. 곧 돌아올게.
I'll be there for you. 내가 있잖아, 내가 힘이 되어줄게.

정답노트 002

Will you~?로 상대방에게 뭘 해달라고 하기

Will you help me?
나 도와줄래?

Will you~?로 의문문 형태가 되면 위 예문처럼 상대방에게 무엇을 제안하거나, …을 해달라고 요청을 하는 말이 됩니다. 좀 더 정중하게 말하려면 Will you please+V? 라고 하면 되구요. 청혼할 때 애용하는 "Will you marry me?" 혹은 "Will you be my wife?," 그리고 식당이나 상점에서 다 고르셨나요?, 더 필요한 건 없으시고요? 라는 의미로 쓰이는 그 유명한 "Will that be all?"도 바로 이 문형이죠.

이것만은 꼭! 외워두자
Will you + 동사 ~?
…을 해줄래?

1. 커피 좀 더 들래?는
   Will you have more coffee?

2. 잠깐 이것좀 들고 있어줘는
   Will you hold this for a sec?

3. 존슨! 잠깐 좀 들어와봐는
   Johnson! **Will you** come in here a moment?

Magic Talk!

A: Will you get us better gifts?
B: Fine!
   A: 좀 더 좋은 선물 좀 줘라.
   B: 알았어!

A: Dr. Geller, will you dance with me?
B: Well uh, maybe later.
   A: 겔러박사님, 저랑 춤추실래요?
   B: 어, 저기 나중이 어떨까.

A: Will you be coming to my party tonight?
B: Only if you pick me up.
   A: 오늘 내 파티에 올래?
   B: 차로 태워다주면.

Will you calm down? 좀 진정해라

경우에 따라서 명령조로 억양을 내려서 발음하게 되면 "…좀 해라," "…하지 않을래?"라는 의미가 됩니다.

Will you let it go? 그만 잊어버려라.
Will you stop! 그만 좀 해라!

정답노트 003

Will you~?보다 더 정중하게 하려면 Would you ~?로

Would you do me a favor?
부탁 좀 들어줄래요?

조동사의 과거들은 과거의 의미도 있지만 무늬만 과거인 채 현재를 의미하는 경우가 많습니다. will의 과거형인 would 또한 시제의 영향을 받아 과거로도 쓰이지만 회화에서 가장 주목해야 하는 건 상대방에게 요청할 때 사용하는 Would you+동사? 형태입니다. 앞서 배운 will의 요청, 제안의 용법과 같은 맥락입니다만 will을 쓸 때보다는 부드러운 느낌을 주게 됩니다. 예를 들어 Will you do me a favor?(도와줄래요?) 보다는 Would you do me a favor?(도와주시겠습니까?)가 훨씬 정중한 것처럼 말이죠. 그래도 부족하다고요? 그럼 Would you~ 다음에 please를 넣어 Would you please+동사 ~?라고 하면 됩니다.

Would you + 동사~?
…해줄래요?

1. 나랑 데이트할래요?는
Would you go out with me?

2. 좀 이리로 와볼래요?는
Would you come over here please?

3. 좀 천천히 말씀해주시겠어요?는
Would you speak more slowly, please?

Magic Talk!

A: Would you get me a Diet Coke?
B: Okay. I'll be right back.
    A: 다이어트 콜라 좀 갖다줄래요?
    B: 예, 바로 갖다올게요.

A: Would you care for dessert?
B: No, but I'd love some coffee.
    A: 디저트를 드시겠어요?
    B: 아뇨, 그냥 커피만 좀 주세요.

A: Would you lend me your phone?
B: I'm sorry, but I didn't bring it today.
    A: 핸드폰 좀 빌려줄래?
    B: 미안하지만 오늘 가지고 오지 않았어.

Would you stop doing that? 그만 좀 안 할래?

Will you ~?와 마찬가지로 Would you ~? 또한 억양을 바꾸면 명령에 가까운 요청의 문장이 됩니다.

Would you calm down? 그만 좀 진정해라.
Would you all relax? It's not that big a deal.
모두 긴장 풀어라. 뭐 큰일 아니잖아.

정답노트 004

should는 무늬만 과거 내용은 현재

You should talk to me
내게 이야기해봐

---

will에게 거의 모든 자리를 빼앗긴 shall은 영화제목으로도 유명한 Shall we dance?처럼 "함께 …하자"(Let's+동사)의 의미로 쓰이거나 혹은 Shall I~?의 형태로 상대방에게 "…해줄까요?"라고 제안(Let me~) 할 때 쓰이죠. 오히려 shall 보다는 과거형 should에 주목해야 하는데 무늬만 과거형이고 의미는 현재로 "…해야 한다"라는 뜻입니다. 당연히 이루어져야 하는 의무사항이나 상대방에게 조언할 때 사용하는 것으로 "…하는게 낫지 않겠니?" 정도의 뉘앙스입니다. must나 have to보다는 좀 가벼운 의무죠. 또한 should는 어떤 일이 일어나거나 혹은 어떤 사실이 맞을 거라는 추측할 때도 쓰이는데 이때는 특히 should be처럼 be동사와 잘 어울려 쓰입니다.

You should + 동사
(당연히 그렇게) 해야지, …일거야

1. 그렇게 하도록 해는
You should do that.

---

2. 거기 가지 않는게 좋겠는데는
You shouldn't go there.

---

3. 걔는 지금쯤 집에 와 있을거야는
She should be home now.

Magic Talk!

A: I was stuck in traffic.
B: Next time you should leave earlier.
  A: 차가 막혀서 말야.
  B: 다음 번엔 좀더 일찍 출발하도록 해.

A: Do I have time to get a coffee before we go?
B: If you're really quick, you should have time.
  A: 가기 전에 커피 한잔 마실 시간 있을까요?
  B: 빨리만 하면 시간이 있어요.

A: You should get some sleep.
B: Okay.
  A: 잠 좀 자지.
  B: 알았어.

I should have told you 네게 말했어야 하는데

should 하면 빼놓을 수 없는게 바로 should have+pp죠. 대개의 조동사들이 조동사+have+pp 형태로 쓰이지만 영어회화에서 가장 많이 쓰이는 건 should have+pp로 "…했음에 틀림없다"라는 의미입니다.

You shouldn't have done this.
이러실 필요까지는 없는데요.(특히 선물을 받을 때)

정답노트 005

can은 할 수 있다 can't는 하면 안돼

I can do it
내가 할 수 있어

can은 조동사로 "가능," "능력"이란 의미를 본동사에 부여합니다. 말하다인 speak가 can speak가 되면 '말할 수 있다,' do(하다)에 붙으면 can do가 되어 '할 수 있다'라는 의미가 되는 것처럼요. I can do it[that, this]은 "내가 할 수 있어," 반대로 I can't do this(it, that)은 "난 이건 못해"라는 의미가 됩니다. 특히 미래형이 없어 미래의 능력을 말하고자 할 때는 can 대신 be able to(…할 수 있다)라는 숙어를 이용해서 will be able to+V라고 하면 됩니다. 또한 can와 can't의 발음 구분이 어려운 can은 [ㄹ]으로 약하게 그리고 can't은 [캔ㅌ]로 강하게 발음됩니다.

I can/can't + 동사
…을 할 수 있어(없어)

1. 알겠어, 알고 있어는
   I can see that.

2. 더 이상 못견디겠어는
   I can't take it anymore.

3. 설마!. 말도 안돼!는
   I can't believe it!

Magic Talk!

A: The key's stuck in the lock.
B: I can fix it. Hold on.
   A: 키가 구멍에 박혔어.
   B: 내가 고칠 수 있어. 기다려.

A: I can't believe it!
B: Is there something interesting in the paper?
   A: 말도 안돼!
   B: 신문에 뭐 재미난 게 있어?

A: I'm sorry I can't talk long.
B: I'll give you a call later when you have more time.
   A: 미안하지만 길게 얘긴 못해.
   B: 그럼 나중에 시간될 때 다시 걸게.

I can/can't~ 형태의 중요 회화표현

I can't say. 잘 몰라(상대방의 질문에 잘 모를 경우)
I can't wait to sleep with her.
쟤하고 자고 싶어.(can't wait to+V는 몹시 뭔가를 하고 싶을 때)
(I) Can't complain. 잘 지내고 있어.(상대방이 잘 지내냐고 인사할 때)

정답노트 006

You can[can't]~은
상대방에게 허락하거나 금지할 때

You can go now
이제 가도 돼

또한 can은 You를 주어로 해서 You can+동사하면 상대방에게 허가, 허락의 의미로 "…해도 된다"라는 뜻이고, 부정으로 해서 You can't+동사하면 허가하지 않는 것, 즉 금지의 의미로 "…하면 안된다," "…하지 마라"라는 뜻이 됩니다. 잘 나가는 회화표현인 You can count on me(내게 맡겨), You can't miss it(쉽게 찾을거야), You can trust me(믿어봐) 등이 소속선수들이죠.

이것만은 꼭! 외워두자

You can/can't + 동사
…해도 돼(안돼)

1. 샘이라고 불러는

   You can call me Sam.

2. 그러면 안되지는

   You can't do that.

3. 내게 이러면 안되지, 이러지마는

   You can't do this to me.

Magic Talk!

A: What's your first name?
B: It's Rebecca, but you can call me Becky.
   A: 이름이 뭐예요.
   B: 리베카인데 부를 땐 벡키라고 하세요.

A: Sorry, I'm seeing a guy.
B: What! You can't do this to me!
   A: 미안해, 다른 애 만나고 있어.
   B: 뭐라고! 내게 이러면 안되지!

A: How can I get in touch with him?
B: You can call the office he works at.
   A: 연락할 수 있는 방법이 없을까요?
   B: 직장으로 전화해보세요.

can't be~와 can't help ~ing

1. **can't be~** …일리가 없다
   That can't be true. 그게 사실일리가 없어.

2. **can't help ~ing** …하지 않을 수 없다(=can't but to do)
   I can't help it. 어쩔 수가 없어.

정답노트 007

Can I~ ?는 상대방에게 뭔가 제안하거나 혹은 상대방의 허가를 받을 때

Can I get you something?
뭐 좀 갖다 줄까?

의문문 형태로는 Can I+동사~?의 형태로 주로 "내가 …을 해줄까?"라고 상대방에게 부탁하거나, "…해도 괜찮을까요?"라고 상대방에게 허가를 미리 구할 때 사용합니다. 그 유명한 Can I ask you a question?이 바로 이 문형에 속하고요 위의 Can I get you something?은 상대방에게 "뭔가 필요한 것을 사다줄까?," 혹은 "먹고 싶은 것을 좀 갖다줄까?"라는 의미로 일상생활에서 무진장 많이 쓰이는 표현이죠. 특히 something 대신에 가져다 주고 싶은 것을 구체적으로 지목할 수도 있는데 Can I get you some water?, Can I get you another glass of wine?, Can I get you a cup of coffee?라고 하면 됩니다.

이것만은 꼭! 외워두자

Can I + 동사 ~?
…을 해도 될까? …을 해도 괜찮을까?

---

1. 핸드폰 좀 빌려줄래?는

Can I borrow your cell phone?

---

2. 잠깐 얘기 좀 할까?는

Can I talk to you for a second?

---

3. 전화번호 좀 알려줄래?는

Can I have your phone number?

Magic Talk!

A: Can I get you a cup of coffee?
B: Oh yes! Thank you!
  A: 커피 한잔 가져다줄까?
  B: 아 그래, 고마우이.

A: Can I get you something?
B: No, thank you. I'm being helped now.
  A: 뭐 필요한 게 있으신가요?
  B: 괜찮아요. 다른 사람이 봐주고 있거든요.

A: Jimmy, can I talk to you for a sec?
B: Yeah, what is it?
  A: 지미, 잠깐 이야기해도 될까?
  B: 그래, 뭔대?

Can we + 동사 ~? 형태의 회화표현

Brandi, can we talk for a minute? 브랜디, 잠깐 시간 좀 내줄래요?
Can we go now? 우리가 가도 돼요?
Can we keep this between us? 이거 우리끼리 비밀로 할래?

정답노트 008

Can[Could] you~ ?은
상대방에게 뭔가 부탁을 할 때

Can you come over here?
이리 좀 와볼래?

이번에는 can이 요청의 의미로 Can you+동사~?의 의문문 형태로 쓰이는 경우입니다. 많이 알려져 있는 익숙한 구문인데요 상대방에게 '…을 해달라'고 부탁하는 문장이죠. 좀 더 정중하게 표현하려면 please를 붙이거나 아니면 can의 과거형인 could를 써서 Could you+동사~?라고 하면 됩니다. 물론 앞서의 경우와 마찬가지로 could는 무늬만 과거형일 뿐 의미는 '현재'이고요.

Can/Could you + 동사 ~?
… 해줄래요?

1. 도와줄래?는

Can you help me?

---

2. 기회한번 더 줄래요?는

Can you give me another chance?

---

3. 날 위해 이것 좀 해줄래?는

Could you do it for me?

Magic Talk!

A: I might be late. Can you wait?
B: Sure. Take your time.
   A: 늦을 것같아. 기다려줄래?
   B: 물론. 서두르지 말고.

A: Could you pass me the salt please?
B: Sure, if you can pass me the pepper.
   A: 소금 좀 줄래?
   B: 응, 네가 후추 좀 건네주면.

A: Could you let me know the total cost?
B: I will bring you the bill.
   A: 총액 좀 알려줄래요?
   B: 계산서 가져다 드릴게요.

could have + pp …이었을 수도 있다

과거의 가능성을 말하는 것으로 과거에 그럴 수도 있었지만 실제로는 그러지 않았다는 의미로 우리말로 하면 "…이었을 수도 있다"가 됩니다.

I could have been killed. 내가 죽었을 수도 있었어.
It could have happened to anyone. 누구한테나 일어날 수 있는 일인 걸요.

정답노트 009

must+동사는 꼭 해야 되지요

I must go now
나 이제 가야 돼

must는 '…해야 한다'라는 의미로 강제성이 강한 조동사입니다. should나 ought to보다는 have to에 가깝습니다. 그런 까닭에 미래형이나 과거형이 없는 must는 have to를 빌려와 과거형은 had to(…해야만 했다), 미래형은 will have to(…을 해야 할 것이다) 등으로 쓰게 됩니다. 부정형 must not(mustn't)은 자연 '…해서는 안된다'는 금지의 의미를 갖습니다. 위 예문인 I must go now는 자리에서 일어나면서 하는 말인데 I must be going, I must be off도 같은 의미입니다.

I[You] must + 동사 ~
(꼭) …을 해야 해

1. 나 가야 돼는
   I must be going.

2. 열심히 일해야 한다는
   You must work hard.

3. 시끄럽게 해서는 안돼는
   You must not make a noise.

Magic Talk!

A: Do you have time to have dinner?
B: Not really, I think I must be going now.
　A: 저녁 먹을 시간 있어요?
　B: 실은 안 돼요. 지금 가봐야 될 것 같아요.

A: You mustn't go in there.
B: Why not?
　A: 거기 들어가면 안되는데.
　B: 왜 안돼?

A: You must stop! You're a bad actor.
B: Please give me a break!
　A: 그만해! 연기 정말 못하네.
　B: 제발 한번 만 기회를 더 줘요!

I must say "Well done" 잘했다고 해야겠지요

자기가 할 말을 강조하는 표현으로 I must admit라고도 합니다.

That is a popular opinion today I must say.
저건 오늘날 여론이라고 말해야겠지.

I must say it's nice to see you back on your feet.
네가 재기하는 건 보기좋다고 해야겠지.

정답노트 010

must be~는 …임에 틀림없다고 자신있게 추측하면서

You must be tired
피곤하겠구나

현재의 추측을 의미하는 것으로 어떤 일이 일어날 것 같거나 혹은 어떤 일이 사실일지도 모른다고 말할 때 사용합니다. 우리말로는 "…임에 틀림없다" 정도가 됩니다. 주로 must be~의 형태로 많이 쓰이며 추측을 말하는 속성상 주어가 일인칭으로 오기 보다는 2인칭이나 3인칭 주어가 오는 경우가 더 많습니다.

You/He(She) must be ~
…하겠구나, …이겠군요

1. 너 피곤하겠구나는
   You must be tired.

2. 그는 고객과 함께 있어요는
   He must be with a client.

3. 연결상태가 안좋은가봐는
   There must be a bad connection.

Magic Talk!

A: You must be so happy!
B: Yes, yes I am.
　A: 기분 좋겠구나!
　B: 그래, 그래 맞아.

A: You must be Christine, I'm Paul.
B: Hi.
　A: 크리스틴이죠. 폴입니다.
　B: 안녕하세요.

A: I didn't get the promotion.
B: You must be very upset about that.
　A: 승진에서 떨어졌어.
　B: 엄청 열받아있겠구만.

must have pp ⋯이었음에 틀림없다

must be가 현재의 추측이라면 과거의 추측은 must have+pp를 씁니다. 앞서 배운 should have+pp와 의미도 비슷하면서 또한 사용빈도도 꽤 많은 표현입니다.

It must've been terrible. 끔찍했겠구만.

Need Something More?
자주 써먹을 수 있는 동사구 Best 15

- **check out** (관심있는 대상을) 보다, …을 확인하다
  A: **Hey, check out that girl! She is really hot!** 야, 저 여자 봐! 정말 죽여준다!
  B: **Yeah, she is. Wow!** 정말 그러네. 야!

- **get together** 만나다
  A: **Why don't we get together on Wednesday?** 수요일에 만날까요?
  B: **Sounds good to me.** 저는 괜찮아요.

- **make sure** 반드시 …하다
  A: **You're in charge, ok? You make sure nobody leaves!**
  네가 책임자지? 아무도 못나가게 해!
  B: **Got it!** 알았습니다.

- **let sb down** …을 실망시키다
  A: **Make sure you don't let her down.** 그 여자를 실망시키지 않도록 해.
  B: **Don't worry. I won't.** 걱정마. 안 그럴 테니

- **work on** …에 관한 일을 하다
  A: **I'm going to work on this stuff at home tonight.**
  오늘 밤 집에서 이 일을 할거야.
  B: **If you have any problems give me a call.** 문제가 생기면 나한테 전화해.

- **come over** 들르다
  A: **I am so glad that you could come over tonight.**
  오늘밤 네가 와줘서 기뻐.
  B: **Oh no-no-no, it's my pleasure.** 어, 아냐, 내가 좋지.

- **work out** (계획, 문제) 잘 되어가다, 잘 풀리다, 운동하다
  A: **The figures that you gave me don't work out.**
  나한테 준 통계치로는 답이 안나와.
  B: **Let me see them. Maybe I gave you the wrong ones.**
  어디 좀 볼게. 내가 엉뚱한 걸 준건지도 몰라.

- **hang out (with)** …와 어울리다, 시간을 보내다,
  A: **Why don't you stay here and just hang out with me.**
  여기 남아 나랑 놀자.
  B: **Oh, I wish. but I got to go see my lawyer.**
  나도 그러고 싶지만, 가서 변호사 만나야 돼.

- **wait for** …을 기다리다
  A: **Could you wait for me in my office?**
  사무실에 가서 날 기다려주겠니?
  B: **Sure. I'll go and make myself comfortable.**
  알았어. 내가 가서 편안하게 있을게.

- **calm down** 진정하다
  A: **I need you to pay attention. Do you hear me?**
  주목해줘. 내말 듣고 있니?
  B: **Yes! Calm down. I hear you.** 응! 진정해. 듣고 있어.

- **work for~** …에서 일하다
  A: **Excuse me, who do you work for?** 실례합니다만, 어디서 일하세요?
  B: **I'm a trainer here at the gym.** 이 체육관에서 트레이너로 일하는데요.

- **ask for** 요구하다
  A: **I need to ask for some help here.** 이것 좀 도와줘야겠는데.
  B: **You name it. What can I do for you?** 말해 봐. 뭘 도와줘야 하지?

- **leave for** …로 출발하다
  A: **Why are you packing suitcases?** 왜 짐가방을 싸고 있어?
  B: **I need to leave for Tokyo in the morning.**
  오늘 아침에 도쿄로 출발해야 돼.

- **run into** 우연히 만나다
  A: **Did you see Derek today?** 오늘 데렉봤어?
  B: **Yes, I ran into him outside.** 어, 밖에서 우연히 마주쳤는데.

- **go over** 검토하다
  A: **Can we go over this paperwork?** 우리 이 서류를 검토할 수 있을까?
  B: **Sure, let's start on page one.** 물론, 1페이지부터 시작하자.

정답노트 011

I have to~는 (난) …해야겠어

I have to ask you something
좀 물어볼 게 있어

비록 조동사는 아니지만 사용빈도가 무척 많을 뿐더러 또한 그 의미가 '…해야 한다'로 앞서 배운 must, should와 같은 계열로 함께 알아두기로 해요. must나 should와는 달리 주로 의무로만 사용되지만 will have to, had to 등 시제에 따라 변화하면서 많이 쓰이기 때문에 용례를 잘 익혀두기로 합니다. 주어가 3인칭일 때는 He(She) has to~, 시제가 과거일 때는 had to~를 써야 합니다. 특히 I have to ask you something처럼 I have to~는 의무라기보다는 외부적인 이유로 "내가 …을 할 수밖에 없음"을 표현할 때가 많습니다.

I have to ~
(난) …해야겠어

---

1. 말할게 하나 있는데, 정말이지는

I have to tell you something.

---

2. 얘기 좀 하자고는

I have to talk to you.

---

3. 우리 생각 좀 해보자고는

We have to think about it.

Magic Talk!

A: I have to go talk to my dad.
B: What are you going to say?
   A: 아빠한테 가서 이야기 좀 해야 되겠어.
   B: 무슨 이야기할 건데?

A: I have to break up with you.
B: How can you say that?
   A: 그만 헤어져야 겠어.
   B: 어떻게 그런 말을 할 수 있는 거지?

A: I have to leave right away for the meeting.
B: I'll catch up with you later.
   A: 회의가 있어서 지금 당장 가봐야겠는데.
   B: 나중에 다시 전화하지 뭐.

Have to는 [haftə]로 발음

have to를 발음을 빨리하면 [haftə]로 발음됩니다.

I have to go. 나 가야 돼.
We'll just have to wait and see! 그냥 기다려 보는거지 뭐.
I guess we'll have to start over again.
처음부터 다시 시작해야 할까봐.

정답노트 012

You have to~ 로 너를 생각하며 충고해보기

You have to go there right now
너 지금 당장 거기 가야 돼

이번에는 상대방에게 '…을 해야 한다'라고 충고하는 표현법입니다. 주어를 You로 해서 You have to+동사 형태로 말하면 됩니다. 반대로 부정형 You don't have to +동사는 '…할 필요가 없어,' '…하지 않아도 돼'라는 의미입니다.

이것만은 꼭! 외워두자

You have to + 동사 ~
(너) …를 해야지

1. 적응해야지는
   You have to get used to it.

2. 조심해야돼는
   You have to be careful.

3. 그럴 필요 없어는
   You don't have to do that.

Magic Talk!

A: Can I pay for the parking when I leave?
B: I'm sorry, but you have to pay now.
   A: 나갈 때 주차비를 내면 되나요?
   B: 죄송합니다만, 지금 내셔야 하거든요.

A: This is wrong. You have to take it back.
B: I don't know why.
   A: 이건 아냐. 취소하라고.
   B: 왜 그래야 되지는 모르겠어.

A: I got to tell you something.
B: No, no. You don't have to explain yourself to me.
   A: 얘기할 게 있어.
   B: 아냐. 내게 너를 설명할 필요는 없어.

Do you have to + 동사 ~? …를 해야 돼?

상대방이 어떤 일을 꼭 해야 하는 상황인 지를 확인해볼 때 사용하는 표현으로 "너 …을 해야 하니?," "…을 꼭 해야 돼?"라는 의미입니다.

Do you have to work tonight? 오늘밤 일해야 돼?
Do you have to go now? 지금 가야 돼?

정답노트 013

조심스럽게 상대에게 부탁을 할 땐
May I + 동사?

May I help you?
뭘 도와드릴까요?

May I help you?, May I speak to Mr. Tony?, May I ask who's calling, please? 등의 회화표현으로 익숙해진 문형으로 구어체이긴 하지만 좀 formal한 냄새가 물씬 풍기는 표현법이죠. 상대방에게 부탁을 하거나 허락을 구하는 용도로 윗사람, 처음보는 사람 혹은 아는 사이라도 좀 조심스럽게 물어볼 때 사용하면 됩니다. May I help you?는 특히 상점 등에서 쓰는 전형적인 표현으로 "뭘 도와드릴까요?"라는 친절한 표현. 좀 더 캐주얼하게 이야기하려면 May 대신 Can을 쓰면 됩니다.

May I + 동사?
…를 해도 되겠습니까?

1. 들어가도 되겠습니까?는
   May I come in?

2. 한가지 여쭤봐도 될까요?는
   May I ask you a question?

3. 전화 좀 써도 되겠습니까?는
   May I use your phone?

Magic Talk!

A: Umm, Jimmy. May I have a word with you?
B: Yeah, of course.
> A: 저기, 지미야. 얘기 좀 해보자.
> B: 그래, 그럼.

A: May I help you?
B: Oh, no thanks, we're just here to look around.
> A: 제가 도와드릴까요?
> B: 괜찮아요. 그냥 둘러보러 왔어요.

A: May I come in?
B: Uh, yeah, if you want.
> A: 들어가도 돼요?
> B: 어, 그래, 그러고 싶으면.

May I have your ticket? 티켓 좀 보여주세요

기차나 비행기 탑승시 표나 탑승권을 보여달라고 할 때 꼭 쓰는 표현으로 May I have your ticket? 혹은 May I see your boarding pass?라고 말하게 됩니다.

정답노트 014

잘 모르는 이야기도 해야 될 때가 있죠, 이땐 may로

You might be right
네 말이 맞을지도 몰라

앞에서 허가의 may를 배웠지만 may라는 조동사의 가장 큰 특징은 가능성(possibility)이죠. 그래서 아직 잘 모르는 이야기를 할 때 쓸 수 있는데 may 혹은 과거형인 might를 씁니다. might 역시 무늬만 과거일 뿐 현재의 의미죠. '…일 수도 있어,' '…할지도 모르겠다'라는 말이죠. 주로 may be의 형태로 쓰이지만 100% 그런 건 아니고요. 그 다음으로 긍정문에서 may의 활약 분야는 '허락' 및 '허가'로 상대방에게 '…해도 돼'라고 말하는 것이죠. 반대로 부정을 하게 되면 '…해서는 안돼'라는 금지의 의미를 갖게 됩니다.

이것만은 꼭! 외워두자

주어 may + 동사 ~
…일지도 모른다, …해도 된다

1. 사실일 수도 있어는
   It might be true.

2. 궤양일지도 모릅니다는
   You may have an ulcer.

3. 가도 돼는
   You may go now.

Magic Talk!

A: I'm sorry. I think you may be in our seats.
B: Umm, no. I don't think so.
  A: 죄송하지만 우리자리엔 앉아계시는 것 같은데요.
  B: 어, 그러지 않을 걸요.

A: I'm not so sure that's a good idea.
B: It may be worth a try.
  A: 그건 좋은 생각이라는 확신이 안서는데.
  B: 그래도 해봄직 할거야.

A: We may have to alter our plans.
B: Why would we have to do that?
  A: 우리 계획을 수정해야 할지도 모르겠어.
  B: 왜 그래야 되는 거지?

may와 might

1. **may(might) have+pp :** (과거의 추측) …였을지도 모른다
   You may have heard of it. 아마 들어본 적이 있을거야.

2. **might as well+동사 :** (당연히) …하는 편이 낫겠어
   You may as well just go away. 너 그냥 가는게 낫겠다.
   You might as well try. 시도해보는게 낫겠어.

정답노트 015

예전에 …했었다고 할 때는 used to를

I used to go to church
교회에 가곤 했었지

would가 과거의 불규칙적인 습관을 말하는 반면 used to는 교회를 규칙적으로 다니듯 과거의 규칙적인 습관을 말합니다. "(과거에) …하곤 했었다," 혹은 used to 다음에 be 동사가 오면 "(과거에) …이었다," "있었다"라는 정도가 됩니다. 중요한 건 would나 used to 모두 과거의 사실을 언급하는 것으로 현재는 그렇지 않다는 것을 암시하고 있습니다. 참고로 used to의 과거형은 I didn't used to be like this(난 과거에 이렇지 않았어)에서처럼 didn't used to로 '(과거에) ..하지 않았었다'라는 뜻입니다.

주어 used to + 동사 ~
예전에 …하곤 했었다, 예전에 …있었다

1. 우린 항상 함께 놀았었지는
   We used to play together all the time.

2. 예전엔 공원에 큰 나무가 있었는데는
   There used to be a big tree in the park.

3. 침대를 지리곤 했었지는
   I used to wet my bed.

Magic Talk!

A: **We used to work together.**
B: **We did?**
   A: 우린 함께 일했었죠.
   B: 우리가요?

A: **I didn't used to be like this.**
B: **Spare me! I know what you were like.**
   A: 난 예전에 이러지 않았어.
   B: 그만해! 네가 예전에 어땠는지 알고 있는데.

A: **Do I know you?**
B: **You used to be my babysitter.**
   A: 절 아세요?
   B: 제 애기 봐줬잖아요.

used to vs get used to

used to는 그 자체가 조동사로 앞에 be나 get이 붙지 않죠. get을 붙여 get used to하게 되면 '…에 적응하다'라는 전혀 다른 뜻이 되니까 조심해야 되죠. 물론 get used to~에서 used는 동사 use의 pp 형입니다.

You'd better get used to it. 거기에 익숙해져야 해.

MEMO

4th Day

주어+동사에 보어를 붙여보자

정답노트 001

be+형용사+to+동사는 아예 공식으로 외워라

She will not be able to do it
걔는 그걸 못할거야

이젠 말하는 길이를 조금씩 늘려나가야 되겠죠? 앞서 be+형용사+전치사+명사(I'm mad at you) 형태를 배웠는데 그 중에는 be+형용사에 to do가 붙어 문장이 길어지는 경우들이 있습니다. be able to do, be supposed to do, be pleased to do 등이 그 예인데요, do 자리에 다양한 동사를 바꿔보면서 자기가 원하는 문장을 표현해보는 훈련을 해보도록 해요. 특히 be supposed to do는 '…하기로 되어 있다'라는 의미로 일상생활에서 참 많이 쓰이기 때문에 머리속에 꼬~옥 챙겨두어야 합니다.

주어 be + 형용사 to do
…하는 것이 ~해

1. 참석할 수 있어?는
Will you be able to attend?

2. 난 여기 있으면 안돼는
I'm not supposed to be here.

3. 기꺼이 해보려구는
I'm willing to give it a try.

Magic Talk!

A: We hope you'll be able to join us.
B: I hope so too.
  A: 우리와 함께 했으면 해.
  B: 나도 그래.

A: Can you handle this?
B: I'm not sure, but I'm willing to give it a try.
  A: 이거 감당할 수 있어?
  B: 잘모르겠지만 한번 해볼려고.

A: When is he scheduled to arrive at the airport?
B: He's supposed to arrive tomorrow after lunch.
  A: 그 사람이 공항에 언제 도착할 예정이니?
  B: 내일 점심 후에 도착하게 되어 있어.

be + 형용사/pp + to do 형태의 표현

자주 나오는 표현으로는 be eager to(…하려고 열중하다), be likely to(…할 것 같다), be asked to(…하라는 요구를 받다) 그리고 be pleased to(…해서 기쁘다) 등이 있습니다.

He's so eager to learn English. 걔는 영어배울려고 열 올리고 있어.
We are likely to lose everything on the hard drive.
하드에 있는게 다 날아갈 것 같은데.

정답노트 002

I'm afraid ~로 미안한 이야기를 부드럽게

I'm afraid you're wrong
네가 틀린 것 같은데

be+형용사~ 문형 중에서 회화에서 무척 많이 쓰이는 표현들이 몇 가지 있습니다. I'm afraid~도 그 중의 하나죠. 기본적으로 I'm afraid of+명사, I'm afraid to+동사의 형태로 '…를 두려워하거나,' '걱정한다'는 의미로 쓰이지만 일상회화에서는 I'm afraid (that) 주어+동사의 형태가 압도적으로 많이 사용됩니다. 상대방과 반대되는 이야기를 하게 될 때 혹은 상대방에게 미안하거나 불행한 이야기를 할 때 "안됐지만 …이다[아니다]"라는 뉘앙스를 풍기는 표현이죠.

I'm afraid (that) 주어+동사
안됐지만 …인데요

1. 미안하지만 그 여자의 말이 맞는데요는
   I'm afraid she's right.

2. 저기말야, 안 좋은 소식이 좀 있어는
   I'm afraid I've got some bad news.

3. 뭐라 말해야 할지 모르겠네요는
   I'm afraid I don't know what to say.

Magic Talk!

A: Could you please show me another jacket?
B: I'm afraid it's the only one that we have.
  A: 다른 자켓으로 보여주시겠어요?
  B: 죄송하지만 저희한텐 이게 전부인데요.

A: I'm afraid I don't know what to say.
B: I can't figure it out either.
  A: 뭐라고 해야 할지 모르겠어요.
  B: 저도 역시 어떻게 말을 해야할 지 알 수가 없는데요.

A: He doesn't want to lose face.
B: I'm afraid it's too late for that now.
  A: 그 친구는 자기 자존심 구겨지는 꼴 못보는데.
  B: 지금 그러기에는 너무 늦었다고 봐.

I'm afraid so와 I'm afraid not

1. I'm afraid so. 안됐지만 그런 것 같네요.
  상대방에 안 좋은 일인 경우에는 직설적으로 Yes라고 말하는 대신 씁니다.

2. I'm afraid not. 안됐지만 아닌 것 같네요.
  반대로 No는 맞는데 역시 상대방에 안 좋은 일인 경우에 말하면 됩니다.

정답노트 003

I'm glad~로 기쁜 마음을 전달해

I'm glad you like it.
네가 좋아한다니 나도 좋아

처음 만나서 주고 받는 인사인 Glad to meet you로 잘 알려진 형용사이죠. "…하게 되어 (내가) 기쁘다"라는 의미로 I'm glad to+동사 혹은 I'm glad (that) 주어+동사로 문장을 만들면 됩니다. Glad to meet you에서 보듯 구어체에서는 I'm을 생략해 간단히 말하기도 하지만, 다소 formal한 느낌을 주는 표현입니다.

이것만은 꼭! 외워두자

I'm glad to+동사/(that) 주어 + 동사
…해서 기뻐

1. 그 얘기를 들으니 기쁘네는
   I'm glad to hear that.

2. 네가 여기 있어 얼마나 기쁜지 몰라는
   I'm so glad you're here.

3. 그렇게 생각한다니 기뻐는
   I'm glad you feel that way.

Magic Talk!

A: Thanks a lot for the great meal!
B: I'm glad you enjoyed it.
  A: 근사한 식사 정말 잘 먹었어요!
  B: 그러셨다니 저도 기뻐요.

A: That new software package is great.
B: I'm glad you like it.
  A: 저 새로운 소프트웨어 대단해.
  B: 네가 좋다니 나도 기뻐.

A: You're such a generous person.
B: I'm glad you think so.
  A: 참 관대하시네요.
  B: 그렇게 생각해주니 기쁘네요.

I'm happy about(with) ~ …에 만족하다, 좋아하다

I feel so unhappy about my life right now.
나는 지금 내 인생이 너무 우울해.
I'm not happy with my job. 내 일에 만족을 못하겠어.
I'm not happy about it. 난 그게 맘에 안들어.

정답노트 004

I'm sorry~ 로 미안해~

I'm sorry to hear that
안됐네

간단히 I'm sorry about/for+명사로 쓸 수도 있지만 뒤에 to+동사나 절이 와서 I'm sorry to+동사, I'm sorry (that) 주어+동사의 형태로 많이 쓰이죠. 기본적으로는 잘못을 사과하는 표현이지만 상대방에게 안 좋은 일이 일어났을 때 위로하는 표현으로 사용되기도 합니다. 위의 I'm sorry to hear that이 가장 대표적인 경우지요. 그런 안 좋은 이야기를 들으니 안됐구나라는 뜻입니다. 혹은 미안한 행동이나 말을 하기에 앞서 미안하다고 미리 선수치고 말하려면 I'm sorry, (but) 주어+동사라고 하면 됩니다.

이것만은 꼭! 외워두자

I'm sorry to 동사/(that)주어 + 동사
…해서 미안해, …하다니 안됐네

1. 귀찮게해서 미안해는
   I'm sorry to bother you.

2. 또 늦어서 미안해는
   I'm sorry I'm late again.

3. 미안하지만 난 못해는
   I'm sorry, but I can't do it.

Magic Talk!

A: Is Bill available?
B: I'm sorry he just stepped out.
   A: 빌 있나요?
   B: 어쩌죠, 지금 막 나갔는데요.

A: I just found out that I got transferred.
B: I'm sorry to hear that.
   A: 제가 전근 대상이 되었다는 걸 방금 알았어요.
   B: 그렇다니 정말 유감이네요.

A: I'm sorry I didn't get back to you sooner.
B: That's all right, I have been pretty busy as well.
   A: 더 빨리 연락 못 줘서 미안해.
   B: 괜찮아. 나도 그동안 꽤 바빴는 걸 뭐.

sorry의 다양한 패턴들

1. I'm sorry to say (that)~ 미안한 말이지만 …해
   I'm sorry to say I'm getting used to it.
   미안한 말이지만 난 이제 적응이 되고 있어.

2. I am sorry to trouble you, but ~ 폐를 끼쳐서 미안하지만…
   I'm sorry to trouble you, but could I borrow a pen?
   귀찮게 해서 미안하지만 펜 좀 빌릴 수 있을까요?

정답노트 005

I'm sure~ 로 자신있는 이야기를 해보자

I'm not sure what you mean
무슨 말인지 모르겠어

sure는 '확실한'이라는 형용사로 회화에서 참 많이 쓰이는 단어중의 하나입니다. 그만큼 알아두어야 할 구문도 많죠. 내가 자신이 있으면 "I'm sure about that"(확신해), 자신이 없으면 "I'm not sure (about that)"을 사용하면 되고 또한 이번에는 반대로 상대방에게 자신있냐고 물어볼 때는 "Are you sure (about that)?"이라고 해주면 됩니다. 회화에서 실제로 많이 써먹을 수 있는 귀한 표현들로 잘 익혀두기 바랍니다. 여기서는 I'm sure~ 다음에 주어+동사가 오는 구문을 살펴보도록 해요.

I'm sure (that) 주어 + 동사
확실히 …할거야

1. 쟤는 괜찮아 질거라고 확신해는

   I'm sure she's going to be all right.

2. 네가 누군가 찾게 될거라고 확신해는

   I'm sure you'll find someone.

3. 그게 좋은 생각인지 잘 모르겠어는

   I'm not so sure that's a good idea.

Magic Talk!

A: I'm sure she wants to live with you.
B: You're sure? You're absolutely sure?

>A: 그 여자는 너랑 살고 싶어하는 게 확실해.
>B: 정말야? 정말 확실한거야?

A: I want to get married tomorrow.
B: Are you sure?

>A: 난 내일 결혼하고 싶어.
>B: 정말?

A: Why did you give me such a hard time?
B: I'm not sure.

>A: 왜 날 그렇게 힘들게 한거야?
>B: 나도 몰라.

I'm not sure that/if/what~ …을 잘 모르겠어

I'm not sure 처럼 부정형이 되면 접속사는 that 뿐만 아니라 if, what 등의 접속사가 붙을 수 있다는 점을 유의해두면 됩니다.

I'm not sure if I am available Friday, but I will check with my wife. 금요일에 시간이 되는지 모르겠지만 아내한테 확인해볼게요.

정답노트 006

겉모습이 …한 것처럼 보일 땐 seem+보어로

You seem a little nervous
너 좀 긴장되어 보여

지금까지 be+형용사보어 형태 중 회화에서 많이 쓰이는 유명표현을 알아보았는데요, 이렇게 보어를 취하는 동사는 be만 있는 건 아니랍니다. 위 예문에서 보다시피 '…처럼 보인다'라는 의미의 seem 동사도 보어를 취하는 대표적인 동사중 하나죠. seem 의 경우는 You seem a little nervous에서 보듯 형용사(nervous)를 보어로 받거나 to 부정사를 보어로 받아 seem to+동사로 쓰이기도 합니다.

I'm sure (that) 주어 + 동사
확실히 …할거야

1. 쟤는 정말 멋져 보여는

   He seems really nice.

2. 넌 안좋아 보여는

   You don't seem okay.

3. 걔는 널 싫어하는 것 같아는

   He seems to hate you.

Magic Talk!

A: **How was your date?**
B: **He seemed really very fun.**
   A: 데이트 어땠어?
   B: 재미있는 애 같았어.

A: **You don't seem okay. What happened?**
B: **I broke up with Roger.**
   A: 안 좋아보여? 왜 그래?
   B: 로저랑 헤어졌어.

A: **What's the new manager like?**
B: **He seems to be an easy-going person.**
   A: 새로운 부장님 어때?
   B: 까탈스럽지 않은 사람인 것 같아.

remain과 keep

1. **remain+형용사** 여전히 …이다
   He still remains very popular. 그 남자는 여전히 유명해.

2. **keep+형용사** 늘 …하다
   I don't like to keep busy. 계속해서 바쁜 건 싫어.

111

정답노트 007

온 몸으로 느끼는 동사들도 형용사를 보어로 취해

It sounds good to me
좋지

feel, look, smell, taste, sound처럼 온 몸으로 느끼는 감각동사의 경우도 형용사가 보어로 오기도 하는데 이때 의미는 "…인 것 같다"입니다. 냄새에 국한되어 쓰이는 smell, taste보다 회화에서 많이 쓰이는 감각동사는 feel(~good/bad/sorry/better), look(~good/great), sound(~good/great) 입니다. 앞의 seem과 더불어 feel, look, sound는 like와 어울려 seem like, feel like, look like, sound like~라는 표현들을 만들어내는데 차차 알아보기로 해요.

주어 + feel/look/sound + 형용사
…하게 보여, …처럼 들려

1. 기분 나빠하지마는
   Don't feel bad.

2. 너 멋져 보인다는
   You look great.

3. 좋아는
   It sounds good to me.

Magic Talk!

A: Listen uh, maybe we could get together later?
B: That sounds good.
    A: 저기, 혹 나중에 만날 수 있을까요?
    B: 좋죠.

A: You feel better now?
B: Yeah, much.
    A: 좀 기분이 나아졌어?
    B: 응, 많이.

A: Ahh, look at you, you look great.
B: Do I? Thank you, so do you.
    A: 야 이거봐라, 너 멋져 보인다.
    B: 그래? 고마워, 너도 그래.

Sound good to me 좋아

sound의 경우 주어 It을 생략하는 경우가 많아 Sounds good (to me), Sounds interesting(재미있겠는데) 라고 쓰일 때가 많습니다.

정답노트 008

get+형용사, get은 안끼는데가 없지요

Don't **get mad** at me
나한테 열받지 말라고

마지막으로 be동사 외에 동사+형용사의 꼴로 쓰이는 경우는 '…이(로) 되다'라는 뜻을 갖는 동사들입니다. become을 필두로 해서 get, go, fall, grow, run, turn 등 아주 비중있는 동사들이 포진해 있습니다. fall asleep이라든가 grow old 같은 전통적인 표현이 있습니다만 구어체 회화에서는 get+형용사와 go+형용사의 경우에 강해야 합니다. 특히 안끼는데 없는 get의 경우 원래 be의 자리를 가로챈 것으로 get+형용사[과거분사]의 형태로 많이 쓰이는데 be가 변화된 상태를 정적으로(be married) 표현하는 것인 반면 get은 변화하는 과정을 동적으로(get married) 표현한 것입니다. 훨씬 의미가 강해진다는 말이죠.

이것만은 꼭! 외워두자 — **주어 + get/go + 형용사**
…하게 되다

1. 크리스마스 준비하자고는
Let's get ready for Christmas.

2. 우린 결혼할거야는
We're going to get married.

3. 화내지마!는
Don't get upset!

Magic Talk!

A: **Do you want to get married?**
B: **Someday.**
  A: 결혼하고 싶어?
  B: 언제가는.

A: **I get excited about my graduation.**
B: **Yeah, school will be finished soon.**
  A: 졸업 때문에 들떠 있어.
  B: 그래, 곧 학교를 마치게 될거야.

A: **If you get lost, just give me a call.**
B: **Hopefully I won't need to do that.**
  A: 혹시 길을 잃어버리면 전화주세요.
  B: 그럴 일이 없었으면 좋겠네요.

get + 형용사/pp 형태의 표현

get excited(흥분하다) **Are you getting excited about that?**
그걸로 신이 나는거야?
get angry(화내다) **Don't get angry with me!** 내게 화내지마!
get upset(화내다) **Don't get upset!** 화내지마!

5th Day

주어+동사에 목적어를 붙여보자~

정답노트 001
like로 내가 평소에 뭘 좋아하는지 말해보자

I like her a lot
걔를 많이 좋아해

지금까지 배운 동사+형용사의 경우보단 동사+목적어의 경우가 훨씬 많이 쓰이죠. 그래서 동사+목적어 세트만 잘 활용해도 영어회화가 훨씬 더 편리해집니다. 보어의 경우처럼 목적어자리에도 단순히 명사나 대명사만 오는게 아니라 마치 명사처럼 활약하는 to 부정사, 동명사 그리고 절 등이 와 문장이 복잡다단해지죠. 물론 동사마다 목적어를 취하는 방식이 조금씩은 다른데요 회화에서 많이 쓰이는 동사를 중심으로 목적어를 어떻게 만들어 붙여야 하는지를 살펴보기로 해요. 먼저 동사 like는 좋아하다라는 의미로 기본적으로 명사를 목적어로 취하면서 또한 to 부정사나 동명사를 다 취할 수 있는 성격 좋은 동사이고, 싫어한다고 할 때는 I don't like+N/to do/~ing, 좋아하냐?고 물어볼 때는 Do you like+N/to do/ ~ing? 라고 하면 됩니다.

I like+명사/ to do/ ~ing
…가 좋아, …하는게 좋아

1. 그거 좋은데!, 맘에 들어!는
   I like that!

2. 골프치는 걸 좋아해는
   I like to play golf.

3. 마이크가 무척 좋아. 걘 정말 재밌어는
   I like Mike so much. He's real funny.

Magic Talk!

A: I'll make you a nice martini.
B: Actually, I don't like martinis.
  A: 맛있는 마티니 만들어줄게.
  B: 실은 마티니 안 좋아하거든.

A: I like your necklace.
B: I made it myself.
  A: 네 목걸이 맘에 든다.
  B: 내가 직접 만든거야.

A: I like you the best.
B: Oh, thank you Nick. That's very sweet.
  A: 네가 제일 좋아.
  B: 고마워, 닉. 정말 고마워.

> **I don't like you to do[~ing] 네가 …하는 걸 싫어한다**
>
> 내가 뭘 싫어하는게 아니라 "상대방이 …하는 걸 싫어한다"는 의미로 상대방에 대한 비난과 불평을 늘어놓을 때 할 수 있는 표현이죠.
>
> **I don't like you going out with my daughter Carol.**
> 자네가 내 딸 캐롤과 사귀는게 싫네.

정답노트 002

지금 바로 뭔가를 원할 때는 I'd like~로

I'd like a window seat
창가 자리로 주세요

I'd like~에서 'd'는 would가 줄어든 형태로 풀어 쓰면 I would like~가 됩니다. 바로 앞에서 배운 I like~와 would가 있느냐 없느냐의 차이인데요, I like는 나의 성향이나 취미를 말할 때 쓰는 표현으로 일반적으로 "…을(하기를) 좋아한다"는 의미이고 반면 I'd like~는 "내가 지금 …을 원하거나," "…을 하고 싶다"고 지금 현재의 마음을 표현하는 것입니다. 당연히 쓰임새는 I'd like~가 훨씬 많죠. 또한 I like~의 경우에는 목적어로 명사, to do, ~ing가 다 가능지만 I'd like~의 경우에는 명사 아니면 to do만 올 수 있다는게 다른 점입니다. 우선 I'd like~ 다음에 명사가 오는 경우를 살펴보는데요 특히 음식점 등에서 "난 …로 주세요"라고 주문할 때 많이 씁니다.

I'd like + 명사
…로 주세요

1. 살짝 익힌 걸로 주세요는
   I'd like it medium rare.

2. 그럼 좋지는
   I'd like that.

3. 햄과 계란 요리 주세요는
   I'd like the ham and eggs please.

Magic Talk!

A: What don't I take you to dinner tonight?
B: Oh I'd like that!
   A: 오늘밤 저녁 데려가면 어때?
   B: 그럼 좋지!

A: How would you like your steak cooked?
B: I'd like it medium rare please.
   A: 스테이크를 어떻게 해드릴까요?
   B: 반쯤 살짝 익혀주세요.

A: I'd like a round-trip ticket to Chicago.
B: When would you like to depart and return?
   A: 시카고행 왕복 항공권을 사고 싶은데요.
   B: 언제 출발해서 언제 돌아오실 생각이십니까?

There is nothing like that! 저 만한게 없지!

like는 동사 뿐만 아니라 전치사로도 많은 회화표현을 만들어내는데요, feel like~류, 뒤에 언급할 It's (not) like~ 외에도 아래 표현들을 외워두도록 해요.

Like this? 이렇게 하면 돼?
That's more like it. 그게 더 낫네.
I'm like you. 나도 너랑 같은 생각이야.
Just like that. 그냥 그렇게, 그렇게 순순히.

정답노트 003

지금 뭔가 하고 싶을 때는 I'd like to+V로

I'd like to check out now
체크아웃하려고요

내가 원하는 것이 사물이 아니라 어떤 행동을 하기를 바랄 때는 I'd like~ 다음에 to do를 붙이면 됩니다. I'd like+명사보다는 훨씬 무궁무진하게 활용할 수 있는 구문이죠. 내가 찜한 코트를 사고 싶으면 I'd like to buy this coat, 상대방에게 뭔가 할 얘기가 있으면 I'd like to say something to you라고 하면 됩니다. 또 한가지 알아두어야 할 것은 변형된 표현으로 I'd like to, but I~ 형태입니다. 상대방의 제안에 정중하게 거절하는 표현으로 "그러고는 싶지만 난 ~" 라는 의미로 but 뒤에는 거절할 수밖에 없는 사정을 말하면 됩니다. I'd like to, but I have to go right now(그러고 싶지만 난 지금 가야 돼)처럼 말이죠.

I'd like to + 동사
…하고 싶어

1. 너와 그거에 대해 얘기하고 싶어는
   I'd like to talk to you about that.

2. 건배하자는
   I'd like to propose a toast.

3. 너희들 와줘서 고마워는
   I'd like to thank you guys for coming here.

Magic Talk!

A: Who do you want to speak to?
B: I'd like to speak with Mark.
　A: 어느 분을 바꿔드릴까요?
　B: 마크씨와 통화하고 싶은데요.

A: I'd like to buy this coat.
B: Will that be cash or charge?
　A: 이 코트를 사고 싶은데요.
　B: 현금요 아님 신용카드로 하시겠어요?

A: Do you want to go to a movie?
B: I'd like to, but I'm on call today.
　A: 영화보러 갈거니?
　B: 그러고 싶은데, 난 오늘 대기해야 돼.

I'd like you to+V 네가 …하기를 바래

내가 뭔가를 하고 싶은 것이 아니라 다른 사람이 …하기를 바란다는 내용으로 to do를 행하는 사람은 내가 아니라 I'd like~의 목적어인 you인 셈이죠. 결국 "상대방에게 …을 해달라"고 부탁할 때 사용하는 표현이랍니다. 특히 다른 사람을 소개할 때 사용하죠.

I'd like you to come to my party. 네가 파티에 왔으면 좋겠어.
I'd like you to meet Jane. 제인하고 인사해.

정답노트 004

상대방이 지금 뭘 원하는지 물어보고 싶을 때는 Would you like+명사?

Would you like some juice?
주스 좀 드실래요?

I'd like+명사/to do로 내가 원하는 걸 어떻게 말하는지 배웠는데요 이제는 반대로 상대방이 원하는 걸 물어보는 방법을 알아보기로 해요. 먼저 I'd like+명사의 의문형인 Would you like+명사?부터 살펴보죠. "…하실래요?"라는 의미로 주로 상대방에게 뭔가 제안을 하는 표현입니다. 특히 원하는 음식을 권할 때 일반인(?)들끼리 혹은 종업원과 손님사이에서 애용되는 표현이죠.

이것만은 꼭! 외워두자

Would you like to + 명사 ?
…할래요?

1. 마실 것 좀 줄까요?는

   Would you like something to drink?

2. 애피타이저 드실래요?는

   Would you like an appetizer?

3. 한번 둘러보실래요?는

   Would you like a tour?

Magic Talk!

A: So, would you like any dessert?
B: No! No dessert, just a check, please.

A: 그럼, 디저트 드실래요?
B: 아뇨, 디저트됐어요. 계산서만 주세요.

A: Yes, I'd like the Mediterranean pizza.
B: Would you like a small or a large?

A: 메디테라니안 피자로 주세요.
B: 작은 걸로 드릴까요, 큰 걸로 드릴까요?

A: It's a lovely apartment.
B: Oh, thank you. Would you like a tour?

A: 아파트가 좋군요.
B: 고마워요. 돌아보실래요?

Would you like+명사+pp? …를 pp하게 할까요?

한 단계 응용된 표현으로 단순히 명사를 원하는게 아니라 명사를 어떤 상태로 하기를 원하느냐고 물어보는 문장입니다.

Would you like these items delivered? 이 물건들 발송할까요?

정답노트 005

상대방이 지금 뭘 하고 싶은지 물어볼 땐
Would you like to+동사?

Would you like to go to a movie?
영화볼래요?

음식관련 상황에서 유용하게 쓰이는 Would like to+명사?와는 달리 Would you like to+동사?의 경우는 훨씬 포괄적으로 다양한 상황에서 쓰입니다. 주로 "…하고 싶어요?"라고 상대방의 의향을 묻거나 혹은 "…할래?"라고 상대방에게 제안을 할 때 사용하는 표현입니다. 특히 영화보자고(Would you like to go to the movies tonight?), 식사같이 하자고(Would you like to go out to lunch with me?) 좀 더 노골적으로 데이트 한번 하자고(Would you like to go out with me sometime?) 할 때 유용합니다.

Would you like to do ~?
…할래(요)?

1. 들어오실래요?는

   Would you like to come in?

2. 커피 드실래요?는

   Would you like to have coffee?

3. 한번 입어 보실래요?는

   Would you like to try it on?

Magic Talk!

A: **Would you like to have dinner with me tonight?**
B: **Oh, I have plans tonight.**
   A: 오늘밤 저녁 같이할래요?
   B: 어, 오늘밤 계획이 있는데요.

A: **Would you like to go to a movie sometime?**
B: **Yeah, that'd be great. I'd love it.**
   A: 나중에 한번 영화볼래요?
   B: 그래요, 좋겠네요. 좋아요.

A: **Would you like to leave a message?**
B: **That's okay. I'll call you later.**
   A: 메모 남기시겠어요?
   B: 아뇨, 전화 나중에 할게요.

Would you like to~?

1. **Would you like to+동사?** 표현들
   Would you like to get together? 한번 만날래요?
   Would you like to begin? 시작할까요?

2. **Would you like me to+동사?** 내가 …할까요?
   상대방에게 내가 뭔가 하기를 바라냐고 묻는 말로 상대방의 허락을 공손히 구하는 표현입니다.
   Would you like me to read them to everyone?
   사람들에게 읽어줄까요?

127

정답노트 006

좀 더 직설적으로, 나 … 할래

I want to talk to you
너하고 얘기 좀 해야겠어

이번에 좀 더 직설적으로 내가 원하는 걸 말해보죠. 내가 원하는 걸 말한다는 점에서 I'd like~와 같은 의미이지만 I'd like~가 부드러운 표현임에 반해 I want~은 상당히 직설적으로 말하는 것으로 친구 등 친밀한 사이에서 격의없이 말할 때 사용하는 표현입니다. I'd like~의 경우보다 더 심하게 I want+명사(I want a baby, I want a marriage, I want you) 형태보다는 I want to+V의 꼴이 훨씬 많이 쓰입니다.

이것만은 꼭! 외워두자

I want to+동사 ~
…하고 싶어, …할래

1. 뭐 좀 물어볼게는
   I want to ask you something.

2. 너랑 여생을 보내고 싶어는
   I want to spend the rest of my life with you.

3. 도와줘서 고마워요는
   I want to thank you for helping me.

Magic Talk!

A: Come here, I want to show you something!
B: Okay!

A: 이리와. 뭐 좀 보여줄게!
B: 알았어!

A: I want to live with you! Let's stay together!
B: But I don't think I can!

A: 너랑 동거하고 싶어! 같이 살자!
B: 하지만 안될 것 같아!

A: I want to reconfirm my reservation.
B: What is your flight number?

A: 예약을 확인하려구요.
B: 비행편 번호가 어떻게 되시죠?

I wanna marry you 너하고 결혼하고 싶어

물론 아직 축약해서 쓰는 것을 흉내내서는 안되지만 want to는 영화나 시트콤 등의 구어체 스크립트에서는 발음나는 대로 표기하기도 합니다.

I wanna go with you. 너하고 함께 가고 싶어.

정답노트 007

상대방에게 …하라고 부탁이나 희망할 땐
I want you to+동사

I want you to come here
너 이리 좀 와봐

I want you to+동사~는 내가 직접 뭔가를 하고 싶다고 말하는 것이 아니라 상대방이 뭔가 하기를 바라는, 즉 다시 말해서 "상대방에게 …를 하라고 부탁하거나 희망할 때" 쓰는 표현이죠. I'd like you to~보다는 역시 정중하지 않은 표현이기 때문에 격의없는 사이에 쓰이며 "I want you to leave!"(그만 가란말야!)처럼 지시나 명령에 가까운 문장을 만들어내기도 합니다.

이것만은 꼭! 외워두자

I want you to+동사 ~
…해, …하란 말야

1. 인사해, 내 친구 샘야는
   I want you to meet my friend, Sam.

2. 다시 내 친구가 되어줘는
   I want you to be my friend again.

3. 네가 행복했으면 해는
   I want you to be happy.

Magic Talk!

A: Ricky, I want you to be my best man.
B: Yes!
   A: 릭키야 네가 내 들러리 서줘.
   B: 좋아!

A: I want you to move in with me.
B: That is so sweet.
   A: 나하고 함께 살자.
   B: 정말 좋아.

A: Julie, I want you to meet my friend. This is Peter.
B: Hi! Nice to meet you.
   A: 줄리야, 인사해, 내친구 피터야.
   B: 안녕, 반가워.

I want you + 부사(구) 네가 (부사상태로) 되어라

목적어인 네(you)가 어떤 동작(to+동사)을 하도록 하는게 아니라 간단히 부사의 상태로 되라라고 말하는 것으로 주로 상대방을 오게 하거나 혹은 내쫓을 때 사용합니다.

I want you right here. 당장 이리와.
I want you out. 나가.
I want you out of here. 꺼지라고.

정답노트 008

상대방이 뭘 하고 싶은지 물어보려면
Do you want+명사/to+V?

Do you want to go out with her?
쟤랑 데이트하고 싶어?

앞의 Would you like+명사/to+V?와 같은 의미 같은 용법이지만 역시 격의없는 친한 사이에 쓸 수 있는 표현입니다. 상대방이 필요한게 무언지 또 무엇을 하고 싶은지 등 상대방의 의향을 물어보거나 혹은 상대방에게 필요한 것을 권유하는 내용으로 "…할래?," "…하고 싶어?"의 뜻입니다. 특히 Do you want+명사?의 경우는 Do you want soup or salad?, Do you want some chicken?처럼 음식 등을 권할 때 자주 사용됩니다. Would you like+N?처럼요.

이것만은 꼭! 외워두자

Do you want + 명사/to do ~ ?
…할래? …하고 싶어?

1. 토요일날 데이트할래?는
   Do you want a date on Saturday?

2. 술마실래?는
   Do you want to get a drink?

3. 같이 갈래?는
   Do you want to come along?

Magic Talk!

A: Do you want to come with us for drinks?
B: Why not?
  A: 우리랑 같이 한잔하러 갈래?
  B: 그러지 뭐.

A: Do you want to get a cup of coffee?
B: Yeah, okay.
  A: 커피한잔 할래?
  B: 그래, 좋아.

A: Do you want to go golfing this weekend?
B: That's a great idea.
  A: 이번 주말에 골프갈래?
  B: 좋지.

Do you want some? 좀 먹을래?

상대방에게 음식을 권할 때 쓰는 표현이죠. 구체적인 음식이름을 말할 때는 Do you want some chicken? Do you want some pancakes?라고 하면 됩니다. 또한 좀 더 먹을래라고 물어볼 땐 Do you want some more?라고 하면 되는데 마찬가지로 구체적인 먹을거리를 언급할 때는 Do you want some more beer?라고 뒤에 명사만 하나 더 붙여주면 됩니다.

정답노트 009

내가 먼저 알아서 긴다,
Do you want me to+동사?

Do you want me to quit?
그만 두라고요?

Do you want to do~보다 많이 쓰이지는 않지만 그리고 want 다음에 me가 있어 좀 복잡한 느낌이 들지만 상대방의 의중을 확인하거나(Do you want me to quit?) 혹은 내가 상대방에 해주고 싶은 걸 제안할 때(Do you want me to teach you?) 쓸 수 있는 표현입니다. "…하라고요?," "내가 …해줄까?"라는 의미로 Do you want me to~까지는 입에 달달 외우고 다음에 다양한 동사를 사용해서 여러가지 상황을 영어로 말해보는 연습을 해보도록 해요.

이것만은 꼭! 외워두자   **Do you want me to+동사 ?**
(내가) …해줄까?

1. 확인 더 해볼까요?는

Do you want me to check again?

2. 내가 갖다줄까?는

Do you want me to go get them for you?

3. 내가 가르쳐줄까?는

Do you want me to teach you?

Magic Talk!

A: **Do you want me to quit?**
B: **What?! What would make you think that?**
   A: 그만 두라고요?
   B: 뭐라고?! 왜 그렇게 생각하는거야?

A: **Do you want me to check again?**
B: **Well yeah, I wish that you would.**
   A: 다시 확인해볼까요?
   B: 어 그래. 그랬으면 좋겠네.

A: **Do you want me to give you a ride to the airport?**
B: **Yes, I would really appreciate it.**
   A: 내가 공항까지 태워다 줄까?
   B: 그래주면 정말 고맙지.

Do you want us to + 동사? 우리가 …할까?

역시 상대방의 의중을 확인하는 문장이지만 me가 아니라 복수로 us가 나와 "우리가 …할까?"라는 의미입니다.

Jessica, do you want us to take you home?
제시카, 우리가 집에 데려다 줄까?
Do you want us to come back later? 우리가 나중에 다시 올까?
Do you want us to leave the room? 우리가 나갈까?

정답노트 010

내가 뭐 좀 해야 되겠어, I need +명사/to+동사

I need to talk to you
얘기 좀 하자고

I need+명사/to do는 "…가(하는 것이) 필요하다"라는 의미로 I want~ 혹은 I have to+동사와 같은 맥락이라고 할 수 있죠. 하지만 나의 상황이나 사정에 따라 "내가 …하는 것이 꼭 필요하다"고 말하는 표현법으로 자신의 필요가 꼭 이루어져야 한다는 강한 느낌을 주는 표현입니다. "네가 꼭 좀 나를 도와줘야겠어"라고 하려면 I need your help를, "나 너하고 이야기 좀 해야되겠는데"라고 하려면 I need to talk to you라고 하면 되죠. 물론 주어를 You로 해서 You need~ 하면 "상대방에게 …을 해야 한다"라고 충고하는 표현이 됩니다.

I need + 명사/to do ~
…가 꼭 필요해

1. 약 좀 먹어야겠어는

   I need some medicine.

2. 좀 쉬어야 겠어는

   I need to get some sleep.

3. 사장하고 얘기해야지는

   You need to talk with the boss.

Magic Talk!

A: **Hey, uhh, I need to talk to you.**
B: **What's the matter?**
   A: 저기, 얘기 좀 하자.
   B: 무슨 일인데?

A: **I need to ask for some help here.**
B: **You name it. What can I do for you?**
   A: 이것 좀 도와줘야겠는데.
   B: 말해 봐. 뭘 도와줘야 하지?

A: **I need to borrow some money.**
B: **Oh! Sure! How much?**
   A: 돈 좀 빌려야겠어.
   B: 어 그래! 얼마나?

I need you to pay attention 주목해줘

would like나 want의 경우처럼 need 또한 I need you to do의 용법으로 사용됩니다. 상대방에게 "…을 꼭 좀 해달라"는 의미로 상대방에게 강하게 부탁을 하는 셈이죠.

I need you to pay attention. Do you hear me? 주목해줘. 내 말 듣고 있니?
I need you to finish this by tomorrow. 내일까지 네가 이걸 끝내야 해.

정답노트 011

안 해도 된다, You don't need to+동사

You don't need to worry about it
걱정할 필요 없어

need의 부정형을 써서 don't need to~하면 '…할 필요가 없다'라고 말하는 것이죠. 주어는 일인칭 'I'나 2인칭 'You' 혹은 'We'가 주로 와서 "나는[너는, 우리는] …할 필요가 없다," 즉 "…하지 않아도 된다"라는 의미가 됩니다.

You don't need to+명사
…하지 않아도 돼

1. 그거 생각안해도 돼는
   I don't need to think about it.

2. 넌 알 필요는 없어는
   You don't need to know.

3. 우린 걔에게 그거에 대해 말할 필요 없어는
   We don't need to tell him about that.

Magic Talk!

A: **Please tell me what happened?**
B: **You don't need to know.**

    A: 무슨 일인지 말해봐.
    B: 알 필요없어.

A: **You don't need to come with me.**
B: **I don't mind.**

    A: 나와 함께 갈 필요없어.
    B: 상관없어.

A: **Is it okay if I smoke?**
B: **Sure. You don't need to ask about that.**

    A: 여기서 담배펴도 돼?
    B: 물론. 내게 물어볼 필요없어.

Do you need~?

1. **Do you need +명사?** …가 필요해요?
   Do you need my help? 도와 드릴까요?

2. **Do you need me to+동사?** 내가 …해줄까?
   Do you need me to go with you? 내가 함께 가줄까?

정답노트 012

enjoy로 재미나게 즐겨보려면
enjoy+명사[~ing]

I really enjoyed it
정말 즐거웠어

enjoy하면 목적어로 동명사(~ing)을 취하는 대표적인 동사로 알려져 있습니다만 이건 동사가 목적어로 올 경우에 동명사가 온다는 말이지 목적어로 무조건 ~ing만 온다는 것은 아니지요. 회화에서는 enjoy+명사의 형태도 많이 쓰이니까 enjoy+명사[~ing] 형태를 알아보기로 해요. 특히 즐거운 행동을 한 다음에 즐거웠다고 말할 때는 즐거운 행동이 이미 끝난 행동이기 때문에 enjoy의 과거형인 enjoyed을 쓴다는 것도 빠트리지 말고 알아두세요. 그 외에도 finish, consider, quit, mind, deny 등이 동명사를 목적어로 취하는 단어로 알려져 있습니다.

I enjoy + 명사/~ing
~가 즐거웠어, 난 …을 즐겨

1. 파티 즐거웠어는

   I enjoyed the party.

2. 너랑 얘기해서 즐거웠어는

   I enjoyed talk**ing** with you.

3. 뉴욕에서 쇼핑을 즐길거야는

   I'm going to enjoy shopp**ing** in New York.

Magic Talk!

A: Everyone seems to be enjoying your cooking.
B: And you?
  A: 모두들 네 음식을 맛있게 먹는 것 같아.
  B: 그럼 넌?

A: Are you enjoying the bike?
B: Yes, very much!
  A: 야, 그래 너 자전거 타는거 좋아해?
  B: 어, 아주 많이!

A: Is it a good idea to transfer to our overseas office?
B: Give it a shot. You might enjoy living abroad.
  A: 우리회사 해외지사로 전근가는게 좋은 생각같아?
  B: 한번 해봐. 해외에 사는 걸 좋아할 수도 있잖아.

Enjoy~

1. **Enjoy + 명사!** 즐겁게 …해
   Enjoy your stay in Chicago. 시카고에서 즐겁게 보내세요.
   Enjoy your meal! 식사 맛있게 해!

2. **Enjoy oneself** (스스로) 즐기다
   Just try to enjoy yourself! 즐겁게 지내도록 해봐!

정답노트 013
한잔 땡길 때는 I feel like ~ing

I feel like hav**ing** a drink
한잔 하고 싶은데

feel like하면 하나의 숙어처럼 다음에 동사의 ~ing을 취하며 "…을 하고 싶어"라는 의미가 됩니다. 뭔가 먹고 싶거나 뭔가 하고 싶다고 말하는 것으로 반대로 "…을 하고 싶지 않다"라고 말하려면 부정형 I don't feel like ~ing를 쓰면 됩니다. feel like 다음에는 명사나 절이 올 수 있는데 이때는 "…한 것 같아"라는 전혀 다른 의미가 됩니다.

I feel like ~ing
…을 하고 싶어

1. 샤워하고 싶어는
   I feel like taking** a shower.**

2. 오늘밤 저녁하기 싶어는
   I don't feel like making** dinner tonght.**

3. 오늘밤 누구하고도 키스하기 싫어는
   I don't feel like kissing** anyone tonight.**

Magic Talk!

A: We want to talk to you.
B: I don't feel like talking.
   A: 너랑 얘기 좀 하자.
   B: 말하기 싫은데.

A: Y'know what? I don't feel like going to work.
B: Why?!
   A: 저 말야. 출근하기 싫어.
   B: 왜?!

A: I don't feel like having sex.
B: Then, maybe we can watch a movie or something.
   A: 섹스하기 싫어.
   B: 그럼 영화보거나 다른거 하지.

fee like~

1. **I feel like+명사** ···같은 느낌(기분)야
   I feel like an idiot. 내가 바보가 된 것 같아.

2. **I feel like S+V** ···한 것 같아
   I feel like I'm totally lost. 완전히 길을 잃은 것 같아.
   I feel like I've been here before. 전에 여기 와본 것 같아.

정답노트 014
조심스럽게 부탁하거나 허락받으려면
Do you mind~ing/if~로

Do you mind picking me up tomorrow?
내일 나 좀 태워 줄 수 있겠니?

mind는 ~ing를 목적어로 취하는 유명동사죠. Would[Do] you mind~ing?하면 …하기를 꺼려하느냐라는 것으로 의역하면 "…해도 될까요?," "…하면 안될까?"로 상대의 양해를 구하는 표현이 됩니다. 물론 would를 쓰면 do보다 정중해집니다. 중요한 건 이에 대한 대답인데요 mind가 자체가 '…하기를 꺼려하다'라는 부정적이기 때문에 답변 또한 부정의문문의 답변에 준합니다. 그래서 Yes하면 그렇다(Yes, I mind), 즉 '꺼려한다'는 의미로 부정의 답이 되고, No을 하게 되면 '아니 꺼리지 않는다'(No, I don't mind)라는 의미로 긍정의 답이 됩니다. 또한 ~ing 대신에 if절이 와 Would(Do) you mind if S+V?의 구문도 많이 쓰입니다.

Would(Do) you mind ~ing?
…하면 안될까?, …해도 괜찮을까?

1. 날 좀 도와주지 않겠니?는

Would you mind doing me a favor?

---

2. 내일 나 좀 태워 줄 수 있겠니?는

Do you mind picking me up tomorrow?

---

3. 여기서 담배펴도 돼?는

Do you mind if I smoke in here?

Magic Talk!

A: Do you mind picking me up tomorrow?
B: Sure, what time?
  A: 내일 나 좀 태워 줄 수 있겠니?
  B: 물론이지, 몇시에?

A: Do you mind if I use your bathroom?
B: No, go ahead.
  A: 화장실 좀 써도 되겠어?
  B: 그래, 그렇게 해.

A: Do you mind if I sit here for a second?
B: Yeah sure! No problem.
  A: 여기 잠깐 앉아도 돼?
  B: 그래 그럼! 그렇게 해.

Isn't he there? 그 친구 거기 없어? (부정의문문 답변요령)

1. 친구가 있을 때 : 아니 있어 → **Yes, Of course**

2. 친구가 없을 때 : 응 없어 → **No, Not at all**

정답노트 015

쉬지않고 계속 키스하고플 땐 keep kissing이라고 해야

Why do you keep saying that?
왜 계속 그렇게 이야기하는거야?

'계속하다'하면 떠오르는 단어는 continue이지만 실제 구어체에서 '계속해서 …하다' 라는 표현을 쓸 때는 keep+~ing을 훨씬 많이 씁니다. 잘 알려진 명령문 형태의 Keep going!(계속해!), Keep talking!(계속 말해봐!), Keep moving!(계속 움직여!) 외에도 People keep saying that(사람들이 계속 그렇게 얘기해), Are you going to keep seeing her?(계속 쟤를 만날거야?)처럼 일반문장에서도 keep ~ing의 활약은 무궁무진합니다.

keep ~ing
계속해서 …하다

1. 계속 연습을 해야 한다는
   You need to keep practicing.

2. 계속 걔 생각만 하는
   I keep thinking about her.

3. 우린 계속해서 키스하자는
   We should keep kissing.

Magic Talk!

A: Why does this keep happening to me?
B: I don't know. I don't know what to say.
   A: 왜 이런 일이 계속 내게 일어나는거야?.
   B: 나도 몰라. 뭐라 해야 할지 모르겠네.

A: Why did he keep doing that?
B: Beats me.
   A: 걘 왜 자꾸 저러는거야?
   B: 몰라.

A: I'm going to keep asking her to marry me.
B: Take the hint. She doesn't like you.
   A: 걔에게 계속 결혼하자고 할거야.
   B: 눈치도 없냐. 걘 널 좋아하지 않아.

Just keep on trying 계속 노력해봐

keep ~ing는 의미변화없이 keep on ~ing리고 on을 추가해서 쓰기도 합니다.

Keep trying to get in touch with Jim. 짐에게 연락을 계속 해봐.
The boss keeps giving me a hard time. 나 사장한테 계속 깨지고 있어.

정답노트 016
오늘 이 순간 한번 해보자구요 Try!

I'll try to be more careful
더 조심하도록 할게

try는 다음에 주로 명사나 to+동사가 목적어로 와서 (아직 해보지 않은 것) …을 해보다,' '시도하다'라는 뜻이 됩니다. 특히 명사가 목적어로 올 경우에는 I'll try my best(최선을 다할거야)처럼 '시도하다'라는 의미이지만 'Try kalbi"처럼 음식이 올 경우에는 '먹어보다'라는 의미가 되죠. 하지만 try 다음에 옷 등이 올 경우에는 try it on처럼 'on'을 붙여야 한다는 것을 기억해두도록 해요.

I('ll) try to + V
…할게, …하도록 할게

1. 잊지 않도록 할게는
   I'll try to forget it.

2. 이거에 집중하려고 하고 있는거야는
   I'm just trying to focus on this.

3. 글쎄, 넌 시도해봐야 될 걸은
   Well, you're just going to have to try.

Magic Talk!

A: I'm just trying to help you.
B: Oh, you are such a kind person.
A: 도와줄려는 것뿐예요.
B: 오, 친절도 하셔라.

A: I am just trying to figure out why.
B: Any luck?
A: 이유가 뭔지 알아내려고 하고 있어.
B: 알아냈어?

try to climb vs try climbing

try to climb은 아직 산에 오르지 않은 상태에서 등산을 한번 해보겠다는 것이고 try climbing은 현재 산에서 산을 올라가면서 애쓰고 있는 것을 의미한다는 거죠. 앞서 배운 맘씨 좋은 like, begin, start가 의미변화없이 목적어로 to do나 ~ing를 받았지만 try는 목적어 형태에 따라 의미가 달라지는 경우이죠. 이렇게 속좁은(?) 동사들로는 try 외에도 forget, remember, stop 등이 있습니다. forget이나 remember의 경우에는 목적어로 ~ing가 오면 과거의 것을 잊거나 기억하는 걸, 그리고 to+동사가 목적어로 오면 앞으로 할 일을 잊거나 기억하는 걸 뜻합니다. 또한 stop의 경우는 stop smoking은 금연하다, stop to smoke는 담배필려고 걸음을 멈추다라는 뜻이 됩니다.

정답노트 017

…하는게 좋을 걸, You'd better+V

You'd better hurry
서둘러라

had better+동사의 경우는 동사 앞에 to가 생략된 경우죠. '…하는 것이 낫다'라는 의미로 조언이나 충고의 표현인 You'd better+동사는 보통 친구나 아랫사람에게 하는 말입니다. "…해라," "…하는게 좋을 것이다"라는 뜻으로 충고 내지는 문맥에 따라서는 경고로 쓰일 수도 있죠. 보통 줄여서 You'd better, I'd better, we'd better~로 쓰고 아예 had를 빼고 I[We, You] bette~r라고 쓰기도 하고 심지어는 인칭도 빼고 Better+V라 쓰기도 합니다. 부정형은 You'd better not do this처럼 better 다음에 not을 붙이면 됩니다.

You'd better + 동사원형
…하는게 좋을 걸, …해라

1. 출발해야겠어는
   I'd better get going.

2. 내일 늦지 않도록 해라는
   You'd better be on time tomorrow.

3. 적응하도록 해라는
   You'd better get used to it.

Magic Talk!

A: You'd better hurry up so we can go.
B: Okay, I'll.
  A: 같이 나가려면 서둘러.
  B: 알았어, 그럴게.

A: I suspect that my son is smoking.
B: You better talk to him before it becomes habit.
  A: 아들이 담배피는 것 같아.
  B: 습관이 되기 전에 걔에게 얘기해.

A: You'd better not go outside. It's too cold.
B: You're right, but I want to see the game.
  A: 나가지 마. 밖은 너무 추워.
  B: 그렇긴 하지만, 그 경기를 보고 싶단 말야.

I'd rather+V

I'd rather+V ···하는게 낫지, (차라리)··· 할래

I'd rather take a subway. 차라리 전철을 탈래.
I'd rather talk to you. 네게 이야기하는게 낫겠어.
I'd rather not. 그러지 않는게 낫겠어.

정답노트 018

동사 두개가 바로 이어진
go get~이 이상하다고요???

Let's **go get** some ice cream
아이스크림 먹으러가자

구어체 문장에 익숙하지 않은 사람이면 갑자기 go 다음에 나오는 동사의 원형을 보고 고개를 갸우뚱할지도 모릅니다. go get, go have, go take, go see, go do 등이 웬지 모르게 낯설기 때문이죠. 물론 go나 come 다음에 to+V가 올 경우 이때 to는 생략될 수도 있다는 것을 배운 건 사실이지만 실제 이렇게 왕성하게 사용되고 있는 현실에 당황할 수 밖에 없게 되는거죠. go+동사는 '…하러 가다,' come+동사일 때는 '…하러 오다'라는 뜻으로 쓰입니다.

go get ~
…을 가지러[사러] 가다

1. 가서 뭐 좀 먹자?는
   Why don't we all go get something to eat?

2. 가서 목욕 좀 할거야는
   I'm going to go take a bath.

3. 와서 우리랑 같이 영화볼래?는
   Do you want to come see a movie with us?

Magic Talk!

A: **Let's go get some ice cream.**
B: **I can't. I have to study.**
   A: 아이스크림 먹으러 가자.
   B: 안돼. 공부해야 돼.

A: **I'm gonna go get some chicken. Want some?**
B: **No thanks. I don't like chicken.**
   A: 치킨먹으러 갈건데 먹을래?
   B: 아냐, 고마워. 치킨은 안 좋아해.

A: **Hey, relax, let's go get a beer.**
B: **I don't want a beer.**
   A: 야, 긴장풀어. 맥주 한 잔 하러가자.
   B: 맥주 먹고싶지 않아.

go+V

go get은 가지러(사러, 먹으러) 가다, go have는 …하러 가다, 가서…하다, 그리고 go see는 만나러 가다, 가서 …만나다.

Do you want to **go get** a drink? 가서 한 잔할래?
You **go get** him! 가서 걜 잡아!
Let's **go have** sex! 우리 가서 섹스하자!
I have to **go have** dinner with my son. 아들과 저녁먹으러 가야 돼.
I got to **go see** my lawyer. 가서 변호사 만나야 돼.

정답노트 019

get A B, A에게 B를 가져다주거나 혹은 사서 가져다주거나

Can I get you something?

뭐 좀 가져다줄까?

이번엔 목적어가 두개인 경우로 예전에 간접목적어, 직접목적어하면서 배웠던 구문입니다. 아무 동사나 다 이렇게 쓰이는 건 아니고요, 주로 get, buy, teach, show, lend, make 등으로 …에게 …을 [사, 가르쳐, 보여, 빌려, 만들어]주다로 해석되는, 즉 '주다'형 동사들만이 누리는 특권이지요. 먼저 팔방미인 get의 경우를 알아보죠. get somebody something을 기본으로 해서 Can I get you~?, I'll get you~, Let me get you~의 형태로 "너에게 뭔가를 가져다주다," 반대로 Can you get me~?, You got to get me~의 형태로는 "내게 뭔가를 가져다달라"는 형태로 많이 쓰이죠.

이것만은 꼭! 외워두자

get somebody something
…에게 …을 갖다[사] 주다

1. 물 좀 갖다줄까?는
   Can I get you some water?

2. 맥주 갖다줄게는
   I'll get you a beer.

3. 일좀 줘야죠는
   You've got to get me some work.

Magic Talk!

A: Can I get you another latte?
B: No, I'm still working on mine.
   A: 라떼 한잔 더줄까?
   B: 아니. 아직 마시고 있는걸.

A: How about we go get you a drink?
B: Ok, that'd nice.
   A: 술한잔 사줄까?
   B: 좋지, 고마워.

A: Go to the store and get me something.
B: Would you please be more specific?
   A: 가게에 가서 뭐 좀 사다 줘.
   B: 좀더 구체적으로 얘기해줄래?

I'll get something for you

간접목적어(사람)이 뒤로 갈 때 전치사 for가 필요하며 buy, make, cook 등도 같은 경우입니다.

She bought me a book. → **She bought a book for me.**
She made me a cake. → **She made a cake for me.**

정답노트 020

give A B, A에게 B를 주다

I'll give you a call
내가 전화할게

비록 잘 나가는 만능동사 get에게 대표자리를 내주었지만 '…에게 …을 주다'하면 가장 떠오르는 동사는 give죠. 전통을 자랑하는 덕에 거의 숙어화된 표현들이 많이 있습니다. give somebody a call은 '…에게 전화하다,' give somebody a message는 '…에게 메시지를 전달하다' 그리고 give somebody a hand는 '…를 도와주다,' give somebody a ride는 '…을 태워주다' 등처럼 말이죠. send me an e-mail, teach her a lesson, show me the money, tell me a lie 등도 같은 구문입니다.

give somebody something
…에게 …을 주다

1. 나 좀 도와줄래?는

Could you give me a hand?

2. 한번만 봐주세요는

Please give me a break.

3. 걔에게 한번 기회주지는

I'll give her a chance.

Magic Talk!

A: I need help setting up the computer.
B: I'll give you a hand after lunch.
  A: 컴퓨터를 설치하는데 도움이 필요해서요.
  B: 점심먹고 도와줄게요.

A: I promise to send you a postcard.
B: I look forward to receiving it.
  A: 너에게 엽서도 꼭 보낼게.
  B: 엽서 받을 날만 기다릴게.

A: You got to give me another chance.
B: No way!
  A: 내게 한번 더 기회 더 줘야지.
  B: 말도 안돼!

Give it to me! 내게 줘봐! 내게 맡겨!

간접목적어(사람)이 뒤로 갈 때 전치사 to가 필요하며 send, show, teach, tell 등도 마찬가지입니다.

I'll give you a chance. → I'll give a chance to you.
Send me an e-mail. → Send an e-mail to me.
I'll teach her a lesson. → I'll teach a lesson to her.

정답노트 021

ask A B, A에게 B를 물어봐라

Let me ask you a question
하나 물어볼게

ask동사도 목적어를 두개 연속적으로 받을 수 있습니다. Let me ask you a question이라는 유명한 문장이 바로 이 경우에 속하죠. Let me ask you one question, Let me ask you something 혹은 간단히 Let me ask you로 변형되는 이 표현은 상대방에게 뭐가 물어볼 때 먼저 꺼내는 말로 쓰입니다. 비슷한 표현으로 Can I ask you something?, Can I ask you a question?이 있습니다. 우리말로는 "하나 물어볼게," "뭐 좀 물어보자" 등에 해당하는거죠.

ask somebody something
…에게 …을 묻다

1. 뭐 좀 물어봐도 돼?는

   Can I ask you something?

2. 질문 하나 해도 돼?는

   Can I ask you guys a question?

3. 뭐 좀 물어봐야겠어는

   I got to ask you something.

Magic Talk!

A: Can I ask you something?
B: Sure.
  A: 뭐 좀 물어봐도 돼?
  B: 그래.

A: Hey, Carry? Can I ask you a cooking question?
B: Sure!
  A: 야 캐리야? 요리에 관한 질문해도 돼?
  B: 그래!

A: I want to ask you something.
B: Uh-huh, what?
  A: 물어보고 싶은 게 있는데.
  B: 음, 뭔데?

I can't wait to ask her out! 쟤한테 데이트신청하고 싶어 죽겠어!

ask가 들어간 표현으로 ask somebody out이 있는데 이는 '…에게 데이트 신청하다'라는 의미입니다. 또한 '…와 사귀고 있다'라고 할 때는 go out with sb라고 하면 됩니다.

I'd really like to ask you out sometime.
정말이지 언젠가 네게 데이트 신청하고 싶어.
Samantha's going to go out with a millionaire.
사만다는 백만장자와 사귈거야.

정답노트 022

call A B, A를 B라고 부르다

Don't call me chicken
나를 겁쟁이라 부르지마

나(me)를 chicken(겁쟁이)라 부르지 말라는 말이죠. 즉 call 다음에 이어지는 me와 chicken의 관계가 me=chicken인 셈인데, She is a good dancer에서 "She=dancer"인 것과 같은 경우이죠. 다만 dancer가 주어를 보충한다고 해서 주격보어라고 부르는 반면 chicken은 목적어인 'me'를 보충해주는 단어로 '목적보어'라고 부르는 점이 다른거죠. 이렇게 목적어를 보충해주는 것으로는 명사 뿐만 아니라 "Keep your room clean"에서 보듯 형용사도 많이 쓰이지요. call과 keep처럼 목적어+목적보어[명사/형용사]로 쓰이는 동사들로는 leave, believe, find 등이 있습니다.

call somebody something
…을 …라고 부르다, …를 …라고 말하다

1. 쟤를 지미라고 불러는
   We call him Jimmy.

2. 밥이라고 불러는
   You can call me Bob.

3. 오늘 그만하자는
   Let's call it a day.

Magic Talk!

A: What do you call that in English?
B: We call it a cellular or a mobile phone.
   A: 저걸 영어로는 뭐라고 하니?
   B: 셀룰러폰이나 모벌 폰이라고 하지.

A: What's your first name?
B: It's Andrew, but you can call me Andy.
   A: 이름이 뭐예요.
   B: 앤드류인데 부를 땐 앤디라고 해요.

A: I can't stay up any longer.
B: Let's call it a day.
   A: 더 이상 야근은 못하겠어.
   B: 그럼 오늘은 이만하자.

call~

1. **call sb names** …을 욕하다 (*call sb's name은 …의 이름을 부르다.)
   Don't call me names! 내 욕하지마!

2. **S+be called+N** …라고 불리다, …라고들 한다
   It's[They're] called Sul-nal. 설날이라고 불러.

정답노트 023

…하게 해주면 make[get], …하게 놔두면 keep[leave]

He **makes me happy**
걔 때문에 행복해

call처럼 동사+목적어+목적보어 형태로 쓰이는 동사중에서 꼭 알아두어야 할게 make와 get, 그리고 keep과 leave입니다. 먼저 make나 get은 사역적인 성격으로 make[get]+목적어+형용사/pp하게 되면 '목적어를 …하게 만들다'라는 의미로 특히 '기쁘게하다,' '화나게하다'처럼 감정적인 표현을 할 때 사용됩니다. 그리고 keep과 leave는 '유지하다,' '놔두다'라는 의미를 통해서도 알 수 있듯이 keep[leave]+목적어+목적보어하면 목적어를 '…한 상태로 놔두다'라는 의미가 됩니다.

이것만은 꼭! 외워두자

make/get/keep/leave+목적어+목적보어
…을 하게 만들다[놔두다]

1. 그녀 임신시키지마라는
   Don't get her pregnant.

2. 걔는 날 정말 열받게 해는
   She really makes me angry.

3. 창문을 열어두지마라는
   Don't leave the window open.

Magic Talk!

A: Living with you would make me happy.
B: Don't even think about it!
   A: 너랑 살면 행복할텐데.
   B: 꿈도 꾸지마!

A: What happened when John made a mistake?
B: It got him fired.
   A: 존이 실수했을 때 어떻게 됐어?
   B: 그 때문에 잘렸어.

A: You got her pregnant?
B: How could this happen? We used a condom.
   A: 너 걔 임신시켰어?
   B: 어떻게 이런 일이 있지? 우린 콘돔을 썼어.

I'll keep my fingers crossed 내 행운을 빌게

keep+목적어+목적보어 형태의 유명한 문장. 그밖에 표현으로는 기다리게 해서 미안해라는 의미의 I'm sorry to have kept you waiting, 방 좀 깨끗이 하라고 할 때의 Keep your room clean 등이 있습니다.

정답노트 024

I told you to+동사 …하라고 말했잖아

I told you to get out of here!
꺼지라고 했잖아!

동사+사람+to do 형태의 문장을 만드는 동사들이 있습니다. '사람'보고 'to do'하라고 말[지시]하다(tell), 부탁하다(ask), 기대하다(expect), 충고하다(advise), 허락하다(allow)라고 할 때 쓰는 표현법이죠. 목적어인 사람이 to 이하 행위의 주체가 되는거죠. tell과 ask를 가장 많이 쓰이는데 한가지 주의할 점은 tell의 경우는 지시하다라는 뉘앙스가 있어 윗사람에게는 불쾌하게 들릴 수도 있기 때문에 공손히 말하려면 tell 대신 ask를 써야 된다는거죠.

tell/ask someone to do
…에게 ~을 하라고[해달라고] 하다

1. 점심 후에 걔보고 전화하라고 해줘는
   Please tell him to call back after lunch?

2. 쟤가 원하는 건 다주라고 했잖아는
   I told you to give her whatever she wants.

3. 걔보고 좀 도와달라고 하지 그래?는
   Why don't you ask him to help you?

Magic Talk!

A: I thought I told you to get out of here.
B: You did, but I don't want to.
   A: 나가라고 말했던 것 같은데.
   B: 그랬지, 하지만 싫은 걸.

A: No, and I did not ask her to marry me!
B: Yes, you did!
   A: 아냐, 난 쟤보고 결혼하자고 안했어!
   B: 아냐, 그랬어!

A: I'll ask her to dinner sometime.
B: Okay, she would love that!
   A: 쟤보고 한번 저녁먹자고 할거야.
   B: 그래, 쟤도 좋아할거야!

I thought I told you not to come 오지 말라고 한 것 같은데

I told you to의 부정형으로 I told you not to+동사 하면 "…하지 말라고 했잖아"라는 의미가 됩니다. 또한 I told you (that) 주어+동사처럼 I told you~ 다음에 절이 올 수도 있습니다.

I told you not to do that! 그러지 말라고 했잖아!
I told you that I didn't know exactly where she lived.
쟤가 어디 사는지 정확히 모른다고 했잖아.

정답노트 025

돼 안돼?(be allowed to+V)

You're not allowed to smoke here
여기서 담배피면 안돼

수동태 구문으로 be+told/asked/allowed/expected/advised to+동사의 패턴입니다. 굳이 수동태란 걸 의식할 필요는 없구요, 그냥 하나의 회화표현으로 알아두면 됩니다. 앞에서는 tell과 ask가 많이 쓰인다고 했는데 수동태형의 경우에서는 allow가 두각을 나타냅니다. be allowed to+동사하면 '…하는 것이 허락되다'이고 반대로 be not allowed to+V하면 '…하면 안된다'라는 뜻입니다. 그밖에 be told to~는 '…하라는 말(지시)을 듣다,' be asked to~는 '…하라고 요청받다,' be advised to~는 '…하라고 권유받다,' 그리고 be expected to~는 '…하리라 예상되다'라는 의미로 각각 쓰입니다.

be (not) allowed to + V
…해도 돼, …하면 안돼

1. 그는 더 이상 야간운전하면 안돼는
   He's not allowed to drive at night anymore.

2. 너 제자와 자면 안되는거야는
   You're not supposed to sleep with any of your students.

3. 난 커피마시면 안돼는
   I'm not allowed to have coffee.

Magic Talk!

A: I'm not allowed to borrow her stuff!
B: Why not?
  A: 난 쟤 물건 빌려쓰면 안돼.
  B: 왜 안되는거야?

A: I was told not to go out today.
B: What's going on?
  A: 오늘 외출금지야.
  B: 무슨 일이야?

A: How about a drink?
B: I'm not allowed to drink.
  A: 술한잔 할까?
  B: 나 술마시면 안돼.

allow+사람+to 동사 …가 …하도록 하다

Please allow me to take your coat, sir. 손님, 저에게 코트를 주시지요.
It's a tourist visa that allows you to work part-time.
이건 아르바이트를 허가해 주는 관광비자야.

정답노트 026

내가 다른 사람보고 뭘 하도록 시키고 싶을 땐
have+사람+동사

I'll **have him call** you back
그 사람에게 전화하라고 할게요

원형부정사하면 뭐니뭐니해도 사역동사와 지각동사가 떠오르죠. 학창시절 학습할 때 쉽지 않은 부분이었지만 실제 생활영어에서도 많이 쓰이고 있으니 다시 한번 배우는 수밖에 없죠. 먼저 사역동사의 대표주자인 have와 get 그리고 make, let, help 등을 차례차례 살펴보기로 하죠. have의 경우는 have+사람+동사원형과 have+사물+pp가 있는데 여기서는 먼저 첫번째 경우, 즉 '사람'이 '동사원형'을 하도록 시키는 「have+사람+동사원형」의 형태를 알아봅니다. 다만 get은 사역동사처럼 쓰이는 것으로 have와는 달리 원형부정사가 아니라 동사 앞에 to가 나와 「get+사람+to+동사」의 형태가 된다는 것을 유의해야 됩니다.

have+사람+동사원형
···을 하도록 시키다, ···에게 ···을 시키다

1. 비서보고 그 일을 하라고 했어는
   I **had my secretary work** on it.

2. 그 사람보고 나한테 전화하라고, 알았지?는
   Just **have him call** me okay?

3. 걔가 너에게 사과하도록 할게는
   I'll **get him to** apologize to you.

Magic Talk!

A: I'll get him to apologize to you.
B: You don't have to do that.
  A: 걔가 너에게 사과하도록 할게.
  B: 그럴 필요 없는데.

A: What did you do to get her to laugh?
B: Nothing special.
  A: 어떻게 해서 쟤를 웃게 한거야?
  B: 별로 한 게 없는데.

A: I'll have her call you back as soon as she gets in.
B: Thank you.
  A: 걔가 들어오는 대로 전화하라고 할게.
  B: 고마워요.

You had it coming 네가 자초한거야

have+사물+~ing하게 되면 사물이 …하게 만들었다라는 의미로 사물과 ~ing의 관계는 능동입니다.

I had the water running. 내가 물을 틀어놨어.

정답노트 027

다른 사람이 나의 것을 어떻게 해주었을 땐 have+사물+pp

I had my hair cut
나 머리 깎았어

세월이 변해도 변함없이 사역동사의 예문으로 각광받는 아주 유명한 문장이죠. 'have+목적어' 다음에 동사원형이나 ~ing가 오면 목적어가 능동적으로 뭔가를 하게끔 주어가 시키는 것이고 반대로 위 예문처럼 'have+목적어' 다음에 pp가 오면 제 3자가 목적어를 pp하였다라는 말이 됩니다. 따라서 위 문장은 직역하면 제 3자에 의해 '내 머리가 깎임을 당하였다,' 즉 "머리를 깎았다"라는 말이 되는거죠. 그럼 간단히 I cut my hair라고 하지 왜 이렇게 어렵게 말할까요? 우리는 영리해서 "나 머리깎았어"하면 집에서 바리깡으로 깎은게 아니라 미장원에서 깎았구나라는 걸 알지만(?), 미국인들은 고지식한 건지 분명한 걸 좋아하는지 자기가 깎은게 아니라 다른 사람이 깎았다는 것을 굳이 말할려고 합니다. 그러다보니 사역동사를 쓰는거죠. have 대신 get을 써도 같은 의미가 됩니다.

have/get + 사물 + pp
(누군가에 의해) …가 …했다

1. 컴퓨터를 업그레이드했어는

   I had my computer upgraded.

2. 5시까지 그 일을 마치도록 해는

   Please get it done by 5 o'clock.

3. 세차했어는

   I got my car washed.

Magic Talk!

A: So what did you do today?
B: I got my hair cut at the beauty parlor.
  A: 그래 오늘 뭐했어?
  B: 미장원에서 머리 잘랐어.

A: How can I help you?
B: Can I have these delivered to this address?
  A: 어떻게 도와드릴까요?
  B: 이 주소로 이것들을 배달시킬 수 있나요?

A: Please get it done right away.
B: Don't worry, you can count on me.
  A: 지금 당장 이것 좀 해줘.
  B: 걱정마. 나만 믿어.

사역동사의 원리

1. 주어+사역동사+목적어+동사원형[~ing] [목적어와 동사[~ing]는 능동]
   I have him call you back. = He calls you back

2. 주어+사역동사+목적어+pp [목적어와 pp의 관계는 수동]
   I had my hair cut. = My hair was cut.

정답노트 028

다른 사람을 …하게 만들 때는 make+사람+동사

What makes you say that?
어째서 그런 소리를 하는거야?

사역동사하면 동사 make도 빼놓을 수 없겠죠? make+사람+동사원형의 형태로 '사람을 강제로 …하게 만들다'라는 표현입니다. 그렇다고 뭐 물리적으로 강제한다는 것은 아니고요 상대방의 말이나 행동 그리고 어떤 상황이 어쩔 수 없이 그렇게 만든다는 말이죠. 위 예문인 What makes you say that?은 무엇이 네(you)가 'that'이라고 말하게(say) 만드냐(make)라는 말로 결국 "왜 그렇게 말하는거야?"정도의 의미죠. 비슷한 표현인 What makes you think so?는 왜 그렇게 생각하지?라는 말이구요. 특히 '…하게 하지 말아달라'는 Don't make me + 동사~, 그리고 '너로 해서 기분이 …하다'는 You make me feel + 형용사의 형태가 자주 쓰입니다.

make+사람+동사원형
…을 (강제적으로) 하게 만들다

1. 들어가게 하지마는
   Don't make me go in there.

2. 네가 그를 울렸어!는
   You made him cry!

3. 넌 날 기분좋게 해줘는
   You make me feel good.

Magic Talk!

A: **I think he's going to leave this company.**
B: **What makes you think so?**
   A: 그 사람이 이 회사를 그만둘 것 같아.
   B: 왜 그렇게 생각해?

A: **I think that Jill is the most generous.**
B: **What makes you say that?**
   A: 질이 가장 인정이 많다고 생각해?
   B: 왜 그렇게 말하는 거야?

A: **Don't make me do anything that I'll regret.**
B: **It's your decision.**
   A: 내가 후회할 일은 하게 하지 말아줘.
   B: 너하기 나름이지.

make me want to~ 내가 …하게 만들다

You **make me want to** be a better man(당신을 보면 내가 더 나은 사람이 되고 싶어져요)

영화 *As Good As It Gets*에서 Jack Nicholson이 역한 Melvin Udall이 식당여종업인 Carol에게 사랑을 고백할 때 하는 명대사죠.

정답노트 029

내가 자발적으로 뭔가를 하겠다고 말할 땐 Let me+동사

Please let me go

좀 놔줘

사역동사하면 have, make 정도만 떠올리는 사람에겐 좀 생소할지 모르겠지만 let은 실제 영어회화에서 사용되는 빈도로 따지자면 사역동사중 최고입니다. 두가지 형태를 알아두어야 하는데요, 첫번째 먼저 알아보죠. Let me+동사의 형태가 바로 그건데요, '내가 …을 하도록 허락해달라'는 뜻으로 어떤 행동을 하기에 앞서 상대방에게 자신의 행동을 미리 알려주는 표현법이라고 할 수 있죠. "내가 …할게요" 정도로 해석하면 됩니다. "내가 도와줄게요"는 Let me help you, "내가 구경시켜줄게요"는 Let me show you around, "내가 생각 좀 해볼게요"는 Let me think about it, "내가 처리할게요"는 Let me take care of it이라고 하면 됩니다. 두번째는 I'll let you+동사원형인데 이는 '네가 …하도록 하겠다'라는 의미로 I'll let you know later하면 "내가 나중에 알려줄게"라는 뜻이 됩니다.

이것만은 꼭! 외워두자

Let me + 동사원형 → (내가) …할게

1. 한번 보죠는

Let me take a look at it.

2. 이건 분명히 해두자는

Let me get this straight.

3. 확인해볼게요는

Let me check.

Magic Talk!

A: **Let me get my coat.**
B: **No, I'll get your coat.**
　　A: 코트 가지러 갈게요.
　　B: 아냐, 내가 가져다줄게.

A: **Let me help you with your grocery bags.**
B: **Thank you, that's very kind of you.**
　　A: 식료품 가방 들어줄게요.
　　B: 고마워요. 정말 친절하시군요.

A: **Is this the subway for City Hall.**
B: **Yes, it is. When we get there, I will let you know.**
　　A: 이 전철이 시청가나요?
　　B: 네, 맞아요. 도착하면 제가 알려드리죠.

Let~ 의 다양한 쓰임새

1. **Let me.** (초인종소리에) 내가 열게라는 뜻으로 I'll get it과 같은 의미입니다.

2. **Let me out[in]!** 내보내줘![들여보내줘!]

3. **Let it go.** 그냥 잊어버려, 그냥 놔둬.

4. **Let me see[know] if ~**　…여부를 알려줘
　 Let me know if she likes it, okay?
　 쟤가 그걸 좋아하는지 아닌지 알려줘, 알았지?

정답노트 030
도와줄 때는 간단히, to를 빼고 말하자

Can you **help me get** dressed?
옷입는거 도와줄래?

help 또한 일상회화에서 무척 많이 쓰이는 동사로 help+사람 다음에 그냥 동사원형이 오기도 하고 혹은 동사원형 앞에 to가 올 수도 있다는, 좀 특이한 동사로 잘 알려져 있죠. 하지만 최근 미국영어에서는 거의 to을 사용하지 않은 경향이 있어 그냥 help+사람+동사원형이라고 외워두면 됩니다. 동사원형 대신 동사의 ~ing형이 올 수도 있고요. 참고로 도와주는 내용을 동사가 아니라 명사로 하려면 help you with homework처럼 with +명사를 사용하면 됩니다.

이것만은 꼭! 외워두자

help + 사람 + 동사원형[~ing]
…가 …하는 것을 돕다

1. 보고서쓰는거 좀 도와줄래?는
   Will you help me write a report?

2. 그 여자는 많은 사람들이 금연하는 걸 도와줬어는
   She helped many people quit the smoking.

3. 설거지하는거 도와줄게는
   I'll help you finishing washing the dishes.

176

Magic Talk!

A: Come on help me move this.
B: I'm sorry! I must be off right now.
  A: 이리와 이거 옮기는 것 좀 도와줘.
  B: 미안해! 나 지금 바로 나가야돼.

A: Well, I think I can help you get over him.
B: You can?
  A: 글쎄 네가 걔랑 끝내는거 도와줄 수 있을 것 같아.
  B: 정말?

A: A good cover letter will help you get an interview.
B: Will you help me write one?
  A: 커버레터를 잘 쓰면 면접을 보는데 도움이 될거야.
  B: 커버레터 쓰는 것 좀 도와줄래?

help+동사원형 …하는데 도움이 되다

목적어가 빠진 help+동사원형도 쓰이는데 "…하는데 도움이 되다"라는 뜻.

It will help solve the traffic problems.
교통문제를 해결하는데 도움이 될거야.

정답노트 031

보고 듣는 것도 동사원형을 좋아해

I saw her kissing you
걔가 너에게 키스하는 걸 봤어

사역동사와 늘 함께 어울리는 동사로 지각동사가 있습니다. 주로 보고, 느끼고, 듣고 등 감각에 관련된 동사들로 see, hear, feel, listen to. watch 등을 지각동사라고 합니다. 사역동사와 마찬가지로 목적어 다음에 동사원형, ~ing, pp 등이 모두 다 올 수 있으며 역시 마찬가지로 동사원형/~ing일 때는 목적어가 능동적으로 동사를 하는 것이고, pp일 경우에는 목적어가 수동적으로 동사의 행위를 받는 것을 의미합니다.

see/feel/hear+사람+동사/~ing/pp
…가 …하는 것을 보다/느끼다/듣다

1. 오늘 그가 사무실에서 일하는거 봤어는
   I saw him working in the office today.

2. 네가 걔와 키스하는거 봤어는
   I saw you kissing her.

3. 너와 걔가 그것에 대해 얘기하는거 들었어는
   I heard you and her talking about it.

Magic Talk!

A: I heard you and Caroll talking.
B: Talking about what?!
  A: 너하고 캐롤하고 이야기하는 거 들었어.
  B: 무슨 이야기?!

A: I heard Sam talking to his boss.
B: Did he sound angry?
  A: 샘이 상사에게 말하는 것을 들었어.
  B: 화난 목소리였어?

A: Is Ann still dieting?
B: No, I saw her eating some cake.
  A: 앤은 아직도 다이어트하고 있어?
  B: 아니, 걔가 케익 좀 먹는거 봤는데.

지각동사의 원리

1. I saw her walk in the street.(see+사람+동사)
   = She walked in the street.

2. I saw her walking in the street.(see+사람+~ing)
   = She was walking in the street.

3. I heard my name called.(hear+사람+pp)
   = My name was called.

정답노트 032

달랑 동사 하나보다는 동사+명사로 말해봐 1 - make

I made a big decision
중대한 결정을 했어

영어는 동사 자체(decide)로 쓰이기 보다는 동사의 명사형(decision)을 목적어로 갖는 동사구를 애용합니다. 이렇게 명사의 동사형을 목적어로 받아 동사구를 만드는 동사들로는 make, have, give, take, turn 등이 있죠. 먼저 여기서는 make+동사의 명사형 표현들을 알아보겠는데요, 연설하다라는 동사 speak 대신 명사형인 speech를 쓴 make a speech, reserve 대신 make a reservation, announce 대신 make an announcement, order 대신 make an order, mistake 대신 make a mistake, schedule 대신 make a schedule 등이 있습니다.

make + 동사의 명사형
…을 하다

---

1. 다음주에 연설을 해야 해는

I have to make a speech next week.

2. 내가 큰 실수를 했네는

I made a huge mistake.

3. 이것 좀 복사해줄래?는

Can you make a copy of this?

Magic Talk!

A: Just get away from me!
B: No, it was a mistake! I made a mistake! Okay?

A: 그냥 사라져줘!
B: 아냐, 실수였어! 내가 실수했다고! 응?

A: We have to make an effort to stay in touch.
B: Sure thing. Bye!

A: 그래 서로 만나도록 노력하자
B: 물론, 잘가!

---

make+동사의 목적어 명사

make + 동사의 목적어명사 형태의 표현

make an appointment 약속하다
make a suggestion 제안하다
make a recommendation 추천하다
make a guess 추측하다
make a difference 차이가 나다
make a list 표를 만들다
make an exception 예외로 하다

정답노트 033

달랑 동사 하나보다는 동사+명사로 말해봐 2 - take

You have to take a look at it
너 이거 한번 봐야 돼

take 또한 make처럼 동사의 명사형을 목적어로 받아 다양한 동사구를 만드는데 take a look(쳐다보다), take a seat(자리에 앉다), take a risk(위험을 감내하다), take a nap(낮잠자다) 등이 있습니다. 그밖에 have동사를 활용한 have(get) some rest(좀 쉬다), have a feeling(…라는 느낌이다), have a hunch(…라는 느낌이다), 그리고 give동사를 활용한 give a call(전화하다), give a ride(차태워주다) 등도 알아두도록 해요. 1107*

take/have/give + 동사의 명사형
…을 하다

1. 내일 전화할게는

I'll **give you a call** tomorrow.

2. 너 이거 한번 봐야 돼는

You have to **take a look at** it.

3. 좀 쉬지 그래는

Why don't you **get some rest**?

Magic Talk!

A: Well, you seem really tired.
B: Bingo! I think I'm going to take a nap.
   A: 글쎄, 너 정말 피곤해보이는데.
   B: 바로 그거야! 낮잠이나 한숨 자야겠다.

A: We decided we should all take a little trip together!
B: That's so nice! How great!
   A: 우린 모두 함께 여행가기로 결정했어.
   B: 멋진데! 정말 좋겠다!

A: We'll give a call if anything comes up.
B: Great! Thank you very much.
   A: 무슨 일 있으면 전화줄게요.
   B: 좋아요. 고마워요.

---

take/give/have + 동사의 명사 형태의 표현

- **take a walk**
  I'm going to go out and take a walk. 나가서 산보할래.

- **take a trip**
  We should take a trip with your parents. 너의 부모님과 여행해야돼.

- **get some rest**
  Why don't you get some rest? 좀 쉬어라.

- **give a ride**
  She gave me a ride. 걔가 태워줬어.

MEMO

6th Day

주어+동사에
구와 절을 붙여보자~

정답노트 001

단어가 아닌 구를 목적어로 붙여보자 1 - know

Let me know how to do it
그거 어떻게 하는 건지 알려줘

이제 수준(?)을 한단계 업!해보도록 하죠. 지금까지는 명사 그리고 to+동사, 혹은 ~ing가 동사의 목적어가 되는 경우들이었습니다. 하지만 이번에는 의문사+to+동사 형태의 구(phrase)가 동사의 목적어가 되는 경우입니다. 6개의 의문사중에서는 how to+동사, what to+동사가 가장 많이 쓰입니다. 각각 '…하는 방법,' '…하는 것' 등으로 해석하면 되고요. 한편 이런 의문사구를 목적어로 취하는 동사로는 know와 tell이 가장 두각을 나타내는데 여기서는 먼저 know의 경우를 먼저 살펴보죠. 쓰이는 형태는 주로 I don't know how[what] to~ 혹은 Do you know how to ~? 로 쓰입니다.

know how/what to do~
…하는 방법[것]을 알아

1. 그걸 어떻게 처리해야 하는지 아는
   I know how to handle it.

2. 뭐라 해야 할지 모르겠네요는
   I don't know what to say.

3. 그걸 어떻게 사용하는지 알아?는
   Do you know how to use it?

Magic Talk!

A: **I don't know what to do anymore.**
B: **Well neither do I!**

　A: 더 이상 어떻게 해야 할지 모르겠어.
　B: 나도 몰라!

A: **I don't know what to do.**
B: **You want my advice?**

　A: 뭘 어떻게 해야 할지 모르겠어.
　B: 내가 조언해줄까?

A: **Do you know how to get there?**
B: **No, I don't.**

　A: 거기 어떻게 가는지 알아?
　B: 아니, 몰라.

know how to+V

1. **I don't know how[what~] to+V** …하는 방법(것)을 몰라
   I don't know what to do 뭘 어떻게 해야 할지 모르겠어.
   I don't know how to thank you. 뭐라 감사해야 할지 모르겠네요.

2. **Do you know how to+V~?** 어떻게 …하는지 알아?
   Do you know how to fix it? 그거 어떻게 고치는지 알아?
   Do you know how to get there? 거기 어떻게 가는지 알아?

187

정답노트 002
단어가 아닌 구를 목적어로 붙여보자 1 - tell과 show

Can you **tell me how to** stop it?
그걸 어떻게 멈추게 하는지 말해줄래?

know의 경우는 의문사구가 동사 know의 목적어로 바로 연결된 경우이고요. 이번에는 주로 정보 등을 말해주고(tell), 보여주는(show), 그리고 가르쳐주는(teach) 동사들에 의문사구가 목적어로 붙는 경우를 보죠. 이 동사들은 앞에서 배웠다시피 동사+someone+something의 구문으로 쓰이는데 뒤의 something자리에 명사 대신 의문사구인 'how[what] to+동사'가 자리 잡은 경우입니다. 따라서 동사와 의문사 사이에 '…에게'라는 의미로 'me'나 'you'가 들어가게 되는거죠. "나(너)에게 …하는 방법(것)을 말해주거나 보여주거나 가르쳐준다"는 의미로 정리하면 tell[show/teach] me[you] what[how] to ~가 되는 겁니다.

이것만은 꼭! 외워두자

tell[show] me what[how] to+V~
…하는 것[방법]을 내게 말하다, 보여주다

1. 시청에 어떻게 가는지 알려줄래요?는
   Can you tell me how to get to City Hall?

2. 나한테 이래라 저래라 하지마!는
   You don't tell me what to do!

3. 기타치는 법을 네게 알려줄게는
   I want to show you how to play the guitar.

Magic Talk!

A: You don't tell me what to do!
B: I just wanted to give you some advice.
A: 나한테 이래라 저래라 하지마!
B: 난 단지 충고해주려고 한건데.

A: Let me show you how to do this.
B: Yeah! That would be great!
A: 이거 어떻게 하는지 알려줄게.
B: 야! 그럼 좋지!

A: Could you tell me how to get to gate 3?
B: I think if you follow those signs you'll get there.
A: 3번 게이트로 가는 길 좀 알려주세요.
B: 저 표시들을 따라가면 그리 갈 수 있을 거예요.

---

learn과 teach

1. **learn how to ~** …하는 법을 배우다
   Learn how to hide your feelings! 네 감정을 숨기는 법을 배워라!

2. **teach somebody how to ~** …에게 ~하는 법을 가르쳐주다
   I'm going to teach her how to sing a rap.
   쟤한데 랩부르는 방법을 알려줄거야.

정답노트 003

It seems 다음에 주어+동사의 절을 넣어보자

It seems that we got lost
우리 길잃은 것 같아

점점 복잡해지죠? 하지만 영어회화한답시고 한 두마디하고 할 말이 없으면 안되죠. 이제부터는 보어나 목적어 자리에 명사나 구가 아니라 절, 즉 주어+동사의 문장이 오는 걸 배울 차례입니다. 그렇게 어렵게 생각할 필요는 없고 주어+동사+보어/목적어에서 보어/목적어자리만 주어+동사로 만들어주면 되는거죠. 먼저 형용사나 명사가 들어가는 보어자리에 절이 들어가는 경우를 보겠는데요 그 중에서도 가장 유명한 It seems (that) 주어+동사를 학습해봅니다. It seems~ 다음에 to me나 혹은 like를 삽입해서 사용해도 됩니다.

It seems (that) 주어 + 동사
…처럼 보여, …한 것 같아

1. 지갑을 잃어버린 것 같아는
   It seems that I have lost my wallet.

2. 이제 걔와 그만 만나야 될 것 같아는
   It seems like it's time to break up with her.

3. 너 정말 스트레스에 지친 것 같아는
   It seems that you are really stressed out.

Magic Talk!

A: It seems that I have lost my wallet.
B: Are you sure?
　A: 지갑을 잃어버린 듯해요.
　B: 정말이에요?

A: It seems that you are really stressed out.
B: Yeah, I have a lot of things to do.
　A: 너 정말 스트레스에 지친 것 같아.
　B: 그래, 할 일이 엄청 많아.

A: It seems like you guys are having a great time together.
B: Yeah, it's fun.
　A: 너희들 함께 신나게 보내는 것 같아.
　B: 그래, 재미있어.

It seems like yesterday 어제인 것 같아

It seems like~ 다음에 무조건 절이 온다고 생각하면 안됩니다. like 다음에는 명사나 부사 등이 다양하게 와서 '…인 것 같아'라는 뜻으로 사용됩니다.

It seems like all of a sudden. 갑자기 인 것 같아.

정답노트 004

It looks like~ 다음에
주어+동사의 절을 넣어보자

It looks like it's going to rain
비가 올 것 같아

It seems (like) that~과 같은 의미입니다. 우리가 물불 안가리고(?) 마구마구 사용하는 우리말 "…인 것 같아"에 해당되는 표현이죠. 역시 뭔가 단정적으로 말하지 않고 조심스럽게 말하기 위한 장치인 셈입니다. seem like의 경우는 like가 들어가도 되고 안 들어가도 되는 반면 look like에서는 반드시 like가 들어가야 된다는 것을 차별해 기억해두어야 합니다. 구어체에서는 'it'을 생략해 Looks like~로 쓰기도 합니다.

It looks like (that) 주어 + 동사
…처럼 보여, …한 것 같아

1. 차가 밀리는 것 같아는

It looks like we're stuck with traffic.

---

2. 밤새 내가 여기 있을 것 같아는

It looks like I'm going to be here all night.

---

3. 효과가 있는 것 같군!은

It looks like it's working!

Magic Talk!

A: It looks like you don't like your meal at all.
B: No, it's just that I'm not hungry right now.
  A: 밥이 네 입맛에 전혀 맞지 않나 보구나.
  B: 아뇨, 그냥 지금은 별로 배가 안 고파서요.

A: Well, it looks like summer is finally here!
B: Yeah, this is one of my favorite seasons!
  A: 야, 드디어 여름이 온 것 같군!
  B: 그래, 내가 제일 좋아하는 계절이지!

A: Looks like Tom is doing all right with her.
B: You really think so?
  A: 탐이 그 여자와 잘 지내는 것 같아.
  B: 정말 그렇게 생각해?

It looks like fun 재미있는 것 같아

It seems like~ 다음에 명사 등이 올 수 있듯이 looks like~의 경우도 같아 뒤에 명사 등이 와서 '…같아'라는 의미로 쓰입니다.

It looks like her. 그 여자 같아.
Looks like it. 그럴 것 같아.
This looks like a really nice place. 아주 멋있는 곳 같아.

정답노트 005

I feel like~ 다음에
주어+동사의 절을 넣어 보자

I feel like it's my fault
내 잘못인 것 같아

역시 같은 의미로 "…한 것 같아"라는 의미죠. 앞의 It seems (like) ~, It looks like ~가 겉보기에 혹은 주변 상황상 …한 것처럼 보인다라는 뜻인 반면 I feel like~ 주어가 'it'이 아니고 'I'인 점, 그리고 동사가 주관적인 'feel'이라는 점에서 알 수 있듯이 다소 주관적인 표현으로 "내 느낌상 …한 것 같아"라는 뜻이 되는 겁니다. I feel like~하면 무조건 다음에 ~ing가 오고 그 의미는 '…하고 싶다'라고만 생각하는 사람들에게는 좀 낯설 수도 있습니다.

I feel like (that) 주어 + 동사
…한 것 같아

1. 난 겨울엔 항상 아픈 것 같아는

   I feel like I always get sick in the winter.

2. 머리가 터질 것 같아!는

   I feel like my head is going to explode!

3. 전에 여기 와본 것 같아는

   I feel like I've been here before.

Magic Talk!

A: It just doesn't…feel like we're breaking up.
B: No, we are. I'm sad.
  A: 우리가 헤어지는 것 같지 않아.
  B: 어, 우린 헤어지는 거야. 난 슬퍼.

A: I kind of feel like it's my fault.
B: Kind of!
  A: 조금은 내 잘못인 것 같기도 해.
  B: 조금이라고!

A: I feel like my head is going to explode!
B: What happened?
  A: 내 머리가 터질 것 같아.
  B: 무슨 일이야?

I feel like an idiot 바보가 된 기분이야

look[seem] like~와 마찬가지로 I feel like~ 다음에 명사가 올 수도 있으며 '…인 것 같아,' '…한 기분야' 정도의 의미입니다.

You make me feel like a loser. 너 나를 바보로 만드는구나.

정답노트 006

know는 절을 목적어로 받기 좋아해 1

I know what you mean
네가 무슨 말 하는지 알겠어

회화에서 절을 목적어로 즐겨 받는 동사로는 know와 think가 있습니다. 먼저 know에 대해 알아보자면 I know (that) 주어+동사 혹은 의문사를 이용하여 I know what/why/how 주어+동사 형태로 많이 쓰입니다. 다만 주의해야 할 것은 what 등 의문절의 원래 어순은 '의문사+조동사+주어+동사(What do you mean?)'이지만 지금처럼 동사의 목적어로 문장의 한 부분으로 소속된 경우에는 도치를 풀고 '의문사+주어+동사'(I know what you mean)의 순서대로 된다는 것입니다.

이것만은 꼭! 외워두자

I know (that) 주어 + 동사
…을 알고 있어

1. 그 여자가 실수했다는 걸 알아
   I know she made a mistake.

2. 네 심정 알아
   I know how you feel.

3. 내가 다 알아서 한다구
   I know what I'm doing.

Magic Talk!

A: Don't worry. I know what I'm doing.
B: I hope so.

   A: 걱정마세요. 정확히 잘 알고 있으니까요.
   B: 그러길 바래요.

A: I can't wait to get out of here!
B: I know what you mean.

   A: 빨리 여기서 나가고 싶어!
   B: 무슨 말인지 알아.

A: I know how you feel; my dog died last month.
B: I didn't think I'd be so upset.

   A: 네 심정 알만해. 우리개도 지난 달에 죽었거든.
   B: 그렇게 까지 마음 아플 줄은 생각 못했어.

know의 속뜻

1. I know (that) 알아
I know라고 목적어 없이 말하면 상대방이 말하는 내용 혹은 말하려는 내용을 "나도 알고 있다"라는 말입니다. 좀 더 강조하려면 I know it[that]이라고 하면 됩니다.

2. I know (of) her 걔를 알아, 걔얘기 들어봤어(know of)
know 다음 전치사의 유무에 따라 의미가 달라집니다. 전치사없이 바로 know somebody/someplace하면 직접 만나서 알고 있거나, 직접 가 본 장소를 말합니다. 누군지 알고 있어라고 할 때는 I know of someone이라고 하면 됩니다.

정답노트 007

know는 절을 목적어로 받기 좋아해 2

I don't know what I should do
어떻게 해야 할지 모르겠어

이번에 know의 부정형인 I don't know~을 알아보죠. 물론 명사를 목적어로 받아 I don't know(몰라), I don't know why(왜 그런지 이유를 모르겠어), I don't know about that(그거에 대해 모르는데), I don't know anything about that(그거에 대해 전혀 몰라) 등 많은 표현이 있지만 우리의 목표는 좀 길게 말하는 법! I don't know 다음에 주어+동사의 절을 넣어서 "…을 잘 모른다"라고 말해보죠. 특히 I don't know what[how] S+V의 형태가 많이 쓰이니 집중공략해두도록 해요. 또한 "…인지 아닌지 모르겠어"라는 의미로 I don't know if ~도 잊지 말고요.

I don't know that/what/how 주어+동사
…을 몰라, 모르겠어

1. 뭘 해야 할지 모르겠어는
   I don't know what I'm going to do.

2. 무슨 말인지 모르겠어는
   I don't know what you mean.

3. 그게 좋은 생각인지 모르겠어는
   I don't know if it's such a good idea.

Magic Talk!

A: I don't know what I'm going to do.
B: Don't worry. You can try again!
  A: 뭘 해야 할지 모르겠어.
  B: 걱정마. 다시 한번 해봐!

A: I don't know if it's true.
B: But it is!
  A: 그게 사실인지 모르겠어.
  B: 하지만 그런걸!

A: You have been too friendly to the new secretary.
B: I don't know what you mean.
  A: 새로 온 비서에게 너무 다정하게 구는군요.
  B: 무슨 말씀인지 모르겠군요.

You don't know~ 표현들

1. **You don't know + 명사** 넌 …을 몰라
   You don't know me at all. 넌 날 전혀 몰라.

2. **You don't know what/how 주어+동사** 넌 …가 ~하는지 몰라
   You don't know what you're doing. 넌 네가 무얼 하는지도 몰라.

3. **You don't know that/what/how 주어+동사?**
   …을 모른단 말야?
   You don't know how that happened?
   그게 어떻게 그렇게 됐는지 모른단 말야?

정답노트 008

know는 절을 목적어로 받기 좋아해 3

Do you know what I'm saying?
내가 한 말 알아 들었어?

이번에는 상대방에게 뭔가를 알고 있는지를 물어보는 것으로 Do you know~ 다음에 절을 붙이면 됩니다. Do you know~ 다음에는 what, how, where 등 다양한 의문사가 오면서 각종 정보를 구하게 되는거죠. 하지만 위의 Do you know what I'm saying?이나 Do you know what really bugs me?처럼 정보를 구한다기보다는 상대방에게 나의 말을 이해했는지 확인하거나 뭔가 이야기를 꺼내기에 앞선 애피타이저격으로 쓰이는 경우도 있습니다.

이것만은 꼭! 외워두자
Do you know what/how/where 주어+동사?
…을 알아?

1. 내 말 알아 들었어?는
   Do you know what I mean?

2. 방금 무슨 일이 일어났는지 알아?는
   Do you know what just happened?

3. 티켓이 얼마나 되는지 알아?는
   Do you know how much a ticket costs?

Magic Talk!

A: Do you know what really bugs me?
B: Beats me.
A: 날 정말 화나게 하는 게 뭔지 알아?
B: 정말 모르겠는데.

A: Do you know where she is right now?
B: I have no idea.
A: 그 여자가 지금 어디 있는지 알아?
B: 몰라.

A: Do you know how much a ticket costs?
B: I think tickets are around $5.
A: 티켓이 얼마나 되는지 알아?
B: 한 5달러 할 걸.

Do you know~? 표현들

1. **Do you know any + 명사?** 아는 …가 좀 있어?
   Do you know any good restaurants? 좋은 식당 아는데 있어?

2. **Do you know anything about + 명사?** …에 대해 뭐 좀 아는 거 있어?
   Do you know anything about the virus?
   그 바이러스에 대해서 뭐 좀 아는 거라도 있니?

3. **Do you have any idea what[how~]~?** …을 알기나 하는거야?
   Do you have any idea what you just said?
   네가 방금 뭐하고 했는지나 알어?

정답노트 009

think도 절을 목적어로 받기 좋아해 1

I think I'd better be going now
지금 가는게 좋을 것 같아

자기 생각을 단도직입적으로 말하는 것보다는 이렇게 I think~로 말할 내용을 둘러싸면 "내 생각엔 …인 것 같아"라는 의미로 자신이 없는 이야기를 하거나 혹은 자기의 생각을 부드럽게 말할 수 있죠. 예를 들어 She's lying(쟤 거짓말하고 있어)이라고 하기 보다는 I think she's lying하면 "쟤 거짓말하는 것 같아"라는 의미가 되어 자신의 생각을 훨씬 부드럽게 전달할 수 있게 됩니다. 결국 I think~는 자기의 생각내용을 꾸미는 포장지 같은 셈이죠.

I think (that) 주어 + 동사
…인 것 같아

1. 지금 가는게 나을 것 같아는
   I think I'd better be going now.

2. 너무 비싼 것 같은데요는
   I think it's too expensive.

3. 네가 맞는 것 같아는
   I think you're right.

Magic Talk!

A: What size do you wear?
B: I think I wear a size eight.
   A: 사이즈가 어떻게 되세요?
   B: 8사이즈 정도 입어요.

A: I think it's too expensive.
B: There are cheaper ones in the store.
   A: 너무 비싼 것 같은데요.
   B: 가게에 더 싼 것들도 있어요.

A: I think we have a bad connection.
B: Maybe I should call you back.
   A: 연결상태가 안 좋은 것 같아요.
   B: 다시 전화드려야겠네요.

I think so 나도 그런 것 같아

상대방의 생각에 나도 그런 생각이라고 동의할 때는 간단히 상대방이 한 말을 'so'로 받은 경우죠. 좀 더 동의하는 정도를 강조하려면 "I think so too(나 역시 그런 것 같아)"라고 말합니다. 한편 상대방의 말에 동의하지 않을 때는 "난 그렇게 생각하지 않는다"라고 I didn't think so라 하면 됩니다.

정답노트 010

think도 절을 목적어로 받기 좋아해 2

I don't think it's a good idea
그거 좋은 생각같지 않은데

I don't think~ 역시 자기가 말하려는 내용을 부드럽게 해주는 역할을 해줍니다. 다만 상대방과 반대되는 의견이나 자기가 말할 내용이 부정적일 경우에 사용하면 되는 거죠. 특이한 것은 I think~ 다음의 절을 부정으로 하기보다는 주절, 즉 I think~부분을 부정으로 사용하는 것을 더 선호한다는 점이죠. 다시 말해서 I think it's not a good idea보다는 I don't think it's a good idea라고 한다는 겁니다.

이것만은 꼭! 외워두자

I don't think (that) 주어 + 동사
…가 아닌 것 같은데

1. 그럴 리는 없겠지는
   I don't think it is going to happen.

2. 나 같으면 못할 것 같아는
   I don't think I could do it.

3. 우리가 그걸 해야 한다고 생각지않아는
   I don't think we should do that.

Magic Talk!

A: I don't think I can get through the night.
B: Just take it easy and try to relax.
  A: 밤을 무사히 보낼 수 없을 것 같아.
  B: 걱정하지 말고 긴장을 풀어봐.

A: I don't think it's a good idea to leave now.
B: I know, but I'm so tired and ready to go.
  A: 지금 나가면 안될 것 같은데.
  B: 알아, 하지만 너무 피곤해서 이젠 가야겠어.

A: I don't think that I have the time to finish it.
B: Come on, you have the time. Go for it!
  A: 그 일을 끝낼 시간이 없는 것 같아.
  B: 왜 그래, 시간은 얼마든지 있다고. 자, 화이팅!

I don't think that's the problem 그게 문제가 아닌 것 같아

I don't think~ 다음에 절이 올 때는 접속사 that이 보통 생략되는게 원칙이지만 that을 쓸 수도 있습니다. 하지만 I don't think that~이 왔다고 무조건 that이 접속사라고 생각하면 안되지요. I don't think that means anything에서 볼 수 있듯이 접속사 that은 생략된 상태이고 형태가 동일한 지시대명사 that이 동사 mean의 주어역할을 하는 경우이기 때문이죠. I don't think that's his name도 마찬가지 경우입니다.

정답노트 011
think도 절을 목적어로 받기 좋아해 3

Do you think she likes me?
걔가 날 좋아하는 것 같아?

이젠 내 생각은 그만 이야기하고 상대방이 어떤 생각을 갖고 있는 알아보기로 하죠. Do you think 주어+동사?로 상대방이 어떤 생각을 갖고 있는지, 어떻게 생각하고 있는지 등을 물어보면 되고요, 반대로 부정으로 해서 Don't you think 주어+동사? 하게 되면 "…한 것 같지 않냐?"라는 말투에서도 느껴지듯이 자기 생각을 강조해서 전달하거나 혹은 억양에 따라 질책과 책망의 뉘앙스까지도 줄 수 있는 표현입니다.

Do you think 주어 + 동사 ?
…인 것 같아?

1. 그걸 할 기회가 있을 것 같아?는
   Do you think there's a chance to do it?

2. 우리가 거기 가야 된다고 생각해?는
   Do you think we should go there?

3. 좀 이르다고 생각되지?는
   Do you think it's a little too early?

Magic Talk!

A: Do you think he understands?
B: I'm not sure if he's getting the picture.
   A: 그가 이해한다고 생각하니?
   B: 그가 이해하고 있는지 잘 모르겠어.

A: Don't you think it's going to be weird?
B: Why?! Why would it be weird?
   A: 좀 이상할 것 같지 않아?
   B: 왜?! 왜 이상할 것 같아?

A: Do you think you can run faster than me?
B: I don't know, but I think we should race to find out.
   A: 네가 나보다 더 빨리 달릴 수 있을 것 같니?
   B: 몰라, 경주를 해봐야 알 것 같은데.

> **Don't you think 주어+동사? 형태의 표현**
>
> **Don't you think it's kind of selfish?** 좀 이기적인 것 같지 않니?
> **Don't you think this is a little extreme?**
> 이거 좀 너무 지나치다고 생각하지 않아?
> **Don't you think it's time you went home?!**
> 벌써 집에 늦은 것 같지 않아?!

정답노트 012
I guess는 I think와 비슷해

I guess you're right
그런 것 같아

우리도 "…하는 것 같아"라는 말이 많이 하듯 영어에서도 그런 맥락의 표현들이 많이 있고 또 많이 쓰입니다. I guess 주어+동사의 경우도 I think~와 유사한 표현으로 역시 확신이 없는 이야기를 전달할 때 혹은 전달하는 이야기를 부드럽게 할 때 쓰는 표현이죠. 상대방의 이야기에 가볍게 동조할 때 "아마 그럴거예요"라고 하는 I guess so도 많이 쓰입니다.

I guess (that) 주어 + 동사
…인 것 같아

1. 한번 해 봄직도 한데는
I guess it's worth a try.

2. 우리에게 기회가 없는 것 같아는
I guess we don't have a choice.

3. 제가 배울 게 많을 것 같군요는
I guess I have a lot to learn.

Magic Talk!

A: What's got into you?
B: I guess I'm just tired of this dumb job.

A: 너 왜 그래?
B: 이 바보 같은 일에 지쳐서 그런가 봐.

A: I can't believe you got a hole in one!
B: I guess it's just beginner's luck.

A: 어떻게 홀인원을 쳐냈냐!
B: 그냥 처음 하는 사람에게 따르는 운일 뿐이야.

A: Well, I guess this is goodbye.
B: I'm going to miss you so much.

A: 자, 이제 헤어져야겠군요.
B: 정말 보고 싶을거예요.

I think, I suppose, I guess

모두 「자신의 생각이나 의견을 말하고자 할 때」 사용되는데, I think는 '어떤 일이 사실이라고 생각하지만 확신할 수 없는 것'이라는 뉘앙스가 담겨있고, I suppose는 이보다 좀 더 강도를 낮추어 '아마도 사실일테지만 정말로 확실치는 않다'고 할 때 그리고 I think 못지않게 흔히 듣고 볼 수 있는 표현인 I guess는 '어떤 일이 사실일거라고 생각하거나 혹은 어떤 일이 아마도 생겼을거라고 추측을 할 때' 바로 이 I guess로 시작해 말을 하면 되는 것이죠.

정답노트 013

정말 몰라 궁금할 때는
I wonder what[if] 주어+동사

I wonder what's going on
웬일인지 모르겠어

I guess는 100% 확실하지는 않아도 대강 그럴 것 같다는 추측이었죠. 하지만 I wonder 주어+동사는 정말 몰라서 궁금한 내용을 말할 때 써요. I wonder what/how/where/if~ 주어+동사의 형태로 쓰는데요, 조심해야 할 건 I was wondering if 주어+could[would]~가 되면 전혀 얘기가 달라진다는거죠. 내용은 현재이지만 무늬만 과거진행형인 was wondering과 if 이하에 과거 조동사 could[would]가 온다는게 다른 점인데요. 이는 상대방에게 "…을 해주시겠습니까" 라고 정중하게 부탁하는 문장이 됩니다.

I wonder what/how/if 주어 + 동사
…일까, …할까

1. 그가 우리에게 연락할까는

   I wonder if he's going to call us.

2. 그 경기의 승부가 어떻게 날까는

   I wonder how it's going to turn out?

3. 잠깐 이야기할 수 있겠습니까는

   I was wondering if I could talk to you for a sec.

Magic Talk!

A: **I wonder where she is.**
B: **Well, she's probably talking to Richard.**
   A: 그녀가 어디 있는거지.
   B: 저기, 리차드하고 이야기하고 있을거야.

A: **I wonder if the boss is still angry with me.**
B: **He seems to be in a good mood today.**
   A: 사장이 아직도 내게 화나 있는지 모르겠어요.
   B: 오늘 보니까 기분이 좋은 것 같던데요.

A: **I was wondering if I could get in touch with Max?**
B: **I'm sorry he is at a conference today.**
   A: 맥스하고 통화 좀 할 수 있을까요?
   B: 미안하지만 오늘 회의갔는데요.

No wonder (주어+동사) (…하는게) 당연하지

A: **The Smiths just got back from vacation.**
   스미스네 가족이 휴가를 끝내고 막 돌아왔어요.
B: **No wonder they're so tanned.**
   그 사람들이 그렇게 그을릴 만도 하군요.

정답노트 014

믿기지 않는 놀라운 일을 말할 땐
I can't believe 주어+동사

I can't believe you did that
네가 그랬다는게 믿기지 않아

I can't[don't] believe (that) 주어+동사는 "…을 믿을 수가 없다"라는 의미로 절의 내용을 부정하는 것이 아니라 절의 내용에 놀라며 하는 말입니다. 일상회화에서는 I don't believe~ 보다는 I can't believe~을 더 많이 쓰는데 can't~을 쓰면 말하는 사람의 놀람과 충격이 훨씬 잘 전달되기 때문이죠.

I can't believe 주어 + 동사
어떻게 …하지, …라는 게 말이 돼

1. 정말 우리가 해낸거야!는
   I can't believe that we made it!

2. 어떻게 내게 전화 한 번도 안할 수 있어?는
   I can't believe you never called me.

3. 쟤들이 남매라고 안 믿어져는
   I don't believe they're brother and sister.

212

Magic Talk!

A: I can't believe she slapped me in the face.
B: You asked for it!
  A: 그 여자가 내 따귀를 때렸다는 게 말이나 돼냐구!
  B: 맞을 짓 했지 뭘 그래!

A: I can't believe they didn't give us a raise.
B: I guess we'll all be on strike tomorrow.
  A: 급여를 안 올려주다니 기가 막혀.
  B: 내일 우리 모두 파업에 들어가야 할 것 같아.

A: I can't believe it's finally Friday!
B: I know what you mean. It's been a long week.
  A: 기다리고 기다리던 금요일이 왔구나!
  B: 왜 그러는지 알겠어. 기나긴 한 주였지.

I can't[don't] believe+명사 형태 표현

I can't believe this! 말도 안돼!, 정말야!
I don't believe it! 믿을 수 없어!, 그럴리가!
I don't believe this! 이건 말도 안돼!, 뭔가 이상한데!
I don't believe you! 뻥치지마!

7th Day

시제를 제대로 말하기

정답노트 001

현재가 미래를 말한다?

I'll come and get you when I'm done
내가 준비되면 와서 데리고 갈게

영어시제는 현재, 과거, 미래, 3가지 기본시제를 기준으로 각각 진행형(3가지), 완료형(3가지) 그리고 완료진행형(3가지)으로 변해 총 12개의 시제가 있죠. 좀 복잡해보이지만 기초회화를 하는데 12가지 영어시제가 다 필요한 건 아닙니다. 현재, 과거, 미래의 기본시제와 그리고 진행형정도만 알아도 큰 무리는 없습니다. 현재완료까지 활용할 수 있다면 금상첨화일거구요. 결국 시제가 복잡해서가 아니라 몇가지 기본시제도 제대로 구사하지 못하면서 회화는 어렵다라고 탄식하는 셈이죠. 먼저 현재시제를 알아보겠는데요 부사절에서 현재형이 미래를 나타내는 경우를 살펴보기로 해요.

이것만은 꼭! 외워두자
주어+미래동사~, 접속사+주어+현재동사
…일거야, …할거야

1. 그가 돌아오면 전해드리죠는
   I'll give him the message **when** he gets in.

2. 현금내면 할인받을 수 있어요는
   You'll get a discount **if** you pay in cash.

3. 가기 전에 책상 위에 둘게요는
   I'll leave them on your desk **before** I go.

Magic Talk!

A: You'll get a discount if you pay in cash.
B: I didn't bring any cash.
　A: 현금으로 지불하시면 할인받으실 수 있습니다.
　B: 현금은 하나도 안 가져 왔는 걸요.

A: I'll buy something for you when I go to the sale.
B: That would be great!
　A: 세일하는데 가서 뭐 좀 사줄게.
　B: 그럼 좋지!

A: Could you tell him Mr. Miller called?
B: Certainly. I'll give him the message when he gets in.
　A: 밀러 씨가 전화했더라고 해주시겠습니까?
　B: 네. 오시면 전해드리겠습니다.

I don't know when he'll come back 걔가 언제 돌아올지 몰라

비록 when이라는 시간접속사로 시작되는 절이지만 문장 내에서 when 이하의 성분은 동사 know의 목적어로 정체는 명사절입니다. 현재가 미래를 대신할 수 있는 건 부사절 및 형용사절에서만 가능하기 때문에 when 이하는 미래의 일을 말하면 미래로 표시해주어야 합니다.

정답노트 002

나 …에 간다, I'm going to+장소

I'm going to China
나 중국에 가

현재진행형은 현재 동작이나 상태가 계속 지속되는 경우를 표현하는 것으로 동사를 be~ing으로 바꿔주면 됩니다. 현재시제가 미래부사구의 도움으로 가까운 미래를 나타낼 수 있지만 현재진행의 경우는 부사구의 도움없이도 가까운 예정을 표현할 수 있습니다. 먼저 "나 …에 갈거야," "가는 중야"라는 의미인 I'm going to+장소를 배워보도록 하죠. 곧 나오겠지만 가까운 미래를 나태는 I'm going to+동사와 헷갈리지 않도록 해요. I'm going to+장소는 가까운 미래를 나타낼 수도 있고 또한 going은 'go'의 원래 의미를 지니고 있는 반면 I'm going to+동사는 무조건 가까운 미래를 나타내며 또한 going은 더이상 'go'의 의미가 없기 때문이죠.

I'm going to + 장소
…에 갈거야, …가는 중야

1. 내일 콘서트 갈거야는
   I'm going to a concert tomorrow.

2. 몇 주 정도 플로리다에 가 있을려구는
   I'm going to Florida for a couple of weeks.

3. 나 자러간다는
   I'm going to bed.

Magic Talk!

A: I'm going to a concert tomorrow.
B: Enjoy yourself!
   A: 내일 콘서트 갈거야.
   B: 재미있게 봐!

A: I'm going to France for a few weeks.
B: Sounds like fun.
   A: 몇 주 정도 프랑스에 가 있을려구.
   B: 재미있을 것 같은데.

A: Can I get a ride home with you?
B: You can, but I'm going to the bank first.
   A: 집까지 네 차 좀 같이 타고 갈 수 있을까?
   B: 그럼. 헌데, 난 먼저 은행에 갈거야.

I'm going~ 표현들

1. I'm going. 나 가.
   모임 등에 갈건지 안 갈건지 말할 때 쓰는 표현. 안 간다고 할 때는 I'm not going(나 안 가), 상대방에게 갈거냐고 물어볼 때는 You're going?이라고 물어보면 돼죠.

2. I'm going shopping today. 오늘 나 쇼핑하러 간다.
   I'm going ~ing은 '…하러 가다'라는 의미입니다.

정답노트 003

나 …하려고 생각중야, I'm thinking~

I'm thinking of going on vacation
휴가갈까 생각중야

현재진행형 두번째 표현으로 I'm thinking of~는 현재 지속되는 일이나 가깝게 예정된 나의 일을 말할 때 사용하는 표현입니다. 우리말을 할 때도 …을 계획한다라는 현재시제보다는 "…을 계획하고 있어," "…을 계획중야"라고 현재진행형을 많이 쓰듯 영어의 경우도 현재보다는 현재진행을 쓰는 경우가 더 많습니다. 일상회화에서 말이죠. I'm thinking of ~ing도 그중 하나죠. I'm planning to ~ing도 같은 의미로 "…할까 한다"라는 의미로 뭔가 할려고 하는 것을 이야기하면 됩니다.

이것만은 꼭! 외워두자

I'm thinking of ~ing
…할까 생각중야

1. 오늘밤 걔한테 데이트신청할까 해는
   I'm thinking about asking him out tonight.

2. 곧 그만둘까 생각중야는
   I'm thinking of quitting soon.

3. 다음 주말에 스키타러 갈려고는
   I'm planning to go skiing next weekend.

Magic Talk!

A: I'm thinking of taking a computer course.
B: That sounds kind of boring.
   A: 컴퓨터 강좌를 들을 생각이야.
   B: 약간 따분할 것 같은데.

A: What are you going to do with your bonus?
B: I'm thinking of going on vacation.
   A: 당신 보너스로 뭘 할 거예요?
   B: 휴가를 떠날까 하는데요.

A: I'm planning to buy a new car.
B: What kind are you thinking of getting?
   A: 새 차를 사려고 해.
   B: 어떤 종류를 생각하고 있는데?

I'm really looking forward to Friday night! 금요밤이 기다려져!

I'm looking forward to ~ing는 '…하기를 몹시 기대하다,' '바라다'라는 표현이죠. to 다음에는 명사나 동명사가 오면 됩니다.

I'm looking forward to seeing you soon. 곧 만나기를 기대하고 있어.
I'm looking forward to it. 그게 몹시 기다려져.

정답노트 004

진행형으로 굳어져 쓰는 표현들

I'm having fun
재미있어

현재진행형의 형태로 굳어진 표현들이 있습니다. 짧지만 또 응용은 안되지만 회화에서 특히 구어체 회화에서 많이 쓰이는 표현들을 정리해보죠. I'm having fun은 have fun이라는 동사구를 현재진행을 활용한 경우로 "지금 즐거운 시간을 보내고 있다"는 말로 "재밌어"라는 말이죠. 또한 I'm telling you는 "정말야," "잘 들어," I'm talking to you!는 "내가 하는 말 좀 잘 들어봐!"라는 뜻입니다.

I'm doing OK
잘 지내고 있어

1. 지금 하고 있어는

   I'm working on it.

2. 그냥 구경하고 있는거예요는

   I'm just looking.

3. 그래 바로 그거야!, 그렇지!는

   Now you're talking!

Magic Talk!

A: **David, how's it going?**
B: **I'm doing okay.**
  A: 데이빗 어때?
  B: 잘 지내고 있어.

A: **How can I help you?**
B: **We were just looking around.**
  A: 뭘 도와드릴까요?
  B: 그냥 둘러보는 중이에요.

A: **I'd rather go to a nightclub.**
B: **Now you're talking! I haven't danced in months.**
  A: 난 나이트클럽에 가는게 더 좋은데.
  B: 좋은 생각인걸! 춤을 못춘 지가 여러달 됐거든.

I'm getting better 점점 나아지고 있어

만능동사 get이 빠지면 섭하죠. 이 역시 굳어진 표현으로 be getting+비교급의 형태로 쓰이는데 반대로 점점 더 나빠지고 있다고 하려면 I'm getting worse라고 하면 됩니다.

I'm getting better these days. 요즘 좀 더 좋아지고 있어.

정답노트 005

be going to+동사에서 'go'는 '가다'가 아냐

I'm really going to miss you
정말 네가 보고 싶을거야

미래를 표시하는 표현으로 will만큼 회화에서 많이 쓰이는 be going to+동사를 살펴보죠. 가까운 미래에 "…할거야"라는 의미로 be going to~는 조동사는 아니지만 마치 조동사처럼 다음에 오는 본동사의 내용을 미래로 만들어주는 기능을 갖습니다. 따라서 be going to+동사에서 going은 '가다'라는 의미가 더 이상 없다는 것을 기억해두어야 합니다. 또한 going to는 축약해서 [gona]로 발음된다는 것도 함께 알아두고요, 빈도수는 떨어지지만 아주 근접한 미래, 즉 "바로 …할거야"라는 의미의 be about to+동사도 함께 연습해둬요.

이것만은 꼭! 외워두자

I'm going to + 동사원형
…할거야

1. 주말에 여기 있을 건가요?는
   Are you going to be here on the weekend?

2. 미안, 좀 늦을 것 같아는
   I am sorry, but **I'm going to** be a little late.

3. 우리 오늘밤에 재미있게 놀거다!는
   We're going to have fun tonight!

Magic Talk!

A: That secretary is going to drive me up the wall.
B: Why don't you fire her?
  A: 저 비서가 내 성미를 건드리고 있어.
  B: 해고해 버리지 그래?

A: I'm really going to miss you.
B: I'm going to miss you, too.
  A: 정말 네가 보고 싶을 거야.
  B: 나도 네가 보고 싶을 거야.

A: Alan, where are you?
B: I am sorry, but I'm going to be a little late.
  A: 앨런, 어디야?
  B: 미안, 좀 늦을 것 같아.

We're about to run out of gas 기름이 바닥이 나려고 하는데

be about to+동사는 아주 가까운 미래로 즉 '바로 …할거야'라는 의미입니다.

We're about to take off and see a movie 바로 나가서 영화보려고.

정답노트 006

It's going to~ 는 앞으로 …일거야

It's going to be okay
괜찮을거야

비인칭주어 It과 be going to가 합쳐진 It's going to+동사의 형태 또한 I'm going to+동사 못지 않게 많이 사용됩니다. "…일거야"라는 의미로 앞으로 상황이 어떻게 될거라고 언급할 때 사용하면 됩니다. 특히 It's going to be+형용사/명사의 형태로 많이 사용되며 going to는 역시 [gona]로 축약되어 발음된다는 점, 그리고 영화나 시트콤 같은 구어체문장에서는 표기까지도 gonna로 한다는 점 알아두고요. 물론 아직 우리가 배우는 입장에서 표기까지 따라하면 안되겠죠?

It's going to + 동사원형
…일거야

1. 괜찮을거야는

It's going to be all right.

2. 잘 돌아갈거야는

It's going to work.

3. 그렇게 될거야는

It's going to happen.

Magic Talk!

A: Look, Charlie, it's going to be okay.
B: That's easy for you to say.
> A: 자 찰리야 잘 될거야
> B: 넌 그렇게 말하기 쉽겠지.

A: If you don't like Dick. Dump him.
B: I know, but it's going to be really hard.
> A: 딕을 좋아하지 않으면 차버려.
> B: 나도 알지만 정말 힘들거야.

A: It looks like it's going to rain.
B: We should postpone the picnic for a few hours.
> A: 비가 올 것 같아.
> B: 야유회를 몇 시간 연기해야 할 것 같다.

Everything's going to be okay 다 잘 될거야

It's going to be okay와 유사한 표현으로 okay 대신 all right을 써서 Everything's going to be all right, 혹은 Everything will be fine이라고 해도 됩니다.

A: Honey, everything's going to be all right. 자기야, 다 잘 될거야.
B: What do you know? 네가 그걸 어떻게 알어?

정답노트 007

I go to a night club yesterday가 말이 되냐고요!

I went to a party last night
어젯밤에 파티에 갔었어

영어회화하면서 가장 많이 틀리는 것중의 하나가 바로 과거시제입니다. 동사의 과거형은 이미 다 배웠기 때문에 몰라서 못쓴다기 보다는 네이티브의 얼굴을 보면서 동사의 시제까지 생각할 여유가 없기 때문일 겁니다. 물론 시제를 바꾸지 않아도 어렵게(?) 의사소통이야 되겠지만 여러분도 누가 "나 어제 파티간다"라고 하면 여러분도 맘속으로 '헐!'이라고 하지 않겠습니까? 과거문장을 많이 만들어보는 수밖에 없는데요, 먼저 go라는 동사의 과거형부터 알아보죠. 주어+went to+장소의 형태로 "…에 갔다"라는 의미인데 '장소'자리를 다양하게 바꾸어보면서 연습해보기로 해요. 물론 "…하러 갔다"라고 하려면 went to+동사 형태를 쓰면 되고요.

주어 went to + 장소명사
…에 갔었어

1. 카페에 갔었어!는
   I went to the coffeehouse!

2. 우린 메츠 게임 갔었어는
   We went to a Mets game.

3. 지난주말에 서점 몇 군데 갔었어는
   I went to a couple of bookstores **last weekend**.

Magic Talk!

A: What were you doing?
B: I went to a bar.
   A: 뭐했어?
   B: 바에 갔었어.

A: What did you do on your leave?
B: I went to Egypt with my dad.
   A: 휴가때 뭐했어?
   B: 아버지와 이집트에 갔었어.

A: Hey, where's mom?
B: She went to pick up Aunt Liddy.
   A: 야, 엄마 어딨어?
   B: 리디 숙모 태우러 가셨어.

과거시제

과거시제는 현재와는 관련이 없는 그냥 과거에 어떤 행동이 이루졌다는 것을 말할 때 사용하는 것으로 We went to high school together(우린 함께 고등학교에 갔어)처럼 먼 과거의 이야기를 할 수도 있고 She went to beauty salon(걔 미장원에 갔어)처럼 방금 전의 이야기도 말할 수 있습니다. 과거라고 자꾸 먼 과거만 생각하면 안됩니다.

정답노트 008

과거형 took, made, knew도 잘 쓰이죠

I took her to a romantic restaurant
그 여자를 로맨틱한 레스토랑으로 데려갔어

took, made, told, turned 등 회화에서 많이 쓰이는 기본동사의 과거형을 이용한 문장들을 익혀보죠. 그래야만 과거의 이야기를 모두 현재로 말하는 이상한 영어를 하지 않을 수 있죠. 또한 That was close(아슬아슬했어), I had a bad day(진짜 재수없는 날이야), It was a long day(힘든 하루였어) 등 굳어진 과거형 표현들도 함께 외워둡니다.

이것만은 꼭! 외워두자

주어 + took/made/knew ~
···했어

1. 걔들이 벤을 공원에 데리고 갔어는
   They took Ben to the park.

2. 맘 바꿨어는
   I changed my mind.

3. 내가 직접 만든거야는
   I made it myself.

230

Magic Talk!

A: Hey Mike! Want some pancakes?
B: You made pancakes?

A: 야 마이크야, 팬케익 좀 먹을래?
B: 네가 팬케익을 만들었어?

A: I like your necklace.
B: I made it myself.

A: 네 목걸이 맘에 든다.
B: 내가 직접 만든거야.

A: I'm telling you that he took the money.
B: The problem is we have no proof.

A: 그 사람이 돈을 가지고 간 것이 틀림없어.
B: 문제는 아무런 증거가 없다는 거야.

과거형 관용표현

I did it! 해냈어!
I knew it! 나도 안다고!, 그럴 줄 알았다니까!
You made it 너 해냈구나.

정답노트 009

과거를 부정할 땐 didn't 로

I didn't do it
내가 그러지 않았어

과거에 "…하지 않았다"고 과거를 부정하는 표현을 알아보죠. 가장 많이 쓰이는 건 역시 일반동사의 부정형인 I didn't+동사원형 형태입니다. "내가 그러지 않았어"라고 할려면 I didn't do it, "난 그런 말 하지 않았어"라고 하려면 I didn't say that, "난 아무말도 안했어"라고 하려면 I didn't say anything, 그리고 "네 여자친구랑 안잤어"라고 하려면 I didn't sleep with your girlfriend라고 하면 됩니다.

I didn't + 동사
…안했어

1. 고의로 그런 건 아냐는
   I didn't mean it.

2. 모르고 있었지 뭐야는
   I didn't know that.

3. 레모네이드 주문 안했는데요는
   I didn't order lemonade.

Magic Talk!

A: I didn't do that.
B: Me neither.
  A: 난 그러지 안했어.
  B: 나도 안했어.

A: I'm sorry I didn't get back to you sooner.
B: That's all right.
  A: 바로 연락주지 못해 미안해.
  B: 괜찮아.

A: How come you didn't call me last night?
B: I didn't know that you wanted to talk.
  A: 어젯밤엔 왜 전화를 안 한거니?
  B: 네가 얘기하고 싶어하는 줄 몰랐어.

You didn't even try! 너 해보려고 하지도 않았잖아!

인칭을 바꿔 You didn't+동사하게 되면 "넌 …하지 않았어," "…를 안했구나"라는 의미의 표현이 됩니다.

You didn't love me. 넌 날 사랑하지 않았구나.
You didn't tell me your boyfriend smoked.
네 남자친구가 담배핀다는 얘기 안했어.
You didn't say anything about that. 넌 그거에 관해 아무말도 안했어.

정답노트 010

…한 줄 알았어, I thought 주어+동사

I thought you were a good kisser
난 너 키스잘하는 줄 알았어

think의 과거형인 thought를 이용한 표현인데요 위 문장처럼 I thought 주어+동사 형태로 쓰면 "…라고 생각했다"라는 의미가 됩니다. 예를 들어 I thought last night was great라고 하면 "지난밤은 정말 좋았다"고 생각해라는 말이 되는거죠. 하지만 그렇게 생각했지만 실제는 그렇지 않은 경우에도 많이 사용되는데 위 문장에서 네가 키스를 잘하는 줄 알았는데 실제로는 그렇지 않다라는 뉘앙스를 갖는 것처럼 말이죠.

I thought 주어 + 동사
…한 줄 알았어

1. 네가 알고 있는지 알았어는
   I thought you knew it.

2. 난 네가 우리편인 줄 알았어는
   I thought you were on my side.

3. 네가 내게 말하는 줄 알았어는
   I thought you were talking to me.

Magic Talk!

A: I thought that was just a rumor.
B: It's a true story.
  A: 그게 소문인 줄 알았는데.
  B: 사실야.

A: I thought you were in trouble.
B: Well, I'm not.
  A: 네가 어려움에 처한 줄 알았는데.
  B: 어, 아냐.

A: You should know better than to let him know.
B: I thought that I could trust him.
  A: 너 그 사람한테 그런 말 하면 안되는 줄은 알았을 것 아냐.
  B: 믿을 수 있는 사람인 줄 알았는데.

You told me you didn't see anything 년 아무것도 못봤다고 했잖아

You told me (that) 주어+동사는 "네가 …라고 했잖아"라는 의미로 상대방이 예전에 한 말을 다시 되새김할 때 사용하는 표현으로 회화에서 많이 사용되는 과거형 문장중의 하나입니다.

You told me Jane was pregnant. 네가 제인이 임신했다고 했잖아.
You told me you like her, so why don't you ask her out on a date? 너 그 여자가 좋다고 그랬잖아. 데이트 신청을 하지 그래?

정답노트 011
어디서 들은 이야기 전해주기, I heard 주어+동사

I heard things are changing
사정이 변하고 있다고 들었어

직접 눈으로 보고 직접 행동한 일들만 말할 순 없는 노릇이죠. 다른 사람에게서나 혹은 신문이나 방송 등 제 3의 소스를 통해서 들은 이야기를 할 때 말하는 표현입니다. "…라고 들었어"라는 의미로 주로 화제를 꺼낼 때 사용합니다.

I heard (that) 주어 + 동사
…라고 들었어

1. 너 결혼할거라고 그러던데는

   I heard you were going to get married.

2. 한국에는 신년이 두 번 있다며는

   I heard that there are two New Years in Korea.

3. 이번 주말에 존이 올라온데는

   I heard that John is coming to town this weekend.

Magic Talk!

A: How much is the fine if you get caught?
B: I heard that it's 30,000 won.
   A: 잡히면 벌금이 얼마야?
   B: 3만원으로 들었어.

A: I heard that he's a real moviegoer.
B: He goes at least three times a week.
   A: 그 사람은 정말 영화팬이라고 들었어.
   B: 1주일에 적어도 3번은 영화관에 가지.

A: I heard he has an interview this morning.
B: That's why he's late.
   A: 그 친구 오늘 아침에 면접있다고 들었어.
   B: 그래서 그 친구가 늦은 거구나.

I heard that 그거 들었어

I heard~가 명사를 목적어로 받아 "…을 들었다"라는 의미로 만든 표현들이 있습니다.

I heard you. 네말 들었어.
You heard me. 내 말 명심해.
Did you hear that? 너 그 얘기 들었니?

정답노트 012

직접 들은 이야기 전해주기
He said 주어+동사

She said she wanted to marry me

그 여자가 나랑 결혼하고 싶다고 말했어

이번에는 다른 사람의 말을 전달하는 방법을 배워보죠. '말하다'라는 동사 say의 과거형 said를 써서 「He(She) said 주어+동사」하면 "그가 혹은 그녀가 …라고 말했어"라는 뜻이 됩니다. 인칭을 You로 바꾸서 「You said 주어+동사」하면 앞에 있는 사람보고 "…라고 말하지 않았냐?", "…라고 했잖아"라는 말로 상대방이 한 말을 재확인하거나 상황에 따라 따지는 문장이 될 수도 있습니다.

He said (that) 주어 + 동사
…라고 말했어

1. 걔는 아직 데이트할 준비가 안됐다고 했어는
   He said he's not ready to date.

2. 쟤는 걔를 사랑하지 않았다고 했어는
   She said she didn't love him.

3. 넌 그거에 대해 얘기하고 싶다고 했잖아는
   You said you wanted to talk about it.

Magic Talk!

A: She said you actually proposed to her.
B: Well I didn't! I didn't propose!

A: 네가 자기한테 청혼했다고 쟤가 그러던데.
B: 저기 난 안했어! 프로포즈 안했다고!

A: The boss said he wants us in at 6:00.
B: What in heaven's name for?

A: 사장님이 내일 아침 6시까지 출근하길 원하세요.
B: 도대체 왜요?

She said yes 쟤가 그렇다고 했어

주어+said+명사의 표현으로 반대로 "쟤가 아니라고 했어"는 She said no, 그리고 "쟤가 네게 안부 전해달래"라고 하려면 He said hello to you라고 하면 됩니다.

정답노트 013

과거부터 지금까지 쭈~욱은 have+pp

She has worked here for 3 years
그 여자는 여기서 일한지 3년 되었어요

이해하기도 어려운데 어떻게 써보냐고 반문할 수도 있는 참 골치 아픈 시제이죠. 현재와 과거 2개를 묶어서 3등분했다고나 할까요? 현재가 있고 과거가 있고 그리고 과거부터 현재까지 이어져오는 표현법이 있는데 이게 바로 현재완료인거죠. 과거는 과거동작으로 지금은 상관없는 일을(I was sick for 2 weeks. 2주간 아팠지만 지금은 아픈지 안아픈지 모른다) 표현하는 반면 현재완료는 과거의 동작이 현재까지 미치는 일을(I have been sick for 2 weeks. 2주전부터 지금까지 계속 아프다) 나타내는 독특한 시제입니다.

주어 + have + pp~
···했다, ···해봤다, ···한다

1. 오래 기다리게 해서 미안해는
Sorry to have kept you waiting for so long.

2. 난생 처음 겪는 일이야는
That has never happened before.

3. 쟤랑 헤어지기로 결정했어는
I've decided to break up with her.

Magic Talk!

A: **Are you ready to order your food?**
B: **No, I haven't decided yet.**
   A: 주문하시겠어요?
   B: 아뇨, 아직 못정했는데요.

A: **How do you like the steak?**
B: **It's the juiciest steak I have ever eaten!**
   A: 스테이크 맛이 어때?
   B: 이렇게 맛있는 스테이크는 처음이야!

A: **When was the last time you took a vacation?**
B: **It has been 3 years since I had one.**
   A: 마지막으로 휴가를 낸 게 언제였니?
   B: 3년 전에 보낸 휴가가 마지막이었지.

현재완료시제 정리

1. **완료 :** 계속되다가 방금 끝난 행동(현재완료 + just, now, already, yet)
   I have just finished it. 방금 그걸 끝냈어.

2. **경험 :** …한 적이 있다라고 과거의 경험(twice, ever, never, before, often)
   I have seen her twice before. 전에 걔를 두번 봤어.

3. **계속 :** 과거부터 지금까지 계속되는 행동(since+시점명사/for +기간명사)
   I have studied English. 난 영어를 공부해.

4. **결과 :** …해버렸다. **I have lost my keys.** 열쇠를 잃어버렸어.(그래서 지금없다.)

정답노트 014

"어디 갔었어?"도 현재완료로

I have been to the station
역에 갔다 왔어

우리가 일상에서 많이 말하게 되는 "…에 갔다 왔어" 혹은 "…에 가본 적이 있어"라는 말도 현재완료로 해결이 가능합니다. have been in[to]+장소의 형태로 쓰면 되는 데요, 장소명사로는 잠깐 갔다오는 bathroom, station, beauty salon이나 혹은 좀 오래 머무르는 New York 등의 단어가 올 수도 있습니다. 또한 have been in love처럼 추상명사가 와서 "…상태에 있어 본 적이 있다"라는 의미로도 쓰이기도 하고요. 물론 "너 어디 갔다 오는거야?"라는 의미의 Where have you been?를 꼭 외워두고요.

I have been to[in] ~
…에 가본 적이 있어, …에 갔다왔어

1. 전에 총각파티에 가본 적이 없어는
   I've never been to a bachelor party before.

2. 걔는 뉴욕에 8년째 살아는
   She's been in New York for 8 years.

3. 걔 아파트에 갔다왔는데 거기 없더라고는
   I've been to his apartment and he wasn't there.

Magic Talk!

A: Oh hello Jessica, where have you been?
B: Hi. Uh, I have been in the bathroom.
　A: 야 제시카, 어디 갔었어?
　B: 어, 화장실에.

A: You've been in there for a long time!
B: All right, I'm coming out.
　A: 너 거기 너무 오래 있는다!
　B: 알았어, 나갈게.

A: You've been in love before?
B: Uh...well...just once...with you...
　A: 전에 사랑 해본 적 있어?
　B: 어, 저기… 한번… 너를…

현재완료 관용표현

I've been there.　1. 무슨 말인지 충분히 알겠어, 정말 그 심정 이해해 2. 가본 적 있어
I've never been there.　거기 가본 적이 없어.
Been there, done that.　(전에도 해본 것이어서) 뻔할 뻔자지.

MEMO

8th Day

의문사로 왕창 물어보기

정답노트 001

이게 뭐야?(What is/are + 명사?)

What's the problem?
무슨 일인데?

의문사 what을 이용한 의문형중에서 가장 간단한 형태입니다. "주어+is/are what"의 평서문에서 주어에 대한 정보를 주는 자리인 보어 what을 앞으로 빼낸 다음 명사와 be동사를 도치시킨 경우로 결국 주어의 내용이 뭐냐고 물어보는 의문문입니다. 어렸을 때 배운 What is it?에서 it 대신에 자기가 알고 싶은 것을 말하면 되는 것이죠. 과거일 때는 be동사는 was로 바꿔주면 됩니다. 특히 이 형태로는 회화에서 자주 쓰이는 빈출 표현들이 많은데 이런 표현들은 그냥 기계적으로 외워두면 좋습니다.

What is/are + 명사?
…가 뭐야?

1. 별거 아니네?, 무슨 큰일이라도 있는거야?는
   What's the big deal?

2. 무슨 일이야?, 도대체 왜그래?는
   What's the matter with you?

3. 그만두는 이유가 뭐야?는
   What's the reason for quitting?

Magic Talk!

A: What's the matter?
B: Jill and I had a really big fight.
  A: 무슨, 무슨 일이야?
  B: 질과 내가 정말 크게 싸웠어.

A: What's the name of the girl you're dating?
B: Kristen Lang.
  A: 네가 만나는 여자 이름이 뭐야?
  B: 크리스틴 랭.

A: You shouldn't smoke.
B: What's the big deal! I'm healthy.
  A: 너 담배피지마.
  B: 그게 무슨 대수야! 난 건강한데.

What was that sound? 저게 무슨 소리지?
What is~의 과거형으로 **What was+**명사**?**는 "…가 뭐였지?"란 말입니다.

Need Something More?

What's + 명사? 관용표현정리

1. **What's the problem?** 문제가 뭐야?
   A: What's the problem? 무슨 문제가 있으세요?
   B: It seems that I have lost my wallet. 지갑을 잃어버린 듯해요.

2. **What's the matter?** 무슨 문제야?
   A: Oh my God! 이를 어째!
   B: What's the matter? 왜 그래?

3. **What's the[your] rush?** 왜 이리 급해?
   A: What's the rush? 왜 이리 서둘러?
   B: I have an appointment. And it's very important.
   약속이 있는데 매우 중요한거라서.

4. **What's your point?** 요점이 뭔가?, 하고 싶은 말이 뭔가?
   A: What's the point? 무슨 소리야?
   B: The point is that we're paying too much.
   문제는 우리가 돈을 더 내고 있다는거지.

5. **What's the bottom line?** 요점이 뭐야?
   A: Just tell me what the bottom line is. 핵심이 뭔지만 말해봐.
   B: We're going to have to lay off at least ten people.
   우리가 최소한 10명은 해고를 하게 될거야.

6. **What's the damage?** 얼마예요?
   A: Well, what's the damage? 저기, 얼마죠?
   B: It comes to twenty five dollars and eighty cents.
   25달러 80센트입니다.

7. **What's the harm?** 손해볼 게 뭐야?
   A: I'm just going to borrow her necklace. What's the harm?
   걔목걸이 빌릴려고.
   B: You might lose it. 잃어버릴 수도 있잖아.

8. **What's wrong with you?** 무슨 일 있어?
   A: **What's wrong with you? Why are you so angry?**
   무슨 일 있었니? 왜 그렇게 화가 났어?
   B: **Just get away from me!** 날 좀 내버려둬!

9. **What do I do now?** 이제 어떻게 해야 돼?
   A: **What do I do now?** 이제 나 어떻게 해야 돼?
   B: **You do what you're great at.** 네가 잘하는 것을 해.

10. **What did I do wrong?** 내가 뭘 잘못했는데?
    A: **Get out of my face!** 꺼져!
    B: **What did I do wrong?** 내가 뭘 잘못했는데?

11. **What do you want me to do?** 내가 어떻게 해야 되는데?
    A: **Can I ask you for a big favor?** 어려운 부탁 하나 들어줄래?
    B: **Maybe. What do you want me to do?** 글쎄, 내가 어떻게 해야 되는데?

12. **What do you say?** 어때?
    A: **Let's go out on a date. What do you say?** 나가서 데이트하자. 어때?
    B: **I don't think it would be a good idea.** 좋은 생각 같지는 않아.

13. **What can I do for you?** 무엇을 도와드릴까요?
    A: **What can I do for you?** 무엇을 도와드릴까요?
    B: **Can I have a refund for this shirt?** 이 셔츠 환불해주시겠어요?

And More

What's the difference? 그게 무슨 상관이야?
What's the catch? 속셈이 뭐야?, 무슨 꿍꿍이야?
What's the difference between A and B? A와 B의 차이점이 뭐지?

정답노트 002

What is/are + 명사 + like?는 How is/are+명사?와 같아

What is the weather like in Korea?
한국의 날씨는 어때요?

What is+명사+like?는 앞의 문형에서 뒤에 like가 붙은 형태로 What ~ like?는 How~?하고 같은 의미죠. 즉 '명사'가 어떠냐고 물어보는 것으로 What does sth/sb look like?라는 표현과 종종 비교됩니다. What is+명사+like?는 "사람이나 사물의 성격이나 성질이 어떤지" 물어보는 것이고 What does sth/sb look like?는 "단순히 외관(appearance)이 어떤 모습"인지를 물어보는거죠.

What is/are + 명사 + like?
…가 어때?

---

1. 그 프로그램 어때?는

What is the program like?

---

2. 새로 이사한 집 어때?는

What is your new house like?

---

3. 뉴욕의 여자애들은 어때?는

What are the girls like in New York?

Magic Talk!

A: What is your new house like?
B: It's quite nice, but it needs a lot of work.
  A: 새로 이사한 집 어때?
  B: 꽤 좋긴 한데 손봐야 할 게 많아요.

A: What was the show like last night?
B: It was really good.
  A: 어젯밤 공연은 어땠어?
  B: 정말 좋았어.

A: What is Thailand like?
B: It's really hot, but the people are nice.
  A: 태국은 어때?
  B: 정말 덥지만 사람들은 친절해.

What are friends for? 친구 좋다는게 뭐야?

What is+명사+for?는 "…은 뭐하려고 그래?"라는 의미. 그냥 What for?하게 되면 "뭐 때문에?"라는 표현이 됩니다.

What is he taking TOEFL for? 걔는 왜 토플을 보려는거야?

정답노트 003

무슨 일이야?, 왜그래?

What's wrong with you?
무슨 일이야?

상대방이 평소와 좀 다르거나 근심걱정이 있어 보일 때 걱정하면서 던질 수 있는 표현이죠. "무슨 일이야?" 정도의 뉘앙스로 그냥 What's wrong?이라고만 해도 됩니다. 물론 with 다음에는 you만 오는 것이 아니라 him, people 등 제 3자가 올 뿐만 아니라 What's wrong with the program?처럼 사물명사가 오기도 합니다. What's wrong with~에서 wrong을 빼고 What's with~?하면 이 또한 훌륭한 표현이 되는데요, 이는 뭔가 상대방이 좀 이상할 때 "…는 왜 그래?"라고 물어보는거죠. 역시 with 다음에는 사람[사물] 다 올 수 있습니다. 그밖의 인사말로 유명한 What's up?, What's new?도 알아두기로 해요.

What's wrong with ~?
…가 무슨 일이야?

1. 네 차 뭐가 문제야?는
   What's wrong with your car?

2. 그게 뭐가 잘 못 된거야?는
   What's wrong with it?

3. 네 머리가 왜 그래?는
   What's with your hair?

Magic Talk!

A: What's wrong buddy?
B: Someone at work ate my sandwich!
  A: 이봐 왜 그래?
  B: 사무실에서 어떤 사람이 내 샌드위치를 먹었다고!

A: What is with you tonight?
B: Nothing.
  A: 오늘 밤 왜그래?
  B: 아무 일도 아냐.

A: What's wrong with you? Why are you so angry?
B: Just get away from me!
  A: 무슨 일 있었니? 왜 그렇게 화가 났니?
  B: 날 좀 내버려둬!

What kind of car are you going to buy? 어떤 종류의 차를 살거야?

what이 단독이 아니라 뒤에 명사를 붙여서 의문문을 만드는 경우로 What kind of +명사 ~? 및 What time~?가 많이 쓰입니다.

What time do you want to start the meeting?
몇 시에 회의를 시작할래요?

정답노트 004

무엇이 어떻다고요? 1

What makes you think so?
왜 그렇게 생각하는거야?

what이 문장의 주어로 쓰인 경우입니다. what 다음에는 지금처럼 현재형이 오거나 과거형(What happened?), 진행형(What's going on?)이 와서 문장이 만들어집니다. 지금 설명하는 What makes you+V~?는 거의 굳어진 표현으로 직역하면 무엇(What)이 너(you)로 하여금 …하게 만들었나?로 결국 형식은 what으로 시작했지만 내용은 '이유'를 묻는 말로 Why do you+V?와 같은 의미입니다. 같은 형식으로 What brings you to+장소?라는 표현이 자주 쓰이는데, 이는 무엇이 너를 …에 오게 했느냐?, 즉 "뭐 때문에 여기에 왔느냐?"라는 말입니다. 두 표현 모두 과거형인 What made you+V~?, What brought you to+장소?로도 쓰입니다.

이것만은 꼭! 외워두자

What makes you + V ~?
왜 …하는거야?

1. 뭐 때문에 마음을 바꾼거야?는
   What made you change your mind?

2. 왜 일을 그만두셨어요?는
   What made you quit you job?

3. 무슨 일로 오셨나요?는
   What brings you here?

Magic Talk!

A: **What made you** quit your job?
B: Actually I got fired.
   A: 왜 일을 그만 두었어?
   B: 실은 잘렸어.

A: It looks as if Jeff has gone for the day.
B: **What makes you** say that?
   A: 제프가 퇴근한 것 같은데.
   B: 어째서 그런 소리를 하는 거야?

A: **What brings you to** the movies on a Sunday?
B: I was bored and wanted to do something.
   A: 일요일날 웬일로 극장엘 다 왔어?
   B: 지루해서 뭔가 하고 싶었거든.

What comes with the service? 서비스에 포함된 것은 뭐죠?

식당에서 한 음식에 무엇이 달려나오는지 혹은 어떤 제품을 무엇이 달려나오는지를 물어볼 때 쓰는 전형적인 표현이죠. 역시 what이 주어로 쓰인 경우로 What comes with~? 다음에 자기가 주문한 혹은 주문할 음식이나 제품을 말하면 돼요.

What comes with the lunch special? 점심 특식에는 뭐가 함께 나오나요?

정답노트 005

무엇이 어떻다고요? 2

What happened?
무슨 일이야?

상대방에게 무슨 일이 일어났는지를 물어보는 것으로 What+V?의 형태 중에서 최고로 많이 쓰이는 표현이죠. 좀 더 구체적으로 표현하고자 하면 What happened to you?, What happened to your teeth?처럼 궁금한 대상을 전치사 to 다음에 넣어주면 됩니다.

What happened (to+명사) ~?
(…가) 어떻게 된거야?

1. 걔한테 무슨 일이 있는거야?는
   What happened to her?

2. 저녁파티는 어떻게 된거야?는
   What happened to the dinner party?

3. 이가 어떻게 된거야?는
   What happened to your teeth?

Magic Talk!

A: **What happened?**
B: **Nothing. I'm going to take a shower.**
   A: 무슨 일야?
   B: 아무 일도 아냐. 샤워나 해야겠어.

A: **What happened?**
B: **We kind of broke up.**
   A: 무슨 일야?
   B: 여친하고 좀 헤어졌어.

A: **What happened between you and David?**
B: **Well, we got into a fight.**
   A: 너하고 데이빗 사이에 무슨 일야?
   B: 어 싸웠어.

What's happening? 어떻게 지내?, 잘 지내니?

what 다음에 현재진행형이 오는 경우로 What's ~ing?하면 "무엇이 …되는거야?"라는 의미죠.

What's cooking? 무슨 일이야?
What's eating you? 뭐가 문제야?, 무슨 걱정거리라도 있어?

정답노트 006

너 뭐를 하는거야?

What are you talking about?
무슨 소리야?

지금까지는 what이 문장에서 주어나 보어가 되는 의문문이었지만 이제부터는 what이 목적어로 쓰이는 경우를 보죠. 먼저 진행형을 쓴 경우로 What are you ~ing? 형태로 What are you talking about?하면 상대방의 이야기를 제대로 듣지 못했을 경우 혹은 듣긴 들었지만 이해가 안되거나 혹은 상대방이 말도 안되는 소리를 할 때 하는 말입니다. 또한 What are you doing?은 "너 뭐하는거야?"라는 말도 되지만 경우에 따라서 상대방이 왜 그러는지 물어보는 뜻이 되기도 합니다. 이때는 "왜 그래?"라고 옮길 수 있겠죠.

What are you ~ing ~?
너 뭐를 …하는거야?

---

1. 무슨 말을 하려는거야?는

What are you trying to say?

---

2. 이번 주말에 뭐 할거야?는

What are you doing this weekend?

---

3. 오늘 밤 퇴근 후에 뭐 할거야?는

What are you doing after work tonight?

Magic Talk!

A: What are you talking about?
B: I'm talking about me having a baby.
A: 무슨 일이야?
B: 내가 임신했다는 이야기야.

A: What are you doing this Saturday?
B: I haven't made any plans yet. Why?
A: 이번 토요일 날 뭐 할거야?
B: 아직 별 계획 없는데. 왜?

A: What are you doing after work tonight?
B: I don't have any plans.
A: 오늘 밤 퇴근 후에 뭐 할거야?
B: 아무 계획도 없어.

What are you doing here? 여긴 웬일이야?

What are you doing?에 here를 붙여 What are you doing here?하면 예기치 못한 장소에서 아는 사람을 만났을 경우 던질 수 있는 표현입니다

A: What are you doing here? 너희들 여기서 뭐하는거야?
B: We came to get you out of here and go for a drink.
널 여기서 끌어내 술 한잔하려고.

정답노트 007

너 뭐 할거야?

What are you going to do?
너 뭐 할거야?

가까운 미래를 나타내는데 애용되는 be going to do와 의문사 what이 결합하여 만든 형태로 What are you going to~ 다음에 원하는 동사를 넣으면 됩니다. 그냥 뭐할거야라고 물어보려면 What are you doing to do?를, 다음에 뭐 할거니라고 하려면 What are you going to do next?를 그리고 좀 더 구체적으로 어떤 대상을 어떻게 할거냐고 물어볼 때는 What are you going to do with your bonus?라고 하면 됩니다.

이것만은 꼭! 외워두자

What are you going to + 동사 ?
너 뭐를 …할거야?

1. 뭐라고 말할거야?는

What are you going to say?

2. 뭐 먹을래?는

What are you going to have?

3. 그 제안을 어떻게 할거야?는

What are you going to do about the offer?

Magic Talk!

A: What are you going to have?
B: I was thinking of having the special.
   A: 뭐 먹을래?
   B: 스페셜을 먹을까 하는데.

A: What are you going to do about the offer?
B: I'm pretty sure I'm going to turn it down.
   A: 그 제안을 어떻게 할거야?
   B: 거절하게 될 게 분명해.

A: What are you going to buy your girlfriend?
B: Nothing.
   A: 여자친구한테 뭐 사줄거야?
   B: 아무것도.

What're you going to do? 어쩔 건대?

What are you going to do?는 단독으로 주로 "어떻게 할거야?," "어쩔건대?"라는 의미로 많이 쓰입니다.

A: How can you eat the cheesecake without me?
   나없이 어떻게 치즈케익을 먹을 수 있어?
B: Oh, what are you going to do? 어 어쩔건대?
A: Take it back! 취소해!
B: No! What are you going to do? 싫어, 어쩔거야?

정답노트 008

너 뭐 …하니?

What do you do?
직업이 뭐야?

영어회화표현을 가장 많이 만들어내는 의문사는 what이고 그리고 what 중에서도 가장 많은 표현을 만들어내는 형태는 What do you+동사~?이죠. 동사자리에 다양한 동사를 넣어서 What do you say~?, What do you think~?, What do you plan~? 등 주옥 같은 영어회화문장의 기본틀을 만들 수 있습니다. What do you do?는 종종 지금 뭘하냐고 물어보는 표현으로도 쓰이지만 이는 보통 너는 일반적으로 무엇을 하냐, 즉 "직업이 뭐냐?"라고 질문하는 것입니다. 뒤에 for a living을 붙여 말하기도 합니다.

What do you + 동사?
뭐 …하니?

1. 그 여자에 대해 아는게 뭐야?는
What do you know about her?

---

2. 날 뭘로 보는 거야?는
What do you take me for?

---

3. 뭐가 필요해?는
What do you need?

Magic Talk!

A: **What do you plan to do this weekend?**
B: **I'm just planning to relax.**
  A: 이번 주말에 뭐 할거야?
  B: 그냥 느긋하게 쉴 생각야.

A: **What do you do?**
B: **I can't believe you don't know what I do for a living!**
  A: 너 직업이 뭐야?
  B: 내 직업도 모른단 말야!

A: **What do you know about Van Gogh?**
B: **He cut off his ear.**
  A: 반 고흐에 대해 아는 게 있어?
  B: 귀 잘랐잖아.

.What do you know와 What would you do if ~

1. **What do you know?** 1. 놀랍군 2. 네가 뭘 안다고!
   What do you know! Janice arrived to work on time!
   놀랍군! 재니스가 제시간에 출근했네!

2. **What would you do if ~?** …라면 넌 어떻게 하겠냐?
   What would you do if you were in her situation?
   네가 걔처지라면 어떻게 하겠어?

정답노트 009

무슨 말이냐고요?

What do you mean you quit?
그만둔다니 그게 무슨 말이야?

상대방이 말한 내용을 다시 한번 확인할 때 혹은 상대방 말의 진의를 파악하고자 할 때 쓰는 표현으로 다소 놀라운 상태에서 내뱉는 말입니다. 그래서 실제 회화에서는 보통 What do you mean?이라고 간단히 말하거나 What do you mean 다음에 주어+동사의 문장형태, 혹은 아래 예문인 What do you mean, comforted her?처럼 납득이 안가는 어구만 받아서 쓰기도 합니다.

What do you mean 주어 + 동사 ?
…가 무슨 말이야?

1. 그만 둔다니 그게 무슨 말이야?는

What do you mean you quit?

---

2. 확실하지 않다니 무슨 말이야?는

What do you mean you're not so sure?

---

3. "아니"라는게 무슨 말이야?는

What do you mean, "no"?

Magic Talk!

A: What do you mean, comforted her?
B: It's nothing, I just gave her a hug.
  A: 걔를 위로했다니, 그게 무슨 말이야?
  B: 아무것도 아냐, 그냥 한 번 안아줬어.

A: Biggest doesn't always mean best.
B: What do you mean?
  A: 크게 항상 제일 좋은 것만은 아냐.
  B: 그게 무슨 말이야?

A: What do you mean you quit? You can't quit!
B: Why not?!
  A: 그만 둔다니 그게 무슨 말야? 안돼!
  B: 왜요?!

What do you mean by that? 그게 무슨 말이야?

상대방이 말한 내용을 다시 언급하지 않고 그냥 간단히 by that으로 쓴 경우입니다.

정답노트 010

…하는게 어때?

What do you say we take a break?
좀 쉬는게 어때?

좀 어렵게 느껴질 수도 있겠지만 실제로 네이티브들의 머리 속 '즐겨찾기'에 저장된 표현입니다. 상대방에게 뭔가 제안을 할 때 사용하는 것으로 What do you say~ 다음에 위 문장처럼 주어+동사로 혹은 to+~ing[명사] 형태로 제안내용을 말하면 됩니다. What do you say~까지는 [와루유세이]라고 기계적으로 빨리 굴려 말하면서 다음에 자기가 제안하는 내용을 말해보는 연습을 많이 해보기 바랍니다.

What do you say 주어 + 동사 ?
…하는게 어때?

1. 오늘 밤 저녁먹으러 갈래? 는

   What do you say I take you to dinner tonight?

2. 6시 30분 내 집에서 어때?는

   What do you say, 6:30, my place?

3. 오늘밤 한잔 하러 가는거 어때요?는

   What do you say to going for a drink?

Magic Talk!

A: What do you say I take you to dinner tonight?
B: Oh I'd like that.
  A: 오늘 밤 저녁먹으러 갈래?
  B: 오 좋지.

A: What do you say we go take a walk?
B: Sorry, I need to get some rest.
  A: 가서 산책가는게 어때?
  B: 미안, 좀 쉬어야겠어.

A: What do you say to going for a drink tonight?
B: Sounds like a good idea!
  A: 오늘밤 한잔하러 가는거 어때요?
  B: 그거 좋죠!

What do you say? 어때?

상대방에게 말한 혹은 말한 제안에 대해 어떠냐고 물어보는 경우.

So what do you say? Can I be your girlfriend again?
그래 어때? 나랑 다시 사귈래?

Come on baby, don't go. Please? What do you say?
야야, 가지마, 응? 그러자?

정답노트 011

…에 대해 어떻게 생각해?

What do you think of that?
그거 어떻게 생각해?

상대방의 의견을 물어볼 때 쓰는 가장 전형적인 표현중의 하나입니다. 먼저 물어보고 싶은 내용을 말하고 나서 (앞에 말한 내용을) 어떻게 생각해?라는 의미로 What do you think? 혹은 What do you think of that?이라고 하거나 아니면 What do you think~ 다음에 전치사 of나 about을 써서 그 아래 물어보는 내용을 갖다 붙여도 됩니다.

What do you think ~?
…에 대해 어떻게 생각해?

1. 제인을 어떻게 생각해?는

   What do you think of Jane?

2. 내 생각이 어때?는

   What do you think about my idea?

3. 우리 새집 어때?는

   What do you think about my new house?

Magic Talk!

A: **What do you think about this job?**
B: **It has its ups and downs.**
   A: 이 일은 어떠니?
   B: 좋을 때도 있고 나쁠 때도 있어

A: **What do you think of Jane?**
B: **She's the best technician in the company.**
   A: 제인을 어떻게 생각해?
   B: 그 여자가 회사에서 가장 유능한 기술자잖아.

A: **What do you think of this?**
B: **It's good enough!**
   A: 이건 어때?
   B: 딱 좋아!

What do you think 주어+동사?

do you think가 삽입된 경우이죠.

What do you think I am? 내가 뭐하는 사람 같아? → 날 뭘로 보는거야?
What do you think you're doing? 이게 무슨 짓이야 → 너 정신 나갔냐?

정답노트 012

뭘 원하냐고요?

What do you want to do?

뭘 하고 싶은데?

What do you+동사~?의 마지막 문형을 살펴보죠. 원하다라는 동사 want을 써서 만든 What do you want ~?로 want 다음에는 to+동사, 혹은 for+명사가 와서 …을 원하느냐, 혹은 …을 하고 싶어라는 의미가 각각 됩니다. 회화에서 종종 나오는 What do you want from me?(나보고 어쩌라는거야?)라는 것도 함께 외워두죠.

이것만은 꼭! 외워두자

What do you want ~?
뭘 …하고 싶어?

1. 점심으로 뭐할래?는
What do you want for lunch?

2. 무슨 얘기하고 싶은거야?는
What do you want to talk about?

3. 오늘밤에 뭐하고 싶어?는
What do you want to do tonight?

Magic Talk!

A: **What do you want to do about it?**
B: **Let's just wait and see what happens.**
　　A: 그 일에 대해 어떻게 하고 싶으니?
　　B: 어떻게 되는지 일단 두고보자.

A: **What do you want to have for lunch?**
B: **How about getting a hot dog?**
　　A: 점심으로 뭐 먹을래?
　　B: 핫도그가 어때?

A: **What do you want to do tonight?**
B: **It makes no difference to me. I am flexible.**
　　A: 오늘밤엔 뭐할래?
　　B: 뭘 해도 상관없어. 나는 다 괜찮거든.

What do you want me to+동사? 내가 뭘 어떻게 하라고?

want 다음에 to do의 의미상 주어인 me가 나온 경우로 상대방에게 뭘 원하냐고 물어보는 것이 아니라 내가 뭘하기를 네가 원하냐고 물어보는 표현입니다.

What do you want me to do?　날 더러 어쩌라고?
What do you want me to say?　날 더러 뭘 말하라고?

정답노트 013

뭐라고 한거야?

What did you say to her?
걔한테 뭐라고 한거야?

이번에는 시제가 과거인 경우입니다. 회화에서 많이 쓰이는 과거형은 동사 do, say, 그리고 think의 경우로 What did you do ~?, What did you say~? 그리고 지나간 일에 대한 상대방의 의견을 묻는 것으로 What did you think of ~? 등입니다. 물론 What did you bring?(무얼 가져왔어?), What did you order?(뭘 주문했어?)등 다양한 동사를 넣어서 말해볼 수 있습니다.

What did you + 동사 ?
…한거야?

1. 금요일 밤에 뭐했어?는
What did you do last Friday evening?

2. 그 남자한테 뭐라고 했니?는
What did you say to him?

3. 걔한테 뭐라고 했어?는
What did you tell him?

Magic Talk!

A: **What did you do last Friday evening?**
B: **I went to the theater with my boyfriend.**
　A: 금요일 밤에 뭐 했어?
　B: 남자친구랑 극장에 갔었어

A: **What did you say to him?**
B: **I told him he can take it or leave it.**
　A: 그 남자한테 뭐라고 했니?
　B: 이걸 받아들이든지 아님 그만 두자고 했어.

A: **What did you think of the soccer game last night?**
B: **Oh, I didn't see it.**
　A: 어젯밤 축구 경기 어땠어요?
　B: 네, 안 봤는데요.

Sorry, what did you say? 죄송하지만, 뭐라고 하셨죠?

특히 앞에 Sorry나 Excuse me를 말한 다음 What did you say?하면 앞서 상대방이 말한 내용을 듣지 못하거나 이해하지 못했을 때 다시 한번 말해달라고 할 때 쓰는 표현입니다

정답노트 014

원하는 걸 말해봐?

What can I do for you?
뭘 도와줄까요?

what으로 시작하는 마지막 문형으로 what과 조동사 can이 어울리는 경우를 보죠. What can I+동사~?는 내가 상대방에게 뭔가를 해줄 수 있냐고 물어보는 것으로 아는 사람들끼리 쓸 수도 있지만 특히 주로 서비스업에 종사하는 사람들이 애용하는 표현이죠. 식당주문, 옷고르기 등 손님에게 도움을 주고자 할 때 쓰는 전형적인 표현입니다.

What can I + 동사 ?
뭘 …해드릴까요?

1. 뭘 갖다 드릴까요?는
   What can I get for you?

2. 뭘 주문하시겠습니까?는
   What can I order for you?

3. 무엇을 도와 드릴까요?는
   What can I help you with?

Magic Talk!

A: What can I do for you?
B: Can I have a refund for this?
　A: 뭘 도와드릴까요?
　B: 이 물건을 환불받을 수 있을까요?

A: What can I do for you?
B: Fill it up with premium.
　A: 손님, 무엇을 도와드릴까요?
　B: 고급휘발유로 가득 넣어주세요.

A: What can I order for you, sir?
B: I think I'll have the special number 2, please.
　A: 뭘 주문하시겠습니까, 손님?
　B: 스페셜 2번으로 주세요.

What can I~?

1. What can I do? 내가 (달리) 어쩌겠어?
앞서 배운 어쩔거야? 어떻게 할건대?인 What're going to do?의 답으로 많이 쓰이는 표현이죠. 난들 어떻게 하겠어?라는 의미입니다.

2. What can I say? 1. 난 할 말이 없네. 2. 나더러 어쩌라는거야?
3. 뭐랄까?

정답노트 015

언제 …야?

When's the wedding?
결혼식이 언제야?

when은 시간을 나타내는 단어로 동사의 행위가 이루어진 시점을 물어볼 때 사용하는 의문사이죠. 앞의 what에 비하면 그 사용빈도는 상대적으로 낮은 편으로 먼저 가장 단순한 형태인 When is+명사? 형태를 알아보죠.

When is + 명사?
언제 …야?

1. 생일이 언제야?는
When's your birthday?

2. 뉴욕행 다음 비행편이 언제예요?는
When's the next flight to New York?

3. 그게 언제야?는
When is that?

Magic Talk!

A: When is it?
B: It's on Saturday the 20th at seven in the evening.
A: 그게 언제죠?
B: 20일 토요일밤 밤 7시예요.

A: When's your birthday?
B: February 16th.
A: 생일이 언제야?
B: 2월 16일.

A: When's your next flight to London?
B: There's one leaving in thirty minutes.
A: 런던행 다음 비행편이 언제야?
B: 30분 후에 출발하는게 하나 있어.

When was the last time S+V? 언제 마지막으로 …했어?

When was the last time you saw her. 그녀를 마지막으로 본게 언제야?

정답노트 016

언제 …할거야?

When are you coming back?
언제 돌아오는거야?

when과 현재진행형인 be[is/are]+ ~ing가 결합하여 "언제 …할거냐?"라는 의미로 가까운 미래를 물어봅니다. 물론 공인 미래조동사인 will을 써서 When will you +동사~? 형태를 써도 되고요.

When is/are + 주어 + ~ing ?
언제 …할거야?

1. 언제 결혼할거야?는
   When are you getting married?

2. 그 여자는 언제 떠나?는
   When is she leaving?

3. 유럽으로 언제 가는거야?는
   When are you leaving for Europe?

Magic Talk!

A: **When are you going to ask her out?**
B: **Tonight, but don't say anything. Okay?**
   A: 쟤한테 언제 데이트 신청할거야?
   B: 오늘밤에. 하지만 아무 말도 하지마, 알았지?

A: **So when are you getting married?**
B: **On May 15th.**
   A: 그럼 언제 결혼하는거야?
   B: 5월 15일에.

A: **When's he getting back?**
B: **In a couple of days.**
   A: 걘 언제 돌아오는거야?
   B: 이삼일 후에.

Say when 됐으면 그만이라고 말해요

파티나 술좌석에서 하는 표현으로 상대방에게 술을 따라주면서 혹은 음식을 덜어주면서 얼마나 (따라)줘야 하는지 몰라 언제 멈춰야 하는지를 상대방에 말하라고 할 때 쓰는 말입니다. "술(음식)이 원하는 만큼 찼으면 그만이라고 말해요"라는 의미입니다. 여기에 대답은 술이 원하는 만틈 찼을 때 "When," "Stop," 혹은 "That's enough, thank you"라고 하면 됩니다.

정답노트 017

언제 …하는거야?

When do you want to go?
언제 가고 싶어?

역시 미래의 행위가 일어나는 시점을 물어보는 형태로 when 다음에 일반동사가 오는 경우입니다. When do you plan to~ ?는 "언제 …을 할거냐?," When do you want to ~?는 "언제 …하고 싶냐?," 그리고 When do you think S+V?는 "네 생각엔 언제 …할(한)거지?" 등이 많이 알려진 표현들이죠.

When do you + 동사 ?
언제 …하는거야?

1. 걔를 언제 만나고 싶어?는

When do you want to meet him?

....

2. 언제 가고 싶어?는

When do you want to go?

....

3. 언제 그 여자를 잃어버린 것 같아?는

When do you think we lost her?

....

Magic Talk!

A: When do you want me to start?
B: Why don't we start right now!
  A: 내가 언제 시작할까요?
  B: 지금 바로 시작합시다!

A: Okay, so when do you want to go?
B: What? Oh, I'm sorry, I can't, I'm busy.
  A: 좋아, 그럼 언제 갈래?
  B: 뭐? 어 미안. 난 못가, 바뻐서.

A: When do you want it delivered?
B: There's no hurry.
  A: 그걸 언제쯤 배달해 드리면 될까요?
  B: 급할 거 없습니다.

When did you stop smoking? 언제 담배 끊었어?

When did you+동사?는 과거의 행위시점을 물어보는 표현입니다.

When did you meet her? 쟤를 언제 만났어?
When did you get that? 그거 언제 구한거야?

정답노트 018

어디있는지 말해봐(Where is+명사?)

Where is everybody?
다들 어디 있어?

이제 when에서 동작이 이루어진 곳이 어딘지를 물어보는 의문사 where으로 넘어가보죠. when의 경우와 마찬가지로 가장 단순한 형태는 Where is/are+ 명사?인데요, 명사가 어디에 있냐고 소재파악을 묻는 것입니다. Where is she?는 그녀가 어디있냐고 물어보는 것이고, Where were you?는 너 어디 있었냐라고 물어보는 문장이 되는거죠. 사물일 때는 Where is it?하면 "그게 어디 있어?"라는 말이죠.

Where is/are 주어?
···가 어디에 있어?

1. 가장 가까운 레스토랑이 어디야?는
   Where is the nearest restaurant?

2. 탈의실이 어디죠?는
   Where is the fitting room?

3. 노트북 어디있니?는
   Where's your lap top computer?

Magic Talk!

A: Where's Harry? His mom's on the phone.
B: He's in the bathroom.
  A: 해리 어딨어? 어머님 전화인데.
  B: 화장실에 있어.

A: Where is everybody?
B: They're hanging out with Jane.
  A: 다들 어딨어?
  B: 제인하고 놀고 있어.

A: Hey, where's the baby?
B: Oh she's taking a nap.
  A: 야, 애기는 어디 있어?
  B: 낮잠자고 있어.

Where is beautiful rug from? 이렇게 아름다운 양탄자를 어디서 구했어?

Where are you from?로 대표되는 출신이나 고향을 물어보는 Where is/are sth/sb from?도 알아두어야죠. from은 출처, 기원 등을 의미하는 것으로 주어자리에 사람이 오면 출신지를, 사물이 오면 원산지나 출처를 물어보게 됩니다.

Where are these people from? 이 사람들 어디 출신이예요?
Where is this incredible cake from?
이렇게 엄청나게 맛난 케익을 어디서 샀어요?

정답노트 019

어디 가요?

Where are you going?
어디 가는거야?

where과 진행형 시제인 be+~ing가 합쳐진 경우인데요, 사용빈도는 동사 go를 이용한 Where are you going?이 압도적입니다. 부사구를 붙여서 Where are you going in such a rush?(이렇게 급히 어딜 가는거야?)나 Where are you going this time?(이 시간에 어딜가?)라고 응용해볼 수 있습니다.

Where are you+ ~ing?
어디서 …해?

1. 점심먹으러 어디 갈거야?는
   Where are you taking **me for lunch?**

2. 어디에서 출발할 예정입니까?는
   Where are you departing **from?**

3. 이거 어디서 났어?는
   Where are you getting **this?**

Magic Talk!

A: **Where are you going?**
B: **Uh, to the bathroom.**
  A: 어디가?
  B: 어, 화장실에.

A: **Where are you going?**
B: **To a birthday party, with some work people.**
  A: 어디가?
  B: 직장사람들하고 생일파티있어.

A: **Where are you traveling to?**
B: **To New York.**
  A: 어디로 여행가는 거야?
  B: 뉴욕으로.

Where are you going to+동사? 어디에서 …할거야?

앞서 배운 I'm going somewhere과 I'm going to+동사의 차이점을 떠올리면 됩니다. Where are you going?에서 go는 …에 가다라는 동사이고 Where are you going to+동사?에서의 go는 가다라는 의미가 없어진 가까운 미래를 말하는 be going to의 go일 뿐이죠.

Where are you going to do it? 어디서 그걸 할 거야?
Where're you going to take your wife to dinner?
부인이랑 어디가서 저녁먹을거야?

정답노트 020

어디서 …하는거야?

Where do you want to go?
어디 가고 싶어?

where과 일반동사의 결합으로 Where do you+동사?는 "어디서 …하느냐?," Where did you+동사?는 "어디서 …을 했느냐?"라고 물어보는 문장들입니다. 특히 "어디서 …을 하고 싶어?"라는 의미의 Where do you want to+동사?의 형태가 회화에서 많이 쓰이죠. 또한 호구조사용인 Where do you live now?(너 지금 어디 살아?)나 Where do you work?(너 지금 어디서 일해?) 등 회화에서 바로바로 써먹을 수 있는 표현들도 암기해두어야겠죠?

Where do you + 동사?
어디서 …하는거야?

1. 점심 먹으러 어디 가고 싶어?는
   Where do you want to go to lunch?

2. 어디서 찾았어?는
   Where did you find it?

3. 그거 어디서 들었어?는
   Where did you hear that?

Magic Talk!

A: Where do you work?
B: Well, right now I'm in between jobs.
   A: 어디서 일해?
   B: 저기 지금은 실직상태야.

A: So where did you study?
B: Oh, I didn't go to college.
   A: 그럼 어디서 공부했어?
   B: 저기 대학엔 안갔어.

A: Where do you want to go?
B: I think you know where I want to go.
   A: 어디 가고 싶어?
   B: 내가 어디 가고 싶어하는 줄 알텐데.

Where are you going to+동사? 어디에서 …할거야?

Where did you get it? 이거 어디서 났어?

회화에서 무척 많이 쓰이는데요 목적어 it을 바꾸어서 Where did you get this?, Where did you get that?, Where did you get them? 등으로 변형되어 말하기도 합니다.

정답노트 021

어디서 …할까?

Where can I meet you?
어디서 만날까?

이번에는 where에 조동사인 can, should 등이 결합되는 경우인데 대부분 주어는 일인칭으로 쓰여 Where can I(we) ~?, Where should I(we)~ ?의 형태로 주로 쓰입니다.

이것만은 꼭! 외워두자

Where can/should I + 동사 ?
어디서 …할까

1. 신발 어디서 팔죠?는
   Where can I find shoes?

2. 어디로 가지?는
   Where should we go?

3. 어디부터 시작해야죠?는
   Where should we begin?

Magic Talk!

A: When and where can I meet you?
B: Let's meet at Burger King on Sunday.
  A: 언제 어디서 만날까?
  B: 일요일에 버거킹에서 만나자.

A: Where can I wash up?
B: Here, let me show you.
  A: 화장실이 어디죠?
  B: 여기요. 알려줄게요.

A: Okay, let's get down to business.
B: Where should we begin?
  A: 자. 일을 시작합시다.
  B: 어디부터 시작해야죠?

Where can I+동사 ~? 형태의 표현

1. **Where can I reach you if~?** …하려면 어디로 연락해야 하죠?
   Where can I reach you if there is an emergency?
   급한 일이 생기면 어디로 연락해야 하죠?

2. **Where can I get sth ~?** …을 어디에서 얻을 수 있죠?
   Where can I get tickets to see the show?
   이 공연의 관람티켓을 어디서 구해요?

3. **Where can I go to + 동사?** …하려면 어디로 가야 하죠?
   Where can I go to check my e-mail? 어디 가서 이메일을 볼 수 있나요?

정답노트 022

누구야?

Who's next?
다음은 누구야?

이젠 who에 대해 알아볼 차례인데요. 먼저 who가 주어나 보어가 되는 Who is/are+명사/형용사?의 형태를 알아보죠. 상대방의 정체(?)를 알아내는 Who are you?로 대표되는 위 구문은 "다음 차례는 누구야?"라는 의미로 특히 서비스창구 등에서 많이 쓰이는 Who's next?, 그리고 전화를 받거나 초인종 벨이 울릴 때 사용하는 전형적인 표현들인 Who is it?, Who was it? 및 Who is this? 등을 기억해 두어야 합니다.

Who is/are + 형용사/명사?
…가 누구야? 누가 …해?

1. 갈 준비된 사람?는
   Who is ready to go?

2. 누가 시간낼 수 있어?는
   Who is available now?

3. 이 친구 누구야?는
   Who is this guy?

Magic Talk!

A: Who's Carl?
B: You know, that guy she met at the coffeehouse.
  A: 칼이 누구야?
  B: 저기, 걔가 카페에서 만난 남자.

A: *(knocking on the door)* **Who is it?**
B: *(outside the door)* **It's Ben, open up!**
  A: 누구세요?
  B: 벤야, 문열어!

A: Who is this?
B: Sorry, Nick, this is Joe Sander, she's a colleague.
  A: 이 사람 누구야?
  B: 미안, 닉, 조 샌더라고 내 동료야.

Who be~? 관용표현

1. **Who is it?**
   (초인종이 울릴 때 혹은 전화왔다고 누가 말해줄 때) 누구세요?, 누군데?
2. **Who was it?**
   (상황종료 후 방문객이 누구인지 전화한 사람인 누군지 물어볼 때) 누군데? 누구였어?
3. **Who is this?**
   (옆에 모르는 사람이 있을 때 혹은 전화에서) 이 사람 누구야? 누구시죠?

정답노트 023

누가 …하는거야?

Who wants to go first?
제일 먼저 가고 싶은 사람?

앞서 언급했듯이 who는 동작의 주체가 될 가능성이 많기 때문에 Who+동사?의 경우가 다른 의문사보다 상대적으로 많은 편이죠. "누가 …을 하고 싶냐?"고 물어보는 Who wants ~?, "누가 …을 알고 있냐?"고 물어보는 Who knows ~?처럼 현재형도 쓰이지만 Who did that?(누가 그랬어?), Who went to the Stadium?(누가 경기장에 갔어?), Who told you that?(누가 네게 그걸 말했어?)에서 보듯 who 다음에 동사의 과거가 와서 "누가 …했냐?"고 물어보는 경우가 만만치않게 많이 쓰입니다. 또한 목적어없이 쓰이는 Who cares!는 "누가 신경이나 쓴대?," Who knows!는 "누가 알겠어!"라는 의미입니다.

Who + 동사 ~?
누가 …하는거야?

1. 누가 거기에 가는 방법을 알아?는
   Who knows how to get there?

2. 누가 식품점에 갔어?는
   Who went to the grocery store?

3. 누가 너에게 이렇게 한거야?는
   Who did this to you?

Magic Talk!

A: Who wants to go first?
B: I'll go.
  A: 누가 제일 먼저 갈래?
  B: 내가.

A: Who said that I didn't like you?
B: Bill did.
  A: 내가 널 좋아하지 않는다고 누가 그래?
  B: 빌이 그랬어.

A: Who told you that?
B: The head office called me yesterday.
  A: 누가 그래?
  B: 어제 본사에서 전화왔어.

Who's going to pay for this? 누가 이거 낼거야?

Who와 진행형 be going to가 결합된 표현으로 Who's going to+동사~? 는 "누가 …할거야?"라고 물어보는 말입니다.

Who's going to go out tonight after work?
오늘밤 퇴근후에 회식자리에 누가 가?

정답노트 024

누구를 …해요?

Who do you work for?
어디서 일해?

who가 목적어로 쓰이면서 일반동사와 결합하는 경우입니다. Who do[did] you+동사?의 형태로 "누구를 …할까요?"라는 의미죠. 위 예문인 Who do you work for?에서는 Who가 동사구 work for의 목적어로 사용되었고, 의미는 누구를 위해 일하냐, 즉 "어디서 일하냐?"라는 문장입니다. 한편 Who do you think+V~?는 Who+V?에서 do you think가 삽입된 경우로 단도직입적으로 바로 "누가 …하냐(했냐)?"라고 물어보는 것보다 문장을 부드럽게 해주는 역할을 합니다.

Who do you + 동사 ~ ?
누구를 …해요?

---

1. 어느 분을 바꿔 드릴까요?는

Who do you want to speak to?

2. 누구랑 점심했어?는

Who did you have lunch with?

3. 누가 다음에 결혼할 것 같아?는

Who do you think is going to get married next?

Magic Talk!

A: Who do you work for?
B: I work for a government agency.
   A: 어디에서 일하니?
   B: 정부기관에서 일해.

A: Who do you want to speak to?
B: I'd like to talk to Ms. Jackson, please.
   A: 누구랑 통화하시겠어요?
   B: 미즈 잭슨를 부탁합니다.

A: Who did you originally want to hook up with?
B: I was actually looking for Michael.
   A: 원래는 누구 생각했던거야?
   B: 실은 마이클을 찾고 있었어.

Who do you think~?

1. Who do you think is going to get married next?
   Who is going to get married next?에서 Who와 is going to 사이에 do you think가 삽입된 경우로 네 생각에 다음에 누가 결혼할 것 같아?라는 의미입니다.

2. Who do you think she's going to pick?
   Who is she going to pick에서 Who 다음에 do you think가 삽입되고 is she가 she's로 바뀐 경우로 "네 생각에 걔가 누굴 고를 것 같아?"라는 말이죠. 참고로 Who do you think you are?는 주로 싸울 때 하는 말로 "네가 도대체 뭐가 그리도 잘났는데?"라는 의미입니다.

정답노트 025

이젠 선택해야 할 시간

Which do you like better?
어떤 걸 더 좋아해?

which는 좀 특이한 의문사로 '선택'이란 개념이 포함되어 있죠. 우리말로 '어느 것'이라는 의미로 Which do you like better A or B?하면 상대방에게 두개 중 하나를 선택하라고 할 때 사용하는 문장입니다. 앞부분을 조금씩 변형하여 Which is better A or B?, Which one is better, A or B? 등으로 응용할 수 있습니다. 또한 which는 what처럼 뒤에 명사가 붙어 which+명사?의 형태로도 쓰이는 경우도 알아두고요.

이것만은 꼭! 외워두자

Which do you~/Which is ~?
어느 것이 더 …해?

1. 어떤 게 더 나아?는
Which is better?

2. 어떤 녀석을 말하는거야?는
Which guy are you talking about?

3. 어느 게 내게 좋을까?는
Which one is better for me?

Magic Talk!

A: How much does it cost?
B: Which one, the black one or the white one?
  A: 이건 얼마죠?
  B: 어떤 거요? 검은 색이요, 아님 흰 색이요?

A: Which flight are you going to take?
B: American Airlines flight 327 to New York.
  A: 어떤 비행편을 이용하실 거죠?
  B: 뉴욕행 어메리컨 에어라인 327편이요.

A: Which do you like better peanut butter or egg whites?
B: Peanut butter!
  A: 피넛버터와 에그화이트 중에서 어떤 걸 더 좋아하니?
  B: 피넛버터!

Which way? 어떤 길? 어떤 방법?

Which+명사?로 다른 단어의 도움없이도 완벽한 문장으로 구어체에서 많이 쓰입니다.

Which part? 어떤 부분?
Which one?은 "어떤거?"라는 뜻으로 앞에 언급된 명사를 재반복하지 않고 더 단순하게 말하는 방식입니다.

정답노트 026

…하는게 어때?

Why don't you come with me?
나랑 같이 가자

why는 이유의 의문사로 상대방에게 뭔가 이유를 물어볼 때 사용하면 됩니다. 하지만 why가 포함된 대표적인 회화문장인 Why don't you+동사?는 무늬는 의문문이지만 실제로는 상대방에게 뭔가 '제안'을 하는 문장으로 이유와는 거리가 있지요. 앞서 배운 I want you to~와 의미가 비슷하다고나 할까요. 또한 변형된 Why don't I~?는 Let me~와, Why don't we~?는 Let's~와 각각 같은 뜻입니다.

Why don't you + 동사 ?
…하는게 어때?

1. 좀 긴장을 풀어봐, 응?은
Why don't you try to relax, okay?

2. 가서 프랭키 만나보는게 어때?는
Why don't you go see Frankie?

3. 무슨 일인지 내게 말해봐는
Why don't you tell me what happened?

Magic Talk!

A: Wow, so why don't you go talk to him?
B: Yeah, I should do that.
A: 야, 그래 쟤한테 가서 이야기해봐.
B: 어, 그래야지.

A: Why don't you ask her to join us?
B: I think I will.
A: 쟤도 함께 하자고 물어봐?
B: 그러려구.

A: Why don't you just call her?
B: I can't call her. I have some pride.
A: 걔한테 전화해보는 게 어때?
B: 전화는 못하고 나도 자존심이 있다고.

Why don't~ ?

1. **Why don't I +** 동사 ~? …할게요(Let me + 동사)
   Why don't I show you the baby's room? 애기방 보여줄게

2. **Why don't we +** 동사 ~? …하자(Let's+동사)
   Why don't we invite her? 걔를 초대하자.

3. **Why not?** 1. 왜 안해?, 왜 안되는거야? 2. 그러지 뭐

정답노트 027

왜 …하지 않았어?

Why didn't you tell me?
내게 왜 말하지 않았어?

진짜 why를 만날 시간입니다. 상대방의 과거의 행동에 대한 이유를 물어보는 것으로 "왜 …하지 않았냐?"고 물을 때는 Why didn't you+동사?를, 반대로 "왜 …했냐?"고 물어볼 때는 Why did you+동사?로 하면 됩니다. 또한 현재시제로 많이 쓰이는 Why do you say that?은 상대방이 왜 그런 말을 했는지, Why do you think so?는 상대방이 왜 그렇게 생각하는지, 각각 그 이유를 물어보는 것으로 회화에서 자주 쓰는 표현으로 아예 통째로 암기해두어야 합니다.

Why didn't you+ 동사 ?
왜 …하지 않았어?

1. 걔한테 진실을 왜 말하지 않았어?는
   Why didn't you just tell her the truth?

2. 왜 그 일을 맡지 않았어?는
   Why didn't you take the job?

3. 왜 나를 싫어하기 시작했어?는
   Why did you start to hate me?

Magic Talk!

A: Oh my God! Why didn't you tell me?!
B: We thought you knew!
  A: 맙소사! 왜 내게 말하지 않았어?
  B: 우린 네가 아는 줄 알았어?

A: So, why did you break up?
B: Oh, it's complicated, you know? She was gay.
  A: 그럼 왜 헤어진거야?
  B: 어, 복잡한데 말야. 걔는 레즈였어.

A: I'm not so good in management.
B: Why do you say that?
  A: 난 경영에 소질이 없나 봐요.
  B: 왜 그런 말을 해요?

Why do you care so much? 왜 그렇게 신경 써?

Why do you+동사? 왜 …하냐고 물어보는 의문문입니다.

Why do you think that is? 그게 뭐라고 생각해?
Why do you need it? 왜 그게 필요한거야?

정답노트 028

…가 어때?

How's your family?
가족들 어때?

how는 what과 더불어 회화에서 가장 많은 회화문형을 만들어내는 의문사입니다. 방식, 방법 등을 물어볼 때 사용되는 how는 특히 상대방과 인사를 나눌 때 애용되고 있지요. 먼저 간단한 How be+명사?의 형태부터 살펴보는데요, 인사성 표현들인 How are you?(잘지내?), How's your life?(요즘 어때?) How was your day?(오늘 어땠어?) 등이 다 구문에서 나온 표현들입니다.

How is/are + 명사?
…가 어때?

1. 신혼여행 어땠어?는
   How's the honeymoon?

2. 지난 밤 데이트 어땠어?는
   How was your date last night?

3. 비행기 탄 거 어땠어?는
   How was your flight?

Magic Talk!

A: How was the movie last night?
B: Not bad, but it was a little too long.
   A: 어젯밤에 영화는 어땠어?
   B: 괜찮았는데, 좀 너무 길었어.

A: So, how was the honeymoon?
B: It was great! It was great!
   A: 그래, 신혼여행 어땠어?
   B: 아주 좋았어! 정말 좋았어!

A: How's the new secretary?
B: She works the most efficiently of anyone.
   A: 새로 온 비서 어때요?
   B: 어느 누구보다 일을 효율적으로 잘 해요.

How's it going? 어때?

How is/are+명사[~ing]?는 How와 진행형이 만난 경우로 역시 인사표현들을 만듭니다.

How's it going with your new job? 새로운 일은 어떠니?
How are you doing? 안녕?

정답노트 029

어떻게 …해?

How do you like the steak?
스테이크 맛이 어때?

How do you+동사?의 형태의 대표적인 문장인 How do you like+명사?는 상대방에게 명사가 어떤지 느낌을 물어보는 말입니다. 그냥 대명사를 써서 How do you like that?이라고도 합니다. 그밖의 How do you~?구문으로는 How do you know that?(그걸 어떻게 알았어?), How do you feel?(기분이 어때?) 등이 있는데 모두 회화에서 자주 쓰이는 표현들로 잘 알아두어야 합니다. 과거의 일을 물을 때는 물론 How did you ~?라고 하면 되고요.

이것만은 꼭! 외워두자

How do you + 동사?
어떻게 …해?

1. 새로 산 컴퓨터 어때?는
   How do you like your new computer?

2. 어떻게 저런 여자를 만난거야?는
   How did you get a girl like that?

3. 우리 여기있다는 걸 어떻게 알았어?는
   How did you know we were here?

Magic Talk!

A: Hey Bob, how do you like your new car?
B: It couldn't be better. It's comfortable and it runs great.
   A: 이봐 밥, 새로 뽑은 차 어때?
   B: 더 이상 좋을 수가 없어. 안락하고 잘 나가.

A: How did you know?
B: John told me, he saw you two kissing.
   A: 어떻게 알았어?
   B: 존이 이야기해줬는데 너희 둘이 키스하는 것 봤대.

A: How did you do on your test?
B: You're not going to believe it... I got 100%!
   A: 시험 잘 봤어?
   B: 믿기진 않겠지만… 나 만점 받았어!

How do[did] you~? 관용표현

How do you do that? 어쩜 그렇게 잘하니?, 어떻게 해낸거야?
How did you do that? 그걸 어떻게 한거야?
How do you like that? 저것 좀 봐, 황당하지 않냐?, 어때?
How did it happen? 이게 어떻게 된거야?
How'd it go? 어떻게 됐어?, 어땠어?

정답노트 030

…하는게 어때?

How would you like your steak?
고기는 어떻게 해드릴까요?

How would you like+명사?는 명사를 어떻게 해드릴까요라는 의미로 식당에서 자주 쓰는 표현이죠. How would you like your steak?처럼 말이죠. 반면 명사자리에 to 부정사가 와서 How would you like to+동사?가 되면 How would you like to pay for this?처럼 어떻게 …할 것이냐라고 물어보거나 혹은 How would you like to get together처럼 상대방에게 …을 하자고 '제안'하는 의미가 되기도 합니다.

How would you like + 명사/to+동사?
어떻게 (준비)해드릴까요? …하는게 어때?

1. 스테이크를 어떻게 해드릴까요?는
   How would you like your steak?

2. 그거 어떻게 계산하시겠습니까?는
   How would you like to pay for that?

3. 술한잔 하러 잠시 들를래?는
   How would you like to come by for a drink?

Magic Talk!

A: **How would you like to pay?**
B: **Uh, credit card.**
   A: 뭘로 지불하시겠습니까?
   B: 어, 카드로요.

A: **How would you like your steak, sir?**
B: **I would like it well-done, please.**
   A: 스테이크를 어떻게 해드릴까요?
   B: 완전히 익혀주세요.

A: **How would you like your eggs?**
B: **Sunny side up, please.**
   A: 계란은 어떻게 해드릴까요?
   B: 한 쪽만 익혀주세요.

How would you like it if I+과거? …한다면 어떻겠어?
How would you like it if I kissed you and I taped it? 내가 너와 키스하고 테이프에 녹화하면 어떻겠어?

정답노트 031

어떻게 그럴 수가?

How can you say that?
어떻게 그렇게 말할 수 있어?

How can[could] you+동사?는 상대방의 어처구니 없고 이해할 수 없는 행동에 놀라면서 하는 말로 "어떻게 …할 수가 있냐?"라는 뜻입니다. 타인과 대립과 갈등이 비일비재한 우리 일상생활에서 자연 많이 쓰일 수밖에 없겠죠? 반대로 "어떻게 …하지 않을 수 있냐?"라고 물어보려면 How can[could] you not+동사?로 하면 됩니다.

How can you + 동사 ?
어떻게 …할 수가 있어?

1. 어떻게 나한테 그럴 수 있어?는
   How can you do this to me?

2. 어떻게 나를 안 믿을 수가 있어?는
   How can you not trust me?

3. 어떻게 이런 일이 일어나도록 놔뒀어?는
   How could you let this happen?

Magic Talk!

A: How can you be so confident?
B: I know exactly what I'm going to do!
  A: 어떻게 그렇게 자신있는 거야?
  B: 난 내가 할 일을 정확히 알고 있거든!

A: How can you come here?
B: You didn't tell me you worked here?
  A: 어떻게 여길 올 생각을 한거야?
  B: 여기서 일한다는 말은 안했어?

A: How could you not remember that we slept together?
B: What! When?
  A: 우리가 함께 잔 걸 어떻게 모르고 있는 거야?
  B: 뭐라고? 언제?

How can[should] I+동사? 관용표현

How should I put it? 뭐라고 해야 하나?
How may[can] I help you? 어떻게 도와드릴까요?

정답노트 032

몇이나? How many~?

How many women have you been with?
몇 명의 여자와 사귀였어?

how만이 갖는 특이한 의문문입니다. How many[much]+명사로 시작되는 문장인데요. 수나 양이 얼마나 되는지 물어볼 때 쓰는 표현입니다. How many는 수를 How much는 셀 수 없는 양을 물어보는거죠. 먼저 How many~ 먼저 알아보죠. How many+명사는 위 문장처럼 뒤에 주어+동사가 도치되는 경우도 있고 또한 How many people came to the party?처럼 How many+명사가 주어로 쓰여 뒤에 바로 본동사가 오는 경우도 있습니다. 물론 How many have you got?처럼 How many가 뒤에 명사없이 단독으로 쓰일 수도 있고요.

이것만은 꼭! 외워두자

How many (+명사) ~~?
몇 명(개)를…?

1. 몇 개를 원해?는
   How many do you want?

2. 널 배웅하러 몇 사람이 나온거야?는
   How many people came to see you off?

3. 지금까지 몇 개나 팔았어?는
   How many have you sold so far?

Magic Talk!

A: How many people came to see you off?
B: There were about twenty.
A: 널 배웅하러 몇 사람이 나온거야?
B: 약 20명쯤 나왔더라.

A: How many women have you been with?
B: Two.
A: 지금까지 사귄 여자가 몇 명이예요?
B: 두명.

A: How many kids are we going to have?
B: Uh, four, a boy, twin girls and another boy.
A: 우리 애 몇가질까?
B: 음, 4명, 아들 하나, 딸 둘 그리고 또 아들.

How many times did it happen? 몇 번이나 그랬는데?

How many times do[did] 주어+동사?는 "몇 번이나 …하니(했니)?"라는 표현입니다.

How many times do I have to tell you! 내가 몇 번이나 네가 말해야 하니!

정답노트 033

얼마나 많이? How much ~ ?

How much is it?
얼마예요?

How much는 셀 수 없는 양을 말하는 것으로 How many와는 달리 How much 다음에 오는 명사는 주로 How much time, How much money 정도이고 대개는 How much가 명사없이 단독으로 사용되는 경우가 더 많습니다. 가격을 물어보는 How much is+물건?과 How much do+주어+cost/owe/pay ~?의 문형만 익숙해져도 웬만한 How much~? 문장을 만들 수가 있지요.

How much ~?
얼마나 많이?

1. 이 옷이 얼마냐?는
   How much is this dress?

2. 이거 가격이 얼마입니까?는
   How much does it cost?

3. 이거 얼마죠?는
   How much do I owe you?

Magic Talk!

A: How much do I owe you?
B: That will be fifty-five dollars.
  A: 얼마 내면 되죠?
  B: 55달러입니다.

A: How much is the delivery?
B: It's free of charge
  A: 운송비는 얼마죠?
  B: 무료입니다

A: How much did it cost you?
B: A fortune!
  A: 얼마 주고 샀어?
  B: 어마어마하게 줬지!

How~?

1. How much? 얼마예요?
  단독으로 가격 등을 물어볼 때 사용.

2. How much longer? 얼마나 길게?
  How much longer do we have to wait?에서 보듯 얼마나 더…하나?라는 How much + 형용사비교급 ~? 구문인데 How much?처럼 뒤 부분을 거두절미하고 How much longer? 로 말하는 경우입니다.

정답노트 034

얼마나 길게, 얼마나 빨리, 얼마나 자주?

How long does it take to get there?
거기 가는데 얼마나 걸려요?

How much/many외에도 How long~, How soon~, How often~ 등이 회화에서 많이 쓰입니다. How long~은 기간을 물어보는 것으로 특히 과거의 시간을 물어볼 때는 How long have you~처럼 현재완료와 어울리고, How often~의 경우는 빈도수를 묻는 구문이죠. 한편 How soon~은 "언제쯤 …할 수 있을까요?"라는 의미로 앞으로 기다릴 시간이 얼마나 되는지 묻는 것으로 조동사 can과 자주 어울리게 됩니다.

이것만은 꼭! 외워두자

How long/soon/often ~~?
얼마나 길게/빨리/자주…?

1. 이게 얼마나 걸릴까?는

How long is this going to take?

2. 사귄지 얼마나 됐어?는

How long have you been going out?

3. 이런 일이 얼마나 자주 일어나?는

How often does that happen?

Magic Talk!

A: How soon will you be able to get here?
B: That depends on the traffic conditions.
  A: 언제쯤 여기에 도착할 수 있죠?
  B: 그거야 교통상황에 달렸죠.

A: How long will it be on sale for?
B: I think until the end of the month.
  A: 세일이 언제까지죠?
  B: 다음 달 말까지일 겁니다.

A: How often do you go to the Casino?
B: At least three or four times a year.
  A: 도박하러 얼마나 자주 가니?
  B: 적어도 일 년에 서너 번 정도.

How long? 얼마나 오래?

How many?, How much?의 경우와 마찬가지로 모두 단독으로 How soon?(얼마나 빨리?), How often?(얼마나 자주?)로 쓰입니다.

정답노트 035

…은 어때? How about ~?

How about tomorrow?
내일은 어때?

간단하면서도 사용하기도 편한 표현이죠. 주어, 동사 그리고 도치 등 신경쓸 일이 별로 없기 때문이죠. How about~ 다음에는 명사 또는 동사의 ~ing만 오는 것으로 알려져 있는데 실은 How about 다음에는 아무 말이나 와도 됩니다. How about over her?(이쪽은 어때요?), How about we go to the movies tonight?(오늘 저녁 영화 어때?)처럼 How about~ 다음에는 부사구나 절 등이 올 수도 있는 거죠. 절이 와도 주어와 동사가 도치가 안되는 아주 편리한 표현입니다. 상대방의 의향을 물어보거나 뭔가 새로운 제안을 할 때 특히 약속시간, 장소를 정할 때 아주 유용합니다.

How about ~?
…가 어때?

1. 디저트 좀 드실래요?는
   How about some dessert?

2. 지금은 어때?는
   How about now?

3. 점심하면서 이 문제 얘기해보면 어때?는
   How about we talk about this over dinner?

Magic Talk!

A: How about I move in with you?
B: Well, that would be great.
　A: 내가 들어가 살면 어때?
　B: 어, 그럼 좋지.

A: How about three o'clock?
B: Perfect. I'll meet you then.
　A: 3시는 어때요?
　B: 좋지. 그때 보자.

A: When and where can I meet you?
B: How about after work, at the bar on the corner?
　A: 언제 어디서 만날까?
　B: 퇴근 후 길모퉁이 바에서 보는게 어때?

How about ~ ? 관용표현

How about you? 네 생각은 어때?
How about that? 그건 어때?
How about that! 거 근사한데!, 그거 좋은데!, 잘됐군!(느낌표에 주목)

317

정답노트 036

어째서? How come~?

How come you're late?
왜 늦은거야?

How about~ 만큼이나 쓰기 좋은 표현이죠. How come은 한마디로 Why에 해당되는 단어로 상대방에게 이유를 물어보는 말입니다. 다만 why의 경우는 뒤에 주어와 동사를 도치시켜야 하지만 How come의 경우는 시제가 현재이건 과거이건 뒤에 바로 「주어+동사」를 도치없이 그대로 갖다 붙이기만 하면 완벽한 영어문장이 되기 때문에 외국어로 영어를 배우는 우리에게는 상당히 user-friendly한 구문입니다.

How come 주어 + 동사 ?
어째서 …하는거야?

1. 왜 내게 한마디도 안했던거야?는
   How come you never said anything to me?

2. 왜 네가 싫어하는 직장에 아직도 다녀?는
   How come you're still at a job that you hate?

3. 어떻게 내가 얘기를 안한거야?는
   How come you never told me that?

Magic Talk!

A: How come you're late?
B: I got caught in traffic.
  A: 어쩌다 이렇게 늦은거야?
  B: 차가 밀려서.

A: How come he didn't show up last night?
B: I'm not sure. Maybe he was ill.
  A: 걔는 왜 어젯밤 안왔대?
  B: 몰라, 아팠겠지.

A: Monna, how come you never told me that?!
B: I thought that wasn't important to you.
  A: 모나, 어째서 내가 말하지 않은거야?
  B: 네게 중요하지 않다고 생각했어.

How come? 왜?, 어째서?

단독으로 쓰일 수도 있으며 Why?, Why is that?과 같은 의미입니다.

A: I kind of need a divorce. 나 좀 이혼해야 되겠어.
B: Ohh...K. How come? 그…래. 어째서?

정답노트 037

~ 그지?, 그렇지 않아?

You don't know her, do you?

너 쟤 모르지, 그지?

이번에는 좀 특이한 의문문으로 보통 부가의문문이라고 부르는 형태를 알아보죠. 자기가 이야기를 해놓고 정말로 궁금해서 한번 더 다그칠 때나 혹은 자기가 물어보는 내용에 어느 정도의 확신을 갖고 상대방의 동의를 끌어내고 싶을 때 쓰는 표현법입니다. 우리말로는 ~그렇지? 혹은 ~그렇지 않아?에 해당됩니다. 부가의문문을 만드는 건 아주 간단해서 문장 다음에 조동사+주어?를 붙이면 됩니다. 다만 문장이 긍정이면 부가의문문은 부정, 문장이 부정이면 부가의문문은 긍정으로 해야 하고 또한 일반동사는 조동사 do를, 기타 조동사를 조동사를 그대로 활용하면 된다는 것입니다.

이것만은 꼭! 외워두자

주어 + 동사, 조동사+주어?
그렇지?/그렇지 않아?

---

1. 버스로 출퇴근하지, 그렇지 않아?는
You take a bus to work, don't you?

---

2. 늦지않았어, 그지?는
We're not late, are we?

---

3. 제프는 운전못해, 그지?는
Jeff can't drive, can he?

Magic Talk!

A: Jeff can't drive, can he?
B: Yes, he just got his license.
  A: 제프는 운전 못하지, 그지?
  B: 할 수 있어. 면허를 막 땄거든.

A: You haven't asked her yet, have you?
B: No, not yet. Maybe tonight.
  A: 아직 그여자한테 안 물어봤지, 그지?
  B: 응, 아직. 오늘밤쯤 물어볼게.

A: You know how to ride a bike, don't you?
B: Of course!
  A: 너 자전거 탈 줄 알지, 그렇지 않아?
  B: 그렇고 말고!

부가의문문~

1. Move a little faster, will you? 좀더 빨리 움직이라고, 응?
  명령문일 때는 will you?을 붙이면 되고요.

2. Let's go out tonight, shall we? 오늘밤 나가 놀자, 그럴래?
  Let's로 시작하는 문장은 shall we?을 붙이면 됩니다.

정답노트 038

…하지 않냐?

Isn't it amazing?

멋있지 않냐?

Aren't you ~?, Isn't she/he~? 등을 비롯해 Don't you~?, Won't you ~? 등 부정으로 시작하는 의문문으로 "…하지 않냐?"라고 물어보는 문장입니다. 우리도 어여쁜 여성이 지나갈 때 "야, 예쁘다"라고도 하지만 "야, 이쁘지 않냐?"라고 자신의 감정을 강조해서 말하듯 영어에서도 자기가 말하는 내용을 강조할 때 부정의문문의 형태를 많이 사용합니다. 특히 자주 쓰는 Aren't you~?, Isn't it~?, Can't you~?의 쓰임새를 잘 알아두도록 하죠.

Aren't you~/Isn't it~?/Can't you ~?
…하지 않냐?

1. 러시아에 있어야 되는거 아냐?는

   Aren't you supposed to be in Russia?

2. 미국하고 같은 거 아냐?는

   Isn't it the same in America?

3. 집에 갈 시간이라고 생각되지 않아?는

   Don't you think it's time you went home?

Magic Talk!

A: Aren't you going to give me a kiss?
B: Okay, I will.
   A: 내게 키스 할꺼 아냐?
   B: 어 그래.

A: Aren't you a little cute to be a doctor?
B: Excuse me?
   A: 의사하기엔 당신 넘 귀엽지 않아요?
   B: 뭐라고요?

A: Can't you just let this go?
B: You're right. I should.
   A: 그냥 잊어버릴 수 없어?
   B: 네 말이 맞어. 그래야 돼.

> **He's a jerk, isn't he? 걔 멍충이야, 그지 않아?**
>
> 부가의문문중 부정으로 물어보는 경우는 부정의문문에 준하여 답을 해야 합니다. 앞서 배운 Do you mind~?와 같은 경우이죠. 그럼 위 질문에 대한 답을 해보죠. 먼저 걔가 멍충이라고 생각되면 대답이 긍정이 되기 때문에 Yes, he is(아냐 걔 멍충이야)로 해야 되고요 반대로 그가 멍충이가 아닐 경우에는 No라고 일단 부정어를 쓴 다음에 부정문(he isn't)을 만들어 전체적으로 No, he isn't(응 걔 멍충이 아냐)라고 하면 된다는거죠.

MEMO

9th Day

영어회화, 좀 특이하게 말해보기

정답노트 001

…만큼 …해

I'm coming as quickly as I can
최대한 빨리 갈게

비교해서 말해보는 법을 알아보죠. 먼저 "…만큼 …하다"라는 표현법인 as+형용사/부사+as 명사/절이란 형태를 배워보도록 해요. 동사가 be일 경우에는 형용사를 비교하고 동사일 경우에는 부사를 비교하게 되는 것으로 두번째 as 다음에는 비교대상으로 (대)명사나 혹은 주어+동사의 절이 오기도 합니다. 특히 대명사가 올 경우 문법적으로는 주격인 I, he, she가 맞지만 구어에서는 목적격인 me, him, her가 쓰인다는 것을 기억해두고요. 또한 관용적으로 쓰이는 as soon as possible(ASAP)로 대표되는 as+형/부+as possible, as+형/부+as one can도 놓치면 안됩니다.

이것만은 꼭! 외워두자

주어 + 동사 as + 형용사/부사 + as ~
…만큼 …하다

1. 키스하는 건 섹스의 어느 부분 못지않게 중요해는
   Kissing is as important as any part of sex.

2. 가능한 한 빨리 도착하도록 할게는
   I'll try and get there as soon as possible.

3. 계시고 싶을 때까지 마음놓고 머무세요는
   Feel free to stay here as long as you like.

Magic Talk!

A: Come on, or we're going to be late.
B: I'm coming as quickly as I can.
  A: 서둘러, 안그러면 우린 늦는다구.
  B: 최대한 빨리 나갈게.

A: Feel free to stay here as long as you like.
B: It's very kind of you to offer.
  A: 계시고 싶을 때까지 마음놓고 머무세요.
  B: 그렇게 말씀해주셔서 고맙습니다.

as+형용사/부사+as가 부사절을 이끄는 경우

1. **as soon as** 주어+동사 : …하자마자
   Tell him to call me back as soon as he gets in.
   들어오는 대로 전화하라고 해.

2. **as long as** 주어+동사 : …하는 한(기간의 의미는 없고 조건의 의미만)
   That would be fine as long as it arrives 4 o'clock.
   4시까지만 도착하면 돼.

3. **as far as** 주어+know : …에 관한 한
   As far as I know they sent it yesterday.
   내가 아는 한 그거 어제 보냈다는대.

정답노트 002

as many/much as, as good/well as

She's not as good as you
쟤는 너만 못해

수나 양을 비교하는 as many/much as나 정도를 비교하는 as good/well as는 모두 as~as 비교구문으로 "…만큼이나(마찬가지로) …하다"라는 뜻입니다. 써먹기는 좀 쉽지 않지만 잘 눈에 익혔다가 기회있으면 한번 사용해보도록 해요. 주의할 점은 as good as의 경우는 as good as+명사/형용사/pp로 형태로 'almost'로, 또 as well as의 경우도 …와 마찬가지로라는 기본의미 외에도 'in addition to'(…뿐만 아니라 …도)이라는 뜻으로도 쓰인다는 점을 기억해두어야 합니다.

이것만은 꼭! 외워두자

~ as + many/much, good/well + as ~
…만큼(마찬가지로) …하다

---

1. 난 너만큼 책 많이 안읽어는
I don't read **as many books as** you do.

---

2. 너만큼이나 이거 싫어해는
I hate this **as much as** you.

---

3. 거의 새로와 질거야는
You'll be **as good as** new.

Magic Talk!

A: There are four times as many cats as dogs here.
B: That's because cats are smarter and live longer.
  A: 여기엔 고양이가 강아지보다 4배 많아.
  B: 그건 고양이가 더 영리하고, 또 더 오래 살기 때문이야.

A: I'm willing to pay as much as two thousand dollars for it.
B: I'm not sure if he'd sell it for that.
  A: 거기에 2천 달러 정도 낼 의향이 있어요.
  B: 그 남자가 그 가격에 그걸 팔지는 모르겠네요.

A: Is the tax included on this bill?
B: No, you need to pay a service tax as well as a liquor tax.
  A: 이 계산상에는 세금이 포함된 건가요?
  B: 아뇨, 주세(酒稅)와 서비스세를 더 지불하셔야 합니다.

as well

as well이 단독으로 문장 뒤에 쓰이면 also라는 의미입니다.

It has been a good experience for me as well.
내게는 또한 중요한 경험이었다.

정답노트 003

…보다 더 …하다(~ than)

She's doing it better than me!
쟤가 나보다 잘하는데!

…만큼이 아니라 '…보다 더 낫다'라는 의미의 문장으로 형용사er+than~ 혹은 more+형용사+than~의 형태로 써주면 됩니다. 물론 비교대상은 than 다음에 써주면 되는데 역시 명사, 대명사 및 절이 올 수도 있습니다. 특히 회화에서는 better than~이 많이 쓰이는데, better는 형용사 good 그리고 부사 well의 비교급으로 be better than~ 그리고 동사+better than~로 다 쓰일 수 있다는 점을 기억해두면 됩니다. 예를 들어 She is better than me(그녀는 나보다 낫다) 뿐만아니라 She's doing it better than me(그녀는 나보다 그걸 더 잘해)로도 쓰인다는거죠.

~형용사er/more+형용사 than ~
…보다 더 …하다

1. 너의 근육은 내꺼보다 더 작아!는
   Your muscles are smaller than mine!

2. 네가 쟤보다 10배나 예뻐는
   You're ten times prettier than she is.

3. 그 카페보다 훨 나은 것 같아는
   This is much better than the coffee house.

Magic Talk!

A: Finally the package has arrived.
B: Better late than never.
   A: 소포가 이제야 도착했어요.
   B: 아예 안 오는 것보다야 낫죠.

A: Your lifestyle seems to be healthier than mine.
B: What makes you think that?
   A: 나보다 생활방식이 더 건전한 것 같아.
   B: 뭣 때문에 그렇게 생각하는데?

A: Do you think Cindy is attractive?
B: Yes, but you're ten times prettier than she is.
   A: 신디가 매력적이라고 생각해?
   B: 어, 하지만 네가 10배나 더 예뻐.

비교급의 관용표현

1. know better than to+동사 …할 정도로 어리석지 않다
   You should know better than to let him know.
   너 그 사람한테 그런 말 하면 안되는 줄 알았을 것 아냐.

2. The more ~, the more ..하면 할수록 …하다
   The more snow, the better. 눈이 많이 오면 올수록 더 좋아.

331

정답노트 004

강조의 지존은 최상급, the most ~

You're the most wonderful girl!
넌 정말 멋진 여자야!

비교도 강조의 한 방법이지만 뭐니뭐니해도 강조의 지존(?)은 최상급이죠. 그리고 최상급에서 가장 많이 쓰이는 건 아마 most일 겁니다. 스스로 many, much 등의 최상급이자 2음절 이상인 형용사와 부사의 최상급에도 활용되기 때문이죠. the most +형용사+명사처럼 말이죠. 그리고 최상급 문장에서는 in the world, of the year처럼 제한된 시간, 장소어구가 나오거나 I've ever seen[met] 등과 같은 현재완료 어구가 나와 최고의 뜻을 받쳐주게 됩니다. 물론 most가 단독으로 관사없이 동사를 꾸며줄 때는 가장 …이라는 의미를 갖기도 합니다.

the most + 형용사 +명사 ~
가장 …한

1. 믿기지 않는 일이 벌어졌어는
   The most unbelievable thing has happened.

2. 걘 내 인생에서 가장 중요한 친구야는
   She is **the most** important friend in my life.

3. 우리 인생에서 가장 의미있는 날이야는
   This is **the most** special day of our lives.

Magic Talk!

A: **You're the** most **wonderful girl tonight!**
B: **Really?**
   A: 오늘밤 네가 가장 예뻐!
   B: 정말?

A: **I had the** most **amazing time with you.**
B: **Me too.**
   A: 너와 가장 멋진 시간을 보냈어.
   B: 나도 그래.

A: **I think it's the** most **interesting movie I've ever seen.**
B: **I know!**
   A: 내가 본 영화중에서 가장 흥미로운 것 같아.
   B: 그래!

최상급표현

1. 동사+most 가장 …하다
   You know what I like most about him, though?
   그래도 내가 걔한테서 가장 좋아하는 게 뭔지 알어?

2. 부정+비교급 → 최상급
   Couldn't be better! 아주 좋아.   **Couldn't be better!** 알게 뭐람!

333

정답노트 005

…한다면 …할 것이다

I'll come at 11:30 if that's okay
괜찮으면 11시 30분에 올게

보통 가정법이라고 하는 문장인데요 아직 이루어지지 않은 일을 말할 때 쓰는 표현법입니다. 예전에 가정법으로 쳤던 현재나 미래의 조건이나 불확실한 일을 말하는 것은 탈락했구요, 2개만 아시면 됩니다. 첫째로는 현재와 반대되는 가정을 그리고 둘째는 과거에 반대되는 일을 말하는 것이죠. 먼저 가정법에서 탈락한, if 주어+현재동사(혹은 should)~, 주어+현재[미래동사]~의 형태는 "…라면 …할 것이다"라는 의미로 쓰이는데요, 현재나 미래를 단순히 조건하는 문장으로 보는게 현재의 흐름입니다.

이것만은 꼭! 외워두자
If 주어+ (should+) 현재동사, 주어 + (will+)동사?
…하면 …할거야

1. 마크가 가능하면 통화하고 싶은데요는
   I'd like to speak with Mark, if he is available.

2. 내일 쉬어도 괜찮겠어?는
   Is it okay with you if I take tomorrow off?

3. 우리가 함께 일한다면 문제 없을거야는
   We'll be all right if we work together.

Magic Talk!

A: I'll buy headphones for you if you really want them.

B: Really? That's great! You're so generous!

A: 정말 헤드폰을 갖고 싶으면 사줄게.
B: 정말? 좋아라! 정말 맘씨 좋네!

A: If it's okay with you, I'll take tomorrow off.

B: Let me check the schedule.

A: 괜찮으면 내일 쉬고 싶은데요.
B: 일정 좀 보고.

A: If we hurry, we'll be able to meet them for drinks.

B: Sounds good to me.

A: 서두르면 그 친구들을 만나 술을 마실 수 있을 거야.
B: 그거 좋은데.

If 주어+현재동사, (then) 명령문 …하면 …해라

If you can't come on time, then don't come at all.
제시간에 못올바엔 아예 오지마라.

Just let me know if you need a hand! 필요하면 말해!

If you have any questions, give me a call.
혹 물어볼 거 있으면 전화하고.

정답노트 006

지금의 '나' 아닌 '나'를 가정해본다

If I were you, I would not go
네가 너라면 가지 않을텐데

항상 현재에 만족하지 못하는 우리 속성상 현실은 우리의 소망과 반대인 경우가 많죠. 이렇게 '…라면'이라고 탄식하면서 현재와 반대되는 이야기를 가정할 때는 If 주어+과거동사, 주어+would/could+동사 형태를 쓰면 됩니다. "…라면 …했을텐데"라는 의미입니다. 위 예문처럼 If I were you(내가 너라면), If I were in your shoes(내가 너의 입장이라면) 등이 대표적인 표현들입니다.

If 주어+과거동사, 주어+would[could]~
…라면 …할텐데

1. 걔 전번을 안다면 걔에게 전화할텐데는
   If I had her number, **I would** call her.

2. 네가 너라면 오늘 당장 복권을 살거야는
   If I were you, **I'd** be buying a lottery ticket today.

3. 네 누이에게 데이트신청해도 괜찮을거라 생각해?는
   Do you think it would be OK **if** I asked your sister out?

Magic Talk!

A: What would you say to an offer like that?
B: I would take it if I were you.
   A: 그런 제안은 어떠니?
   B: 내가 너라면 받아들이겠어.

A: If I were in your shoes, I wouldn't sell just yet.
B: Do you think the stock will bounce back?
   A: 내가 너의 입장이라면 지금 팔지 않겠어.
   B: 주식이 반등할 것같니?

A: If I were you, I wouldn't let him know until tomorrow.
B: What's wrong with telling him now?
   A: 내가 너라면, 내일이나 그 사람한테 말할텐데.
   B: 지금 말하면 문제될 게 있을까?

I'd appreciate it if you~

1. **I'd appreciate it if you would/could/과거동사~**
   …해주면 감사하겠습니다
   I'd appreciate it if you could bring an appetizer.
   전채요리를 가져다 주시면 감사하겠습니다.

2. **If 주어+had pp, 주어+would/could have pp**
   (과거에)…였더라면/했더라면 …했었을텐데
   If I had never met him, this never would have happened!
   그를 만나지 않았더라면 이일을 절대로 일어나지 않았을텐데!

정답노트 007

내가 …라면

I wish she was my wife

쟤가 내 아내라면 좋을 텐데

I wish to go나 I wish you a merry Christmas처럼 wish는 단순히 '희망하다,' '바라다'라는 의미의 동사이지만 뒤에 절을 써서 현실과 반대되는 소망을 말하기도 합니다. I wish 주어+과거동사는 현재와 반대되는 사실을, I wish 주어+과거완료(had +pp)는 과거와 반대되는 사실을 각각 말하게 되는거죠. 실상 우리가 많이 듣게 되고 많이 쓸 가능성이 있는 표현은 당연히 I wish 주어+과거동사로 I wish I had+ 명사는 "내게 …가 있으면 좋겠어," I wish I was~는 "내가 …라면 좋겠어," 그리고 I wish I could+동사는 "내가 …을 할 수 있다면 좋겠어"라는 3가지 구문을 외워두도록 해요.

I wish 주어 + 과거동사 ~
내가 …라면 좋을텐데

1. 죽었으면 좋을텐데는
   I wish I was dead.

2. 마이크가 여기 있으면 좋을텐데는
   I wish Mike were here.

3. 미안. 그러고 싶지만 그럴 수가 없네는
   I'm sorry, **I wish** I could, but I can't do it.

Magic Talk!

A: So John, do you have a job yet?
B: **I wish** I did, Grace.
>A: 그래, 존, 직장 이제 구했니?
>B: 나도 구했으면 좋겠다, 그레이스.

A: I'll take a holiday and go to Mexico!
B: Wild! **I wish** I was going!
>A: 휴가받아서 멕시코에 갈거야!
>B: 근사한데! 나도 갔음 좋겠다!

A: **I wish** I didn't have to go.
B: Then don't. Stay here.
>A: 내가 가지 않아도 되면 좋을 텐데.
>B: 그럼 가지마. 여기 있어.

I wish 주어+had pp …했었더라면 좋았을텐데

과거와 반대되는 사실을 가정할 때 사용하는 표현입니다.

I wish my date hadn't shown up.
내 만나는 사람이 나오지 않더라면 좋았을텐데.

정답노트 008

Be로 시작하는 명령문

Be careful!
조심해!

비교와 가정의 표현들을 배우느라 고생하셨죠? 이젠 좀 쉬운 명령문형태의 회화문장들을 알아보죠. 명령문의 형태는 크게 두가지, Be+명사/형용사와 Do[Don't]+동사가 있습니다. 먼저 우리에겐 좀 낯설게 느껴지는 하지만 의외로 많은 Be~로 시작하는 명령문을 보죠. Be nice!, Be happy! Be quiet! Be honest!처럼 형용사가 붙거나 혹은 Be a good boy!(착하게 굴어라), Be a man!(남자답게 굴어라!)처럼 명사를 이어주면 됩니다. 광고문구로 나오는 Be all you can be!는 "능력을 최대한 발휘하라"는 뜻이고 Be sure to+동사~는 "반드시 …해라"라는 표현입니다.

Be + 형용사/명사
…해라

1. 좋아, 긴장 풀어. 진정하라고는
   All right, relax, just relax. Be cool.

2. 야! 내 포르쉐 옆에서 조심하라고!는
   Hey! Be careful around my Porsche!

3. 7시까지는 반드시 돌아오라고는
   Be sure to come back by 7 O'clock.

Magic Talk!

A: Hurry up. We'll be late.
B: Be quiet. I don't want to get a ticket.
    A: 빨리 좀 가! 이러다 늦겠다.
    B: 조용히 해. 딱지 끊기기 싫어.

A: Whoa! You saw her breast?!
B: I'll tell you about it later. Be cool.
    A: 와! 이봐! 야, 야, 걔 가슴봤다구?!
    B: 나중에 이야기해줄게. 진정하라고.

A: Be sure to get back here by 7 o'clock.
B: I will try.
    A: 7시까지 여기에 오도록 해.
    B: 그렇게 할게.

Be my guest 그럼요

상대방의 요청(May I use your toilet?)에 흔쾌히 허락할 때 쓰는 표현

A: Do you mind if I take a look around here?
    내가 여기 좀 둘러봐도 괜찮겠니?
B: Not at all, be my guest.   그럼, 물론이지.

정답노트 009

상대방에게 주의나 충고를 주는 명령문

Take it easy!
진정해!

명령문의 형태를 띠지만 실제 내용은 몇가지로 나뉘어집니다. Take it easy!는 상대방을 진정시키는 표현으로 "좀 쉬어가면서 해!," "진정해!"라는 의미입니다. 혹은 헤어지면서 "잘 지내!"라고 할 수도 있지요. 이렇게 상대방에게 주의나 충고를 하는 명령문 표현들이 있는데요, 발을 헛디딘 사람에게 조심하라는 의미의 Watch your step!, 말 조심하라는 Watch your tongue!, 얼빵하게 살아가는 사람에게 정신 좀 차리라고 쓴소리할 때는 Get real! 등이 있습니다.

이것만은 꼭! 외워두자

Take your time
천천히 해

---

1. 천천히 하라고, 중요한 결정이야는

Please take your time, it's an important decision.

---

2. 자기야, 진정해, 괜찮을거야는

Sweetie, calm down, it's going to be okay.

---

3. 머리를 좀 쓰라고!는

Use your head!

Magic Talk!

A: I don't think I can get through the night.
B: Just take it easy and try to relax.
  A: 밤을 무사히 보낼 수 없을 것 같아.
  B: 걱정하지 말고 긴장을 풀어봐.

A: Calm down. Maybe you're not pregnant.
B: What? It's easy for you to say that!
  A: 진정해. 아마 임신이 아닐 수도 있어.
  B: 뭐라고? 그렇게 말하기는 쉽지!

A: Watch out! You almost hit that car.
B: Relax. I'm a good driver.
  A: 조심해! 너 차 칠뻔했어.
  B: 진정해. 난 운전 잘한다고.

Look out! 조심해!

일반적으로 조심해라고 할 때 쓰는 표현이죠. Look at you!, Look at this!라는 표현도 있는데 이는 사람을 만나거나 뭔가 새로운 것 등을 봤을 때 멋지다는 의미로 약간 감탄하면서 쓰는 말입니다. 상대방에게 보라고 하는 것은 아니고 그냥 "야 이거봐라!" 정도의 의미입니다.

정답노트 010

상대방에게 격려하는 명령문

Keep going!
계속해 봐!

keep ~ing은 '계속해서 …하다'라는 의미인데 특히 keep going은 명령문의 형태로 상대방에게 "계속해!"라고 격려할 때 쓰는 표현이죠. Keep it up!(계속해서 열심히 해!)나 Keep up the good work!(계속 열심히 해!)도 많이 쓰이는 표현들입니다. 특히 스포츠 경기에서 잘한다!라는 의미로 우리팀을 응원할 때 쓰는 표현으로 일상생활에서도 칭찬을 하거나 앞으로 더 잘하라고 격려할 때 사용하는 Way to go!도 함께 알아두도록 해요.

Just do it!
한번 해봐!

1. 다시해봐!는
   Try again!

2. 한번 해봐!는
   Go for it!

3. 기운 내!는
   Cheer up!

Magic Talk!

A: My God, he's really cute!
B: Go for it!
  A: 야, 쟤 죽인다!
  B: 한번 해봐!

A: I just found out that I didn't pass my exam.
B: Cheer up! I heard that students can retake it.
  A: 방금 내가 시험에 떨어졌다는 걸 알았어.
  B: 기운 내! 재시험 볼 수 있다고 들었어.

A: Try again! You can do it.
B: You know, I'm not sure I can.
  A: 다시 해봐! 넌 할 수 있어.
  B: 저 말이야, 할 수 있을지 모르겠어.

Cheers! 건배!

cheer가 복수명사형태로 Cheers!라고 쓰면 술자리에서 건배!, 위하여!라는 뜻으로 Bottoms up!과 의미가 비슷합니다. 또한 이렇게 건배를 하자고 제의할 때는 I'd like to propose (make) a toast, I'd like to toast (to+사람)이라고 하면 됩니다.

A: I propose a toast to Bill for all the hard work he's done.
  빌이 기울인 모든 노고에 대해 건배를 제안합니다.
B: I'll drink to that. 저도 동감이에요.
A: Cheers! 위하여!

정답노트 011
상대방에게 사정하는 명령문

Give me a break!
좀 봐줘요!, 그만 좀 해라!

형태로는 명령의 모양새를 갖추고 있지만 내용상 상대방에게 부탁하는 표현들이 있습니다. Give me a break!는 회화에서 참 많이 쓰이는 표현인데요 크게 두가지 의미가 있습니다. 첫번째로는 "내 사정 좀 봐달라!"고 상대방에게 부탁하는거구요 다른 하나는 어처구니 없는 말을, 말도 안되는 소리를 하는 사람에게 "그만 좀 해라!," "작작 좀 해라!"라는 의미입니다.

Leave me alone
날 좀 내버려둬

1. 진짜야, 믿어줘는
Take my word for it.

2. 내게 맡겨는
Leave it to me.

3. 내게 줘는
Give it to me.

Magic Talk!

A: Can I see your driver's license please?
B: Please give me a break, officer.
　A: 면허증 좀 봅시다.
　B: 경찰관님, 한번만 봐주세요.

A: Just leave me alone for a while.
B: Okey-dokey.
　A: 잠시 나 그냥 좀 놔둬.
　B: 좋아.

A: Take my word for it, he's the best in the business.
B: Maybe I'll give him a try.
　A: 진짜야. 그 사람 업계에서 최고야.
　B: 기회나 한번 줘보지.

> **Go easy on me 좀 봐줘**
>
> go easy on은 숙어로 뒤에 사람이 와서 go easy on sb하면 '…을 살살 다루다,' '덜 엄하게 대하다'라는 의미이고요, 뒤에 사물이 와서 go easy on sth 하면 '…을 지나치게 이용하지 않다'라는 뜻이 됩니다.
>
> **Tell him to go easy on her, it's her first time.**
> 그 사람보고 걔한테 살살하라고 해. 처음이잖아.

정답노트 012

진짜 명령하는 명령문

Get out of here!
꺼져!, 웃기지마!

Get out of here!는 영화나 미드를 보다 보면 자주 들리는 표현중 하나죠. 상대방과 다툼 끝에 꼴도 보기 싫으니 여기서 나가라, 즉 "꺼져!"라는 의미로도 쓰이고 또한 Give me a break처럼 상대방이 말도 안되는 이야기를 늘어놓을 때 "웃기지마!," "그만 웃겨!"라는 뜻으로도 쓰입니다. 이처럼 상대방에게 강하게 명령하거나 금지하는, 어떻게 보면 가장 명령문의 본질에 가까운 표현들로는 꺼져라고 소리치는 Get lost!, 나가라는 Get out! 등이 있습니다.

Get out!
꺼져!

1. 닥치라고, 그만 좀 얘기해는
   Stop saying that!

2. 그만둬!는
   Cut it out!

3. 그만!은
   Stop it!

Magic Talk!

A: I want you to leave! Get out of here!
B: No!!
    A: 그만 가봐! 꺼지라고!
    B: 싫어!!

A: Get out of here!
B: I'm sorry, but let me explain why I did it.
    A: 그만 나가봐!
    B: 미안, 하지만 내가 왜 그랬는지 설명할게.

A: Stop it! Cut it out!
B: Okay, I'm sorry. I won't do it again.
    A: 그만! 그만두라니까! 그만둬!
    B: 알았어, 미안해. 다신 그러지 않을게.

Get ~을 이용한 명령문

Get off my back! 나 좀 내버려둬!
Get out of my face! 꺼져라!

A: **Look, you want to get off my back?** 이봐, 나 좀 내버려둘래?
B: **You want to get out of my face?** 좀 꺼져줄래?

정답노트 013
길안내하는 명령문

Get off at the second stop
두번째 정거장에서 내려요

전철이나 버스에서 어디서 내려야 할지 몰라하는 네이티브에게 할 수 있는 표현이죠. 이처럼 길을 안내할 때 주로 명령문의 형태를 취하게 되는데 '…에서 내려라/타라'할 때의 Get off/Get on, '…로 가라'할 때의 Go~, 방향을 알려줄 때의 Turn right/left at~등을 알아두면 됩니다.

Get off at the third stop
3번째 정거장에서 내려요

1. 다음 버스를 타세요는
   Get on the next bus.

2. 곧장 가세요는
   Go straight ahead.

3. 세번째 정류장에서 내리기만 하면 돼요는
   Get off at the third stop.

Magic Talk!

A: **Can you tell me how I get to the subway?**
B: **Go straight ahead until you see the sign.**
   A: 지하철로 가려면 어떻게 가야 하나요?
   B: 지하철 표지판이 나올 때 까지 앞으로 쭈욱 가세요.

A: **You can use the library to study.**
B: **How do I get there?**
   A: 도서관에서 공부해도 돼.
   B: 어떻게 가는데?

길안내할 때

1. **Just go down the escalator and you're there.**
   그냥 에스컬레이터를 타고 내려가시면 바로입니다.

2. **Take the elevator to the tenth floor and turn left.**
   엘리베이터를 타고 10층에 가서 왼쪽으로 돌아가시면 됩니다.

정답노트 014
인사하는 명령문

Have a nice weekend!
주말 잘 보내!

주말 잘 보내라는 인사죠. 특히 헤어질 때 안부전할 때 등의 상황에서 …해라는 의미로 명령문의 형태를 사용합니다. Have+명사가 대표적인 경우죠. "여행 잘 갔다와"라는 Have a nice trip!, "오늘 잘 보내"라는 Have a good day[one]! 그리고 "잘 지내"라는 Have a good time 등 Have a good[nice]~ 다음에 명사를 넣으면 뚝딱뚝딱 표현들이 나옵니다.

Have much fun!
재미있게 보내!

1. 뉴욕에 계시는 동안 즐거운 시간 되세요는
   Have a nice stay in New York.

2. 부인에게 안부전해줘는
   Say hello to your wife.

3. 잘 지내! 조심하고는
   Take care!

Magic Talk!

A: I've got to go. Take care.
B: OK, see you later, nice meeting you.
A: 나 가야 돼. 조심해.
B: 그래, 나중에 봐. 만나서 반가웠어.

A: Say hello to everyone in the office for me.
B: Don't worry. I will.
A: 사무실 사람들에게 모두 안부전해줘.
B: 걱정마. 그렇게 할게.

A: Take care of yourself, and have a safe trip home.
B: Thank you. It was nice talking to you.
A: 조심하고요, 고국까지 무사히 가세요.
B: 고마워요. 얘기 나누게 돼서 반가웠어요.

Have a good[nice]+명사 …해라

Have a nice flight! 비행기 여행이 즐거우시길!
Have a nice day. 좋은 하루 되세요.
Have a nice trip. 즐거운 여행 되세요.
Have a good night! 잘자!
Have fun! 재미있게 보내!

정답노트 015

상대방에게 권하는 명령문

Help yourself
마음껏 드세요, 어서 갖다 드세요

형태상 특이하게도 동사+oneself~형의 명령문형태가 있습니다. Help yourself가 바로 그런 경우인데요. 주로 초대 온 손님이나 파티에서 "맘대로 가져다 먹어"라는 뜻으로 상대방에게 '편하게 …을 하라'라는 뜻으로 권유할 때 쓰입니다. 또한 Make yourself at home은 "집처럼 편안하게 생각해라," 그리고 Enjoy yourself는 "스스로를 즐겨라," 즉 "재미있게 보내"라는 말이 됩니다.

동사 + oneself
…하세요

1. 냉장고에 있는거 맘대로 갖다 들어요는
   Please help yourself to anything in the fridge.

2. 집처럼 편히 계세요는
   Make yourself at home.

3. 재미있게 보내세요는
   Enjoy yourself.

Magic Talk!

A: Is this coffee for people in the office?
B: Yes, help yourself.
   A: 이 커피, 사무실 사람들 마시라고 있는 겁니까?
   B: 예, 갖다 드세요.

A: Wow! This is a great place.
B: Thank you. Just make yourself comfortable.
   A: 야, 집이 아주 멋지네요.
   B: 고마워요. 그냥 편히 계세요.

A: What should I do?
B: Make yourself a drink and relax.
   A: 내가 어떻게 해야 하지?
   B: 술 한 잔 따라 마시면서 편히 쉬라구.

Suit yourself!

Suit yourself는 "맘대로 해!," "네 멋대로 해!," Behave yourself!는 "점잖게 행동해"라는 뜻으로 앞서 설명한 동사+oneself와는 분위기가 좀 다르죠.

정답노트 016
Let's로 함께 하자고 말해봐

Let's do that!
그렇게 하자!

let 동사는 앞서 사역동사할 때 한번 언급했었죠. 여기서는 Let's+동사의 형태로 뭔가 함께 행동을 하자고 할 때 "(우리) …하자"라는 의미로 쓰이는 경우를 알아보죠. "함께 가자"고 할 때는 Let's go, "좀 쉬자"는 Let's take a break, "나중에 이야기하자"고 할 때는 Let's talk later라고 말하면 됩니다.

Let's + 동사
…하자

1. 연락하고 지내자!는
   Let's keep in touch!

2. 조만간 한번 보자는
   Let's get together sometime.

3. 오늘 그만 퇴근하자!는
   Let's call it a day.

Magic Talk!

A: **Let's call it a day.**
B: **Sounds good to me.**
   A: 퇴근하죠.
   B: 좋은 생각이네.

A: **Let's get down to business.**
B: **Great, let's start.**
   A: 자 일을 시작합시다
   B: 좋아. 시작하자구

A: **Let's go to the coffee shop around the corner.**
B: **That's a good idea.**
   A: 모퉁이에 있는 커피숍으로 갑시다.
   B: 좋은 생각이에요.

Let's get started 자 시작합시다

같은 의미로 Let's get going, Let's get down to business 등이 있습니다.

A: **Well, why don't we get down to business?**
   자, 본론으로 들어갈까요?
B: **Sounds good. Let's get started.** 좋습니다. 시작합시다.

정답노트 017

하지 말란 말이야!

Don't do that!
그러지마!

부정명령문은 상대방에게 뭔가를 금지하거나 신신당부하는 것으로 Don't be+형용사/명사 형태이거나 혹은 Don't+일반동사로 쓰입니다. Don't do that!은 부정명령문의 가장 기본꼴로 "그러지마!," "그거 하면 안돼!"라는 의미입니다. 특히 Don't be+형용사의 경우 또한 만만치 않게 많은 표현들을 만들어내는데 Don't be silly(바보같이 굴지마), Don't be sorry(미안해하지마), Don't be shy(수줍어하지마), Don't be scared(겁먹지마), Don't be such a baby(애들처럼 굴지마) 등이 있습니다.

Don't + 동사!
…하지마!

1. 내게 다신 이러지마는
   Don't do this to me, again.

2. 내게 화내지마는
   Don't be mad at me.

3. 너무 자책하지마는
   Don't be so hard on yourself.

Magic Talk!

A: Don't forget to drop me a line.
B: I'll make sure that I keep in touch.

  A: 잊지 말고 꼭 편지해.
  B: 내가 꼭 연락할게

A: Don't be sorry.
B: But I screwed up big time.

  A: 미안해 하지 말라구
  B: 하지만 제가 큰 실수를 했는 걸요.

A: What can I do to make it up to you?
B: Nothing, just don't do it again.

  A: 어떻게 하면 이 실수를 만회할 수 있을까요?
  B: 아무것도 필요없어요. 다시 그러지 않기만 하면 돼요.

부정명령문

1. Don't forget to+동사 …하는 것을 명심해라
   Please don't forget to make a backup of those files.
   그 화일들의 복사본을 꼭 만들어 놓으세요.

2. Never+동사! …하지마라
   Never mind 걱정마
   Never say die, Brian! 죽겠다는 소리하지마, 브라이언!

Need Something More?

1 Don't + 동사 형태의 표현들

- **Don't let me down** 기대를 저버리지마
  A: **Don't let me down.** 실망시키지마.
  B: **Don't worry. I'll get it done for you.** 걱정마. 널 위해서 해낼테니까.

- **Don't worry** 걱정마, 미안해할 것 없어
  A: **I have to admit that it's pretty tough.** 정말이지 상당히 힘들어.
  B: **Don't worry. Things'll get easier.** 걱정마. 곧 익숙해질 거야.

- **Don't give me that!** 그런 말 마!, 정말 시치미떼기야!
  A: **I can't work with that guy.** 그 사람이랑 같이 일 못하겠어.
  B: **Don't give me that shit.** 그 따위 소리 하지 말라구.

- **Don't give it a second thought** 걱정하지 마
  A: **Don't give it a second thought. I'm always glad to help.**
  걱정하지 말아요. 언제나 기꺼이 도와드리죠.
  B: **Thanks so much.** 정말 고맙습니다.

- **Don't let it bother you** 그것땜에 신경쓰지마
  A: **Don't let it bother you.** 그딴 일로 신경쓸 필요없어.
  B: **It's easier said than done.** 말이야 쉽지.

And More

Don't work too hard. 너무 무리하지 말구.
Don't waste your time. 시간낭비하지마, 시간낭비야.
Don't let it happen again. 다신 그러지마.
Don't get me wrong. 오해하지마.
Don't be upset! 화내지 말고!
Don't ask me. 나한테 묻지마.
Don't tell me! 설마!

2 Where am I(are we)? Vs Where was I(were we)?

위 두 부류의 가장 큰 차이점은 무얼까요? 인칭(I, we)도 아니고 동사의 단복수(am, are, was, were)도 아닙니다. 포인트는 동사의 시제입니다. 전자는 현재(am, are)이고 후자의 경우는 과거(was, were)인거죠. 동사가 현재일 때는 인칭과 단복수에 상관없이 길을 잃었을 때 하는 표현으로 "여기가 어디야?"라는 말입니다. 무식하게 Where is here?혹은 Where is it?이라고 하면 안되지요. 길잃었을 때는 무조건 be동사가 현재임을 기억하도록 해요. 두번째 경우인 Where was I?/ Where were we?는 이야기가 끊어졌다 다시 이어질 때 내가 무슨 얘기하고 있었지?라는 말로 우리 어디까지 했지?라는 뜻입니다. 역시 be동사가 과거임을 기억해두도록 해요. 수업에 들어가기에 앞서 선생님들께서 지난 시간에 어디까지 공부했지?」또는「어디 할 차례지? 혹은 대화중 다른 급한 일로 중단된 대화를 다시 시작하면서 (내가) 어디까지 이야기했지? 등으로 쓰입니다.

A: **Good morning class. So where were we?** 여러분 안녕. 어디 할 차례지?
B: **Page 27, Professor.** 27페이지요, 선생님.

3 every day vs everyday

every day는 매일이라는 부사구로 every week(매주), every year(매년), every month(매달)과 같은 구조이죠. Every와 day를 붙여서 everyday가 되면 이는 형용사로 명사앞에서 일상의, 평상의라는 의미가 됩니다.
이와 비슷한 경우로 some time, sometime, sometimes가 있는데 some time은「(짧지 않은) 얼마간의 시간」(a considerable amount of time; quite a lot of time)을, sometime은 명확하지 않은 시간으로 (앞으로) 언젠가」라는 뜻으로 그리고 sometime에 s를 붙인 sometimes는 「어떤 때는」(on some occasions), 「때때로」(more than once)라는 의미의 빈도부사로 사용됩니다.

I don't want to work overtime every day. 매일 야근하고 싶지는 않어.
She's wearing everyday's pants. 걔는 평상복 바지를 입고 있어.

That will save us some time. 그러면 시간을 좀 벌 수 있겠네
Just try to get it done sometime soon. 조만간에 꼭 끝내놓도록 해.
Everyone needs a little help sometimes. 누구나 때로는 도움이 약간 필요하잖아요.

정답노트 018

어머 놀라워라!

What a small world!
세상 참 좁네!

감탄문을 만들어내는 건 What과 How로 What a+형용사+명사! 아니면 How+형용사+주어+동사!라고 배웠었죠. 하지만 실제 구어체에서는 전자인 What a ~?를 많이 애용하는데 What a+(형용사)+명사!의 형태를 주로 쓰고 좀 더 길게 말하려면 뒤에 주어+동사를 붙이곤 합니다. How~ 역시 How nice!처럼 How+형용사!로 쓰이며 뒤에 역시 주어+동사를 붙일 수도 있고요.

What a + (형용사) + 명사!
정말 …하네!

1. 안됐구나!는
   What a shame!

2. 이런 우연이!는
   What a coincidence!

3. 야 참 좋은 생각이야!는
   What a great idea!

Magic Talk!

A: Mona, what a beautiful name.
B: You think so? I've always kind of hated it.

A: 모나, 정말 멋진 이름이네요.
B: 그래요? 난 항상 좀 싫었는데요.

A: My boss tried to touch my ass!
B: What a pervert!

A: 사장이 내 엉덩이를 만지려고 했어요!
B: 저질 같으니라고!

A: I just missed him.
B: What a pity!

A: 방금 그 남자를 놓쳤어요.
B: 저런!

What a+사람! …같으니라고!

주로 안 좋은 단어가 와서 비난과 질책을 할 때 사용합니다.

What a loser! 이런 바보 같으니!
What a jerk! 이런 한심한 놈 같으니!
What a pervert! 저질 같으니라고!

정답노트 019

당신 참 …하네요

You're such a good friend!
년 정말 좋은 친구야!

감탄하는 방법은 꼭 What a ~!만 있는 건 아닙니다. such a+형용사+명사는 '대단히 …한'이라는 뜻으로 감탄문처럼 자신이 전달하려는 내용을 강조하는 역할을 합니다. You're such a good friend!는 "너 참 좋은 친구다!"라는 뜻으로 What a good friend!와 의미가 같다고 할 수 있는거죠. 특히 You're such a~까지는 달달 입에 걸쳐놓고 그 다음에 자기가 강조하고 싶은 말을 형용사+명사의 꼴로 넣으면 상대방을 감탄하며 칭찬하거나 혹은 흉보는 아주 훌륭한 문장이 됩니다. 상대방이 운전을 잘하면 You're such a good driver!, 친절하면 You're such a kind person!, 그리고 무능하면 You're such a loser!라고 하면 되는거죠.

이것만은 꼭! 외워두자

You're such a +형용사 + 명사
(당신) 참 …하네요

1. 당신 참 대단한 사람이네요는
You're such a great person.

2. 이런 나쁜 자식!는
You're such a jerk!

3. 걔는 참 다정한 애야는
He's such a sweet guy.

Magic Talk!

A: If you need any help, you know where I am?
B: You're such a good friend to me.
   A: 도움이 필요하면 내가 어디 있는지 알지?
   B: 넌 내게 참 고마운 친구야.

A: He's such a big pervert!
B: What happened?
   A: 걔 아주 변태 같은 자식야!
   B: 무슨 일인데?

A: Have you met Brian?
B: Sure, he's such a sweet guy.
   A: 브라이언 만나봤어?
   B: 그럼, 정말 착한 사람이야.

Don't be such a babe! 애기같이 굴지 말라고!

주어+be such a ~ 문형 외에도 일반적으로 such a+사람/사물 형태로 '아주 …한,' '매우… 한'이라는 의미로도 쓰입니다.

Maybe it's not such a bad idea. 아마도 그렇게 나쁠 것 같진 않아.
Why is he in such a bad mood? 사람 왜 그렇게 기분이 나쁜거야?

정답노트 020

관계대명사는 형용사이다!
(선행사포함하는 What은 제외)

There's something you should know

네가 알아야 될게 있어

명사뒤에서 마치 형용사처럼 수식하는 관계대명사의 속성상 문장은 길어질 수밖에 없지요. 짧은 대화가 마구 오고가는 구어체 회화에서 자연 사용빈도수는 상대적으로 떨어지지만 그래도 몇 가지 유형들은 알아두어야 합니다. 위 예문도 There's something~ 다음에 something에 대한 추가적인 정보를 주기 위해 관계대명사 that(생략가능) you should know가 쓰인 경우입니다. 물론 관계대명사의 목적격은 생략되곤 한다는 사실 잊지말고요.

~ 명사 (관계대명사) 주어+동사
…한게 있어

1. 회사 그만 두고 싶은 사람은 난데는

   I'm the one who quit the job.

2. 방금 연주한 노래는 좋았어는

   That was a good song you just played.

3. 요청하신 서류 여기 있습니다는

   Here are the papers you asked for.

Magic Talk!

A: That was a good song you just played.
B: Thanks. Would you like to hear again?
  A: 방금 연주한 노래는 좋았어.
  B: 고마워요. 다시 한번 들을래요?

A: Here are the papers you asked for.
B: Oh, thanks. That was quick!
  A: 부탁했던 서류 여기 있어요.
  B: 아, 고마워요. 빠르네요!

A: I don't see anything I want in this store.
B: Have you been to the fifth floor?
  A: 이 가게엔 제가 원하는 게 없네요.
  B: 5층에는 가보셨나요?

관계대명사 관용표현

1. **There's something (that)** 주어+동사 …할 …가 있다.
   There's something I got to tell you. 네게 할 말이 있어.

2. **You're the one who+**동사 네가 …한 사람이야
   You're the one who ended it, remember?
   그걸 끝낸 건 너냐, 기억해?

정답노트 021

관계대명사 what은 회화에서 즐겨 사용해

That's not what I want
그건 내가 원하는게 아냐

관계대명사하면 빠트릴 수 없는게 what이죠. 선행사를 포함하는 특이한 성질 때문에 인상적이었죠. 그래서 what I want하면 내가 원하는 것, what you mean하면 네가 의미하는 것, what you said하면 네가 말한 것 등의 말들을 만들어내, I know what you mean하면 "난 네가 의미하는 걸 안다," That's exactly what I want하면 "내가 원하는게 바로 그거야"라는 등 회화에서 긴요하게 자주 쓰이는 알짜 표현들을 만들어냅니다.

That's what I + 동사
내가 …하는거야

1. 내 말이 그 말야는

   That's what I mean.

2. 내가 진짜 원하는 게 뭔지 알아?는

   You know what I really want?

3. 난 해야 할 일을 했어는

   I did what I have to do.

Magic Talk!

A: Sorry, I couldn't understand what you just said.
B: Would you like me to go over it again?
  A: 미안해요. 방금 말한 걸 이해못했어요.
  B: 다시 얘기해 드려요?

A: If I were you, I wouldn't go in there.
B: I'm not sure what you mean.
  A: 내가 너라면 거기 안 들어갈거야.
  B: 무슨 얘긴지 잘 모르겠는데.

A: You really don't know what I am talking about?
B: No!
  A: 내가 무슨 말 하는지 진짜 몰라?
  B: 몰라!

That/This is (not) what I/you ~ 형태의 표현

This is just what I wanted. 내가 원했던 게 바로 그거야.
This is what I want to do. 이게 바로 내가 하고 싶은 거야.
That's what I was going to say. 바로 그게 내가 말할려고 한거야.
That's what I thought! 누가 아니래!
Is that what you want? 이게 네가 바라는거냐?

정답노트 022

…가 있어요, There is/are+명사

Is there a problem?
뭐 문제있어?

지금부터는 회화할 때 알아두면 편리한 표현들 몇 개를 살펴보도록 해요. 먼저 "…가 있다/없다"라는 의미의 There is/are+명사를 보죠. 있다, 없다의 주체인 명사는 There is an elevator around the corner처럼 구체적인 물건이 될 수도 있고 혹은 There is a problem처럼 추상적인 것이 될 수도 있습니다. 너무 쉽다고 무시하지 말고 실전에서 다양하게 응용해서 써보도록해요. 자주 쓰이는 There is something~ 혹은 Is there anything/something~?의 형태도 꼭 알아두고요.

There is/are ~
…가 있어

1. 빌, 전화왔어요는
   Bill, there is a phone call for you.

2. 뭐 잘못된 거 있어?는
   Is there something wrong?

3. 영어 말할 수 있는 사람 있어요?는
   Is there someone who can speak English?

Magic Talk!

A: Is there a problem with the computer?
B: Yeah, the mouse doesn't work properly.
  A: 컴퓨터에 문제가 있니?
  B: 응, 마우스가 제대로 작동을 안해.

A: May I speak to John Smith, please?
B: There is no one by the name of John here.
  A: 존 스미스씨 부탁합니다.
  B: 여기엔 존이란 분은 안 계신데요.

A: Is there anything else you want?
B: Yes, could we order some more drinks please?
  A: 더 필요한게 있으십니까?
  B: 네, 음료수를 좀 더 주시겠어요?

Is there any chance 주어+동사? …할 가능성이 있나요?

Is there any chance that we can get a room for the night?
하룻밤 묵을 방을 구할 수 있을까?

정답노트 023

…하기가 …하네요, It's+형용사 to+동사 ~

It's hard to believe
믿기 힘드네요

예전 문법책에서 많이 배운 내용이죠. It is+형용사+(for 사람)+to do의 형태로 'It'은 가주어, to 이하가 진주어 그리고 의미상의 주어가 'for 사람'으로 오는 경우입니다. 뭐 이렇게 복잡하게 연구할 필요는 없구요, 그냥 그런 형태로 구어체에서 많이 쓰이는 경우만 살펴보면 되겠죠? 먼저 It is hard[difficult] to do~나 It is (not) easy to do의 형태로 어떤 일이 하기 쉽다거나 아님 어렵다거나 말하는 문형을 연습하도록 해요.

이것만은 꼭! 외워두자

It's 형용사 to + 동사
…하는 것이 …해

1. 난 여자한테 작업하는 게 어려워는
   It's hard to get women to go out with me.

2. 깐깐한 사장과 일하는 건 힘들어는
   It's difficult to work for uptight bosses.

3. 자기 분수이상으로 소비하는 건 쉬어는
   It's easy to spend more than you have.

Magic Talk!

A: It's difficult to work for uptight bosses.
B: You can say that again!
   A: 깐깐한 사장과 일하는 건 힘들어.
   B: 누가 아니래!

A: Is it hard to find a job in Korea?
B: Extremely.
   A: 한국에선 직장을 잡기가 어렵니?
   B: 아주 어렵지.

A: It is easy to see why everyone likes the new guy.
B: He's incredibly funny.
   A: 그 신입사원을 모두가 좋아하는 이유는 뻔해.
   B: 걔 엄청 재미난 친구야.

It's hard to+V~

1. **It's hard to+동사** 형태의 표현들
   It's hard to forget! 잊어버리기 힘드네!
   It's hard to say. 뭐라 말하기가 힘드네요.

2. **It's hard to believe/imagine/know+명사[(that) 주어+동사]**
   …을 믿기[알기 힘들어]
   It's hard to believe, isn't it? 믿기 힘들지 않아요?

정답노트 024

해도 돼요? Is it okay to+동사?

Is it okay to come in?
들어가도 돼?

It is okay+for+사람+to do~도 같은 계열의 문장이죠. 특히 이 표현은 위 예문처럼 의문문 형태인 Is it okay to+동사/if 주어+동사~?로 많이 쓰이는데 이는 상대방의 허락을 받기 위한 것으로 "…해도 돼?," "…해도 괜찮아?"라는 말입니다. for+사람은 생략되는 경우가 많고 okay 대신에 all right을 써도 됩니다.

Is it okay (for me) to +동사/if ~?
…하는 게 괜찮아?

1. 사과주스 마저 다 마셔도 될까?는
   Is it okay if I finish the apple juice?

2. 네 여친과 데이트해도 괜찮아?는
   Is it okay if I go out with your girlfriend?

3. 며칠 더 머물러도 될까?는
   Is it all right if I stay for a few more days?

Magic Talk!

A: Is it okay if I phone after lunch?
B: No problem. I'll talk to you then.
  A: 점심시간 후에 전화해도 되니?
  B: 상관없어. 그럼 그때 얘기하자.

A: Is it okay for me to come in now?
B: Of course!
  A: 내가 들어가도 돼?
  B: 물론!

A: Is it okay if I go out with your girlfriend?
B: What did you say?!
  A: 네 여자친구하고 데이트해도 돼?
  B: 뭐라고?!

| If it's okay with you, I'll+동사 괜찮다면 …할게 |

If it's okay with you I'll take tomorrow off instead of Monday. 너만 괜찮다면 월요일 대신 내일 쉬었으면 해.

정답노트 025

이제는 …할 시간, It's time to+동사

It's time to go
가야지

이번에는 형용사가 아닌 명사 time이 와서 It's time (for+사람) to do~라는 문장이 만들어집니다. "…할 시간이 되었다"라는 말이지만 시간의 순서상 …할 차례가 되었다는 것이 아니라 의당 벌써 했어야하는 일인데 좀 '늦은 감'이 있다라는 뉘앙스를 풍기는 표현입니다. 그래서 일종의 현재사실과 반대가 되는 사실을 말하는게 되어 It's time S+V의 경우에는 동사가 가정법의 영향을 받아 It's time you got a job(네가 직장을 가져야 할 때다)처럼 과거형을 쓰게 됩니다. 물론 It's time for dinner(저녁먹을 때다)처럼 바로 명사가 올 수도 있고요.

It's time to~ / 주어+(과거)동사
…해야 할 때야

1. 이제 헤어질 시간야는
   It's time to say good-bye.

2. 저녁먹을 시간야는
   It's time for dinner.

3. 내 인생을 되찾아야 할 때야는
   It's time I took my life back!

Magic Talk!

A: It's time to leave for the party.
B: I'll meet you down in the lobby.
   A: 파티에 가야 할 시간이야.
   B: 아래 로비에서 보자.

A: It's time for dinner.
B: Great! I'm really hungry.
   A: 저녁 먹을 시간이야.
   B: 좋아! 나 정말 배고파.

A: I am going to quit. It's time I took my life back!
B: Good for you Charles!
   A: 나 때려칠거야. 내 인생을 되찾아야 할 때야.
   B: 잘됐다, 찰스.

It is high time to do[that~] …할 때가 되었다

time 앞에 high를 써서 시기가 뒤늦음을 그래서 더 빨리 해야 함을 강조하는 표현입니다.

It's high time that we took some holidays.
휴가를 받을 때가 되었어요.

정답노트 026

…하는 것 같아, It's like~

It's like you don't believe it
넌 믿지 않는 것 같아

---

like는 '…와 같은'이라는 의미로 It's like~하면 "…와 같은거네," "…하는 것 같아," "…하는 것과 같은 셈야" 등의 뜻으로 쓰이는 표현입니다. It seems~ 등이 외관상, 주관상 '…한 것처럼 보인다'라는 느낌인데 반해 It's like~는 바로 앞 대화에서 이야기하고 있는 사물이나 상황을 비유적으로 다시 한번 이야기할 때 쓰는 말입니다. 네이티브들이 무척 즐겨 사용하는 It's like~ 다음에는 명사, ~ing, 절 등이 다양하게 올 수 있습니다. 물론 부정으로 해서 "…하는 것 같지 않아"라고 말하려면 It's not like+명사/~ing/절이라고 하면 됩니다.

It's like ~
…하는 것 같아

---

1. 매일매일 우리 기념일 같으네는
It's like every day is our anniversary.

2. 태어날 때의 나 같구만는
It's like me when I was born!

3. 반창고 떼어내는 것 같은거야는
It's like ripping off this Band-Aid.

Magic Talk!

A: It's like something has changed.
B: What makes you feel that way?
  A: 뭔가 달라진 것 같아.
  B: 왜 그렇게 생각하는거야?

A: It's like he hates me.
B: Do you really think so?
  A: 걔가 나를 싫어하는 것 같아.
  B: 정말 그렇게 생각해?

A: It's like raining outside.
B: I don't want to go for a walking in the rain.
  A: 밖에 비가 오는 것 같아.
  B: 비맞으면서 산책하고 싶지는 않아.

It's (not) like+명사/~ing/절 형태의 표현

It's like it's raining! 비가 오는 것 같아!
It's like something's changed. 뭔가 바뀐 것 같아.
It's not like we agreed to live together forever.
평생 같이 살기로 약속한 것 같아.

정답노트 027

넌 …라고 했어, You said 주어+동사

You said you wanted to talk about it
그 얘기 하고 싶다고 했잖아

You said 주어+동사의 구문은 상대방이 이미 한 말을 다시 확인해보는 것으로 "네가…라고 했잖아"라는 뜻이죠. 대화를 풀어나갈 때 유용하게 활용할 수 있는 표현인데요, 물론 억양을 높여 You said it was okay!(괜찮다고 했잖아!)라고 하면 따지는 말이 되기도 합니다. 또한 I thought you said 주어+동사의 형태도 많이 쓰이는데 "난 또 네가 …라고 말한 줄 알았지"라는 뜻입니다.

You said 주어+동사
…라고 했잖아

1. 재미있을 거라고 했잖아는
   You said it was going to be fun!

2. 이건 지겹다고 했잖아는
   You said you were sick of this.

3. 난 네가 괜찮다고 말한 줄 알았어는
   I thought you said it was okay.

Magic Talk!

A: You did tell an awful lot of jokes.
B: I thought you said those jokes were funny.
  A: 넌 아주 끔찍한 조크를 해.
  B: 네가 재미있다고 말한 걸로 아는데.

A: I swear you said you had the keys.
B: No, I didn't.
  A: 네가 열쇠를 가졌다고 말했잖아.
  B: 아냐, 안그랬어.

A: You said that you liked me! Did you just change your mind?!
B: Kind of. Sorry about that.
  A: 나 좋아한다고 했잖아! 맘이 바뀐거야?!
  B: 좀 그래. 미안해.

You said that 네가 그랬잖아

You said 다음에 절이 안오고 대명사가 온 경우지요. 비슷한 형태의 관용표현인 You said it!은 상대방의 말에 공감하는 것으로 "네말이 맞아"라는 뜻이구요.

정답노트 028

내가 알아볼게, I'll check to see if ~

I'll check to see if he's okay
걔가 괜찮은지 확인해볼게요

'…인지 아닌지 알아본다,' '확인해본다'는 의미로 I'll check to see if 주어+동사의 표현이 있습니다. Let me see if~, I'll see if~, I'm here to see if~ 등 여러가지 변형이 가능한 비중있는 표현이니까 두루두루 바꿔가면서 이용해보도록 해요.

I'll check to see if 주어+동사
…인지 아닌지 확인해보다

1. 계신지 알아볼게요는
   I'll see if he's in.

2. 내가 제대로 이해하는 지 확인해볼게요는
   Let me just see if I got this straight.

3. 걔가 일을 끝냈는지 확인해볼게는
   I'll check if he's finished working.

Magic Talk!

A: Is Paul ready to leave?
B: I'll check if he's finished working.
　A: 폴은 떠날 준비가 다 됐나요?
　B: 일을 끝냈는지 알아볼게요.

A: Has my order arrived?
B: I'll check to see if it's here yet.
　A: 제가 주문한게 도착했나요?
　B: 여기에 도착했는지 확인해볼게요.

A: I'm here to see Mr. Black.
B: I'll see if he's in.
　A: 블랙씨를 만나러 왔어요.
　B: 계신지 알아볼게요.

Let me see if I can~ 내가 …할 수 있는지 한번 볼게

내가 뭔가를 할 수 있는지 가능여부를 알아보겠다고 하는 말로 거의 굳어진 표현으로 Let me see if I can~까지 달달 외우고 다음에 동사부터 바꿔가면서 하고 싶은 말을 하도록 연습하도록 해요.

Let me see if I can reschedule the appointment.
약속을 다시 조정할 수 있는지 알아볼게.

정답노트 029

바로 그래서, That's why 주어+동사

That's why we're here
그래서 우리가 여기 있는거야

That's why~와 That's because~는 서로 구분하기 피곤한 표현이죠. 모든 행동에는 원인과 결과가 있게 마련이죠. 이때 결과를 말할 때는 That's why~를 이용하면 되고요 반대로 원인을 말하려면 That's because~를 이용하면 됩니다. 예를 들어 음주운전을 해서[원인] 면허증을 빼앗겼다[결과]의 경우를 보면요. That's why~ 다음에 결과인 면허증 빼앗긴 사실을 써서 "That's why he's lost his driver's license"라고 하면 되고, 반대로 That's because~ 다음에는 원인인 음주운전을 했다는 사실을 써서 That's because he drove drunk"이라고 하면 된다는거죠.

That's why ~
바로 그래서 …하다

1. 바로 그래서 오늘밤 가기 싫어는
   That's why I don't want to go tonight.

2. 널 싫어해서 내가 떠나는 거야는
   I hate you and **that's why** I'm leaving.

3. 네가 그걸 이해못하기 때문이야는
   That's because you don't understand that.

Magic Talk!

A: **That business is really cut-throat.**
B: **That's why I decided to quit.**
  A: 그 사업은 정말 치열해.
  B: 그래서 내가 그만 두려고 하는거야.

A: **It's snowing outside today.**
B: **That's why we're staying indoors.**
  A: 밖에 눈이 내려.
  B: 그래서 우리는 실내에 있는거야.

A: **They certainly speak well of him there.**
B: **That's because he did a great job for them.**
  A: 거기선 그 남자에 대해 좋게 이야기하는게 분명해.
  B: 그 친구가 거기에서 일을 아주 잘 해줬거든.

> **It's because 주어+동사 그건 …때문이야**
>
> 어떤 결과의 원인을 말하는 방식으로 It's because~형태도 자주 쓰입니다.
>
> **It's because I trust you.** 그건 내가 널 믿어서지.
> **If it didn't work, it's because you didn't tell it right!**
> 그게 효과가 없었다면 네가 제대로 이야기를 못해서지!

10th Day

영어문장
이렇게도 말해봐?

정답노트 001

Sure는 가벼운 Yes, Okay

Sure
그래

---

sure을 아직도 '확실한'이란 의미로만 알고 있으면 안됩니다. 물론 sure가 형용사로 써 be sure to, make sure 등 알짜 표현을 양산하는 건 사실이지만 부사로서의 sure를 회화에서 빼놓을 수는 없기 때문이죠. 구어체에서 일반적으로 Yes를 대신해서 가볍게 '그래'라는 의미로 쓰이고 또한 상대방이 감사인사를 할 때 가볍게 "Sure" 하면 "괜찮아," "뭘요" 정도의 답변인사가 됩니다. 초지일관 로봇처럼 Yes만 내뱉지 말고 편하고 가볍게 "Sure"라고 해봅시다.

Sure,
응, 그래,

1. 그래. 뭔데?는
   Sure, what's up?

2. 그래 그거 말 된다는
   Sure, that makes sense.

3. 그래 괜찮아는
   Sure, no problem.

Magic Talk!

A: Can I get some coffee?
B: Yeah, sure.
   A: 커피 좀 줄래?
   B: 그래.

A: Look, can you do something for me?
B: Sure, what?
   A: 저기 날 위해 뭐 좀 해줄테야?
   B: 그래 뭔대?

A: Hey. Got a second?
B: Sure. What's up?
   A: 야. 시간있어?
   B: 그래. 뭔데?

sure

주어+sure+동사~ : sure가 부사로 surely의 대용으로 주어와 동사사이에서도 쓰입니다.

It sure is hot out there. 정말이지 밖에 쪄.
Man, I sure miss Julie. 야 정말 줄리가 보고 싶네.

정답노트 002

정말이지, 사실은 (In fact, ~)

In fact
사실은

In fact는 앞서 자기가 말한 내용과 좀 다른 이야기나 놀라운 이야기를 꺼내거나 혹은 상대방이 예상하는 것과 반대되는 이야기를 꺼낼 때 사용합니다. '사실은,' '실은'이라는 의미죠. 같은 맥락의 표현으로는 as a matter of fact나 actually가 있습니다.

In fact, ~
사실은, 실은…

1. 사실, 지금 당장 걔한테 전화할거야는
   In fact, I'm going to go call her right now.

2. 사실, 지난밤 못잤어는
   As a matter of fact, I didn't go to bed last night.

3. 실은 컴퓨터가 서툴러는
   Actually, I'm not good at using computers.

Magic Talk!

A: Are you going on vacation this summer?
B: In fact, I haven't decided.
    A: 이번 여름에 휴가 갈거야?
    B: 사실 아직 결정 못했어.

A: What are you doing for the next twenty minutes?
B: Actually, I am going home.
    A: 앞으로 20분 동안 뭐 할 겁니까?
    B: 실은 집에 갈거야.

A: Excuse me, but are you Jim Black?
B: As a matter of fact, I am.
    A: 미안합니다만, 당신이 짐 블랙 씨인가요?
    B: 어, 그렇죠, 저예요.

Actually, I must go now 실은 지금 가야 돼

actually는 방금 자신이 말한 내용에 추가정보를 주거나 혹은 새로운 화제를 꺼낼 때 혹은 사람들이 생각하는 바와 다른 실제의 상황을 이야기할 때 사용됩니다.

Actually, I'm not good at using computers. 실은 난 컴맹에 가까워.
Actually, things seem to be getting better.
실은 상황이 점점 좋아지고 있는 것 같긴 해.
You mean people actually eat dogs?
사람들이 실제로 개를 먹는다는 말인가요?

정답노트 003

구체적으로 예를 들어보라고?

Like what?
예를 들면?

대화를 하다보면 상대방의 이야기가 추상적이거나 모호해서 구체적인 예를 물어야 할 때가 있습니다. 이럴 때 쓸 수 있는 표현이 바로 Like what?으로, 예를 들면 "어떤 것들 말야?"라는 의미로 상대방의 구체적인 대답을 요구하는 문장이죠. Such as도 같은 맥락으로 쓰이며 전통적으로 잘 알려진 for example[instance]도 함께 알아두기 바랍니다. such as나 for example은 Like what?처럼 단독으로 쓰이기도 하지만 "~the family name, such as Kim, Lee or Park"에서처럼 문장 내에서도 쓰인다는 점은 다릅니다.

Like what?
예를 들면?

1. 예로 들자면?는
   Such as?

2. 예로 들면는
   For example.

3. 예로 들어는
   For instance.

Magic Talk!

A: Say something funny.
B: Like what?
   A: 재미있는 이야기 좀 해봐.
   B: 예로 들면 뭐?

A: In the office, sexual harassment is more common.
B: For example?
   A: 직장내에서 성희롱은 더해.
   B: 예를 들면?

A: What are the high social status jobs in Korea?
B: They're jobs such as doctors, lawyers, and prosecutors.
   A: 한국에서 사회적으로 선망받는 직업은 뭐야?
   B: 의사, 변호사 검사 같은 직업야.

Would you be more specific? 좀 더 구체적으로 말해줄래요?

상대방이 말이 모호해서 이해하기가 어려울 때 좀 더 구체적으로 말해달라고 부탁하는 표현.

정답노트 004

조금만 a little bit

It's a little bit different
그건 조금 달라

좀 어려워, 좀 복잡해, 조금 그래 등 말할 때 '조금'이란 단어를 쓸 때가 참 많습니다. 단정적으로 말하지 않으려는 습성때문인데요. 이에 해당되는 영어표현이 a little bit입니다. 무진장 많이 쓰는 a little bit은 부사로서 동사 뒤(Move over just a little bit) 혹은 위 문장처럼 형용사 앞(a little bit different)에 위치합니다. kind of나 sort of도 네이티브들이 즐겨 말하는 '조금,' '약간'이라는 의미인데, kind[sort] of+명사의 형태로 '종류'라는 의미로 쓰이는 경우와 헷갈리지 않도록 해야 합니다.

a little bit
조금

1. 잠시 네 얘기 좀 하자는
Why don't we talk about you a little bit?

2. 우린 좀 서둘러야 해는
We're a little bit in a hurry.

3. 온종일 거의 꼼짝달싹 못할 지경이네는
I'm kind of tied up all day.

Magic Talk!

A: Does this letter make any sense?
B: It does sound a little bit strange.
   A: 이 편지가 이해되니?
   B: 정말 약간 이상한 것 같아.

A: So how do you like your coffee?
B: With just a little bit of sugar.
   A: 그래 커피는 어떻게 줄까?
   B: 설탕 조금만 넣어주세요.

A: Well, I sort of did a stupid thing last night.
B: What stupid thing did you do?
   A: 저기 지난밤에 좀 멍청한 짓을 했어.
   B: 어떤 멍청한 짓을 했는데?

kind of와 sort of

Well, I'm kind of tied up all day(내가 오늘 하루 온종일 바빠서 꼼짝도 못할 것 같아)에서 kind of[sort of]는 발음이 [카인더], [소ㄹ터]로 발음되며 실제 표기도 그렇게 하는 경우도 있습니다.

I sorta did a stupid thing last night. 어젯밤에 좀 바보 같은 짓을 했어.
I'm kinda tired. 난 좀 피곤해.

정답노트 005
그건 그렇고 다른 이야기를 하자면

By the way, I like suits
그건 그렇고, 난 양복이 좋아

얘기를 하다보면 화제의 중심에서 벗어난 이야기를 할 때가 있죠. 갑자기 더 중요한 이야기 떠오르거나 아님 화제를 의도적으로 바꾸조자 할 때 애용하는 표현입니다. 다시 말해 대화중 새치기를 해서라도 먼저 말하는 경우인데요, 이런 새치기 문장을 꺼내기 앞서 말하는 표현이 바로 이 By the way입니다. 우리말로는 '그런데', '근데 말야'에 해당되는 표현이죠.

By the way, 주어 +동사
근데 말야, …

1. 근데 말야, 뭘 축하하지?는
   By the way, what are we celebrating?

2. 그런데 저녁식사 계획이 있는거야?는
   By the way, do you have any plans for dinner?

3. 근데 말야 오늘밤에 뭐할거야?는
   By the way, what are you doing tonight?

Magic Talk!

A: I'm going home now.
B: By the way, thanks for your help.
   A: 나 이제 집에 간다.
   B: 그나저나, 도와줘서 고마워.

A: By the way, what are you doing tonight?
B: I'm headed to the library.
   A: 근데, 오늘 밤에 뭐하실 거예요?
   B: 도서관에 가려고요.

A: By the way, have you seen Jenny?
B: No, she hasn't been here today.
   A: 근데, 제니 봤어?
   B: 아니, 걘 오늘 여기 안왔어.

두가지 의미의 suit

첫째는 양복이라는 뜻인데 가산명사여서 주로 복수형 suits로 사용됩니다. 또한 동사로는 '어울리다'라는 뜻으로 suit+sb[sth] 형태로 쓰면 됩니다. 참고로 suits는 법률용어로 '소송'을 의미하기도 합니다.

He always wears suits to work because he likes suits.
그는 양복을 좋아해서 항상 양복을 입고 출근한다.
That color suits you. 그 색이 너랑 잘 어울려.

Need Something More?

1 I could use a friend

can과 use 모두 생기본 단어이죠. 하지만 어떻게 합니까? 생기초단어들로만 되어있는 I could use a friend가 해석이 안되니 말이죠. can use+명사혹은 could use+명사 형태로 쓰이는 이 표현은 의외로 …이 필요하다, …가 있으면 좋겠다라는 뜻입니다. 예로 들어 I can use a Coke하면 콜라를 이용할 수 있어라는 말이 아니고요 「나 콜라 좀 마셔야겠어」라는 뜻이 되는 거죠. 또한 could[can] use 뒤에는 Coke와 같은 물질 뿐만이 아니라 추상적인 개념도 올 수 있어요. 예를 들어 "I could use a break"(좀 쉬었으면 좋겠어)와 같이 말입니다. 「…을 얻을 수 있으면 좋겠다」, 「…가 필요하다」라는 need의 뜻으로 쓰이는데, 이런 사실을 기본 의미만 알고서 유추해내기란 그리 쉽지 않은 일입니다.

A: I mean, I mean, God, I could use a friend.
　내 말은, 내 말은, 세상에, 친구가 필요해.
B: Umm, yes, I can do that! 음, 그래, 내가 친구해줄게.

2 must/have to vs should/ought to

앞서도 어느 정도 언급했지만 다시 한번 총정리하죠. 물론 이 조동사들의 용법에는 「추측」 등 다양하지만 여기서는 「의무」의 용법에 대해서만 살펴보기로 해요. must, have to, should, ought to 등은 사전에 한결같이 「…해야 한다」라고만 되어 있죠. 하지만 미국에서는 should와 ought to를 별 구분없이 사용하고 있으며 must와 have to의 경우에도 마찬가지입니다. 따라서 크게 must와 have to, 그리고 should와 ought to, 두 그룹으로 나눠서 생각해볼 수 있죠. 먼저 강한 확신(great confidence)을 가지고 「반드시 그래야 한다」고 단정적으로 말할 때는 must와 have to를 쓰는데 have to가 더 일반적으로 사용되며 must는 좀 더 formal한 인상을 주게 됩니다. 또한 일반적으로 어떤 일을 하는게 「좋겠다」 정도의 가벼운 뉘앙스일 때는 should나 ought to를 씁니다. 아래 대화를 보면, A가 그저 You should quit smoking이라고 말한 것에 반해, 의사는 직업적 확신을 가지고 You must quit smoking이라고 단정한 것을 확인할 수 있습니다.

A: You should quit smoking. 너 담배 좀 끊어야겠어.
B: The doctor says I must quit. 의사도 끊어야 된다고 하더라.
A: Then you should take his advice. 그럼 의사가 하는 말 좀 들어.

3 I'm going vs I'm coming

I'm going은 내가 그만 가겠다(I'm leaving) 혹은 모임 등에 참석하겠다(I will join)는 의미로 "난 가"라는 뜻이고 I'm coming은 난 온다가 아니라 "갈게요"라는 뜻입니다. 무조건 go는 「가다」, come은 「오다」라고 외운 우리들로서는 이상할 수밖에 없죠. 우리말의 「오다」, 「가다」와는 달리, 영어의 come과 go는 「말을 하는 사람」(speaker)과 그 이야기를 「듣는 사람」(hearer)을 기준으로 한 「이동방향」에 따른 구분을 하기 때문입니다. 좀 더 자세히 살펴보면, 말을 하거나 듣는 사람이 있는 곳으로(moving to the place where the speaker or hearer is) 이동하는 경우에는 come을 쓰고 그 외의 장소로(moving from where one is to another place) 움직이는 경우에는 go를 쓰는거죠. 그래서 누가 부를 때는 I'm going이 아니라 I'm coming으로 해야 됩니다.

결국 I'm going은 내가 지금 있는 곳으로부터 여기도 아니고 상대방이 있는 곳도 아닌 제3의 장소로 이동한다는 의미이고, I'm coming은 내가 지금 있는 장소로부터 상대방이 있는 곳(where the other person is)으로 이동한다는 의미입니다.

또 한가지 예를 들자면 몸이 안좋아 오늘 회사 못 간다고 말하는 경우에, 만약에 내가 말을 하는 사람이 회사와 관련이 없는 경우에는 "I feel terrible today, so I can't go to work"라고 하지만 내가 말하는 사람이 회사에 위치해 있는 사람인 경우에는 "I feel terrible today, so I can't come to work"라고 해야 되는 것입니다.

또 한가지 예로 들자면 come과 go처럼 대화를 하는 사람들이 있는 장소를 중심으로 그 용례가 구분되는 동사들이 또 있는데, 다른 대상을 「이동시킬」 때 쓰는 bring과 take가 바로 그것입니다. come과 go가 그렇듯이, 말을 하거나 듣는 사람이 있는 곳으로 대상을 이동시킬 때에는 bring을, 그 외의 장소로 이동시킬 때에는 take를 쓰면 된답니다.

A: **Are you going to the Halloween Party?** 할로윈파티에 갈거야?
B: **Yeah, I'm going. I'm sure it will be much fun.**
    어, 갈거야. 무척 재미있을거야.

A: **Wendy, are you okay?** 웬디, 괜찮아?
B: **Yeah, I'm fine.** 어, 괜찮아.
A: **You want to talk, I mean I can come over?**
    얘기하고 싶어, 내말은 내가 그리로 갈까?
B: **No! Really, no, please, please, that's okay.** 아냐, 정말, 제발, 괜찮다고.
A: **All right, all right, I'm coming over, and I'm bringing Chinese food.** 좋아, 알았어. 내가 갈게, 중국음식가지고 말야.
B: **Oh, yeah, I'm not, I'm not hungry.** 어, 그래, 난 배 안고픈데.
A: **It's for me.** 나 먹을려고.

4 I wish vs I hope

모두 「소망」이나 「희망」을 말하는 표현이지만 I wish ~는 화자의 현재나 과거 사실과는 반대되는 상황, 즉 당시로서는 거의 일어날 가능성이 없는 일을 바랄 때 I wish (that) + S + V ~ 의 형태로 쓰이는데, 이때 that 이하의 동사는 반드시 과거내지 과거완료 시제가 되어야 하죠. 가정법과 매한가지죠. 따라서 If 주어~로 시작되는 가정법 구문이 입에 배지 않은 사람은 차라리 이 간단한 I wish ~를 활용해 보세요. 예를 들어 가정법 과거문장인 "If I knew his number, I would phone him"을 I wish를 써서 "I wish I knew his number"라고만 해도 「지금 그의 전화번호를 알고 있지 않아서 전화를 할 수가 없는」상황의 안타까운 마음이 충분히 전달되니까요.

반면, I hope (that) S + V ~는 충분히 있을 수 있는 일, 즉 일어날 가능성이 있는 일을 바라는 것으로, I wish ~와는 달리 동사의 시제가 현재(또는 will + V) 내지 현재완료 시제가 되어야 합니다. "We hope you all have a very merry Christmas"와 같이 말이죠. 또한 I hope ~와 I wish~는 모두 to 부정사를 목적어로 취할 수도 있는데, wish to의 경우는 다분히 형식적이고 공식적인 상황에서만 쓰입니다. 다만 12월이면 흔히 듣게 되는 "I wish you a merry Christmas"는 I wish you + 명사 구문으로 이때의 I wish는 I hope와 동일한 뜻을 지닙니다.

I wish Mike were here. 마이크가 여기 있으면 좋을텐데.
We wish to apologize for the late arrival of this train.
기차연착을 사죄드립니다.
I wish you a good luck. 행운을 빌어.
I wish you both a lifetime of happiness. 너희 모두 평생 행복해라.

5 She tries not to smile vs She tries to not smile

to 부정사를 접하면서 「to 부정사의 부정은 to 앞에 not을 붙인다」라는 규칙은 누구나 배우게 되는 기본 사항이죠. 따라서 She tries not to smile이 문법에 충실한 맞는 문장이죠. 하지만 실제 대화로 들어가 보면 마치 우리가 우리말을 흔히 문법에 맞지 않게 쓰는 것처럼 네이티브들도 ~not to+동사가 아니라 ~to not+동사형태로 쓰곤 합니다.

I just really need to not be with you right now.
난 정말 지금 네가 옆에 없어도 돼.
My resolution is to not make fun of my friends.
나의 결심은 내 친구들을 놀리지 않는거야.

정답노트 006

내 말은 말야

I mean, what about you?
내 말은, 넌 어떻냐고?

대화를 하다 보면 서로 의사소통이 원활히 되지 않는 경우가 많습니다. I mean,~은 상대방이 내가 한 말을 못알아 들었을 때 혹은 내가 이건 다시 설명을 해주어야겠다고 생각들 때 필요한 표현입니다. 일단 I mean~이라고 한 다음에 좀 더 명확히 자기 말을 부연해주면 됩니다. 특히 네이티브에게 영어로 말하면서 영어실력이 달려서 의사전달이 정확히 안되었다고 판단될 경우에 I mean~하고 다시 한번 영작을 해볼 때 요긴한 표현이지요. I mean (that) S +V의 구문이 있지만 이보다는 의문문도 구도 넣을 수 있는 훨씬 자유로운 I mean,~을 활용해보죠.

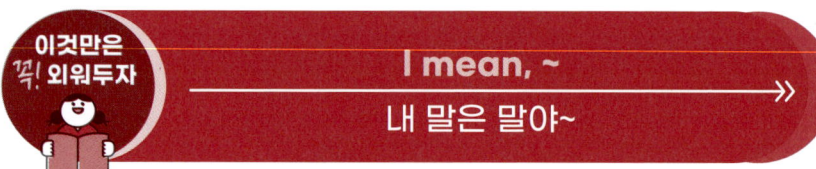

I mean, ~
내 말은 말야~

1. 내 말은 그거 말도 안되지 않아?는
   I mean, is that ridiculous?

---

2. 내 말은 말야 이거 멋지다고!는
   I mean, this is so cool!

---

3. 내 말은, 그건 그냥 키스야, 알아?는
   I mean, it was just a kiss, right?

Magic Talk!

A: I mean, let's be honest.
B: Yes let's.
  A: 내 말은 우리 솔직해지자고.
  B: 그래 그렇게 하자.

A: I mean, I'm getting married next week.
B: What?!
  A: 내 말은 말야, 나 다음주에 나 결혼한다고.
  B: 뭐라고?

A: I mean, we are having a baby together...
B: Really? That's great news!
  A: 그래, 내 말은 우리가 애기를 가졌다고….
  B: 정말? 그거 정말 대단한 소식이다!

자신이 한 말 다시 정리하기

자신의 말한 내용을 다시 정리하려면 in other words(달리 말하면), as I told you before(앞서 이야기했듯이) 등의 표현을 사용하면 됩니다.

정답노트 007

네 말이 이 말?

You mean, like this?
이거처럼 말야?

이번에는 반대로 You mean~하게 되면 내가 상대방의 말을 이해못했거나 헷갈릴 경우 상대방이 한 말을 확인하고자 할 때 쓰는 표현입니다. 다시 설명하는 I mean~ 다음에는 문장이 오는 경우가 많은 반면 이해못하는 부분만 확인하는 경향이 강한 You mean~의 경우에는 '구'의 형태도 많이 옵니다. 억양에 따라 의미가 좀 달라지는데요 You mean~?처럼 끝을 올려 발음하면 "…란 말야?"라는 뜻으로 상대방의 확인을 적극적으로 요구하는거구요 반대로 You mean~하며 끝을 내려 발음하면 상대방의 말을 확인차 자기가 정리한다는 느낌으로 "…란 말이구나"라는 뜻이 됩니다.

You mean ~?
…란 말야?

1. 네 말은 너와 나랑 말야?는
   You mean, you and me?

2. 네 말은 네가 애기였을 때 말이지는
   You mean, when you were a baby.

3. 네 말은 걔네들이 연인이라는거지는
   You mean they're lovers.

Magic Talk!

A: Did you see that chick that just came in?
B: You mean the one with the blond hair?
   A: 야, 방금 들어온 그 여자애 봤니?
   B: 금발인 애 말야?

A: You mean he got fired?
B: Bingo!
   A: 그 친구가 해고당했단 말이야?
   B: 바로 그 말이지.

A: You mean you're going to a night club tonight?
B: Yes, isn't it exciting?
   A: 오늘 밤에 나이트클럽에 간단말야?
   B: 그래, 신나지 않겠어?

I got it/ You got it

물론 get에는 '얻다', '사서 갖다'라는 의미가 있어 I got it on sale하면 "세일 때 산거야," I got it from him은 "그가 준거야"라는 의미가 됩니다. 하지만 on sale이나 from him 등의 부사구없이 I got it, You got it하면 이게 '알았어'라는 의미인지 아니면 '얻다'라는 의미인지 헷갈리기 때문에 조심해야 합니다.

정답노트 008

then은 그때, 그럼, 그리고나서

I'll see you then
그때 보자

---

then은 여러가지 의미로 쓰이는데요. 단순한 시간부사로 "See you then(그때 봐)"에서처럼 미래나 과거의 특정시점으로 '때', '그 당시'라는 뜻이 가장 기본적입니다. 그 다음으로는 시간의 순서를 뜻하는 '그리고나서(and then)', 그리고 결과적인 용법으로 '그럼,' '그러면'이라는 뜻으로도 쓰입니다. 또한 말을 꺼내면서 하는 Now then, Well then(그럼, 자아), 동의한다는 의미로 쓰이는 All right then, Okay then(좋아 그럼) 그리고 앞 문장에 반하는 내용을 말할 때는 but then(그러나)를 하고 말하면 됩니다.

then, ~
그때, 그럼, 그리고나서

1. 지금 그거 먼저 하고 나서 커피 마시러 가자는
Let's do that first and then go for a coffee.

2. 그렇담 뭐가 문제시죠?는
Then, what seems to be the problem?

3. 알겠어요, 그럼 신용카드로 내죠는
All right, then I'll use my credit card.

Magic Talk!

A: No, I'm sorry, we don't accept checks here.
B: All right, then I'll use my credit card.
   A: 아뇨, 죄송하지만 저희는 수표를 받지 않습니다.
   B: 알겠어요, 그럼 신용카드로 내죠.

A: I'll be available after four o'clock.
B: Okay, I'll talk to you then.
   A: 4시 이후엔 통화할 수 있을거야.
   B: 좋아, 그럼 그때 얘기하자.

A: I don't get it.
B: I didn't get it at first, but then I figured it out.
   A: 모르겠는데.
   B: 첨엔 나도 몰랐는데 나중에 이해했어.

I'll be done by then 그때까지는 끝낼거야

by then은 그때까지(는)이라는 의미로 then이 명사처럼 쓰였는데요, before then(그 이전에), since then(그때 이후로) 등의 표현도 같은 경우입니다.

You'll be all grown up by then. 그때가 되면 넌 다 자라있을게다.
We haven't seen each other since then. 그때 이후로 우리 서로 안만났어.

407

정답노트 009

그 이후에

What happened after that?
그 이후에 어떻게 됐는데?

회화에서 시제가 중요한 만큼 시간관련어구들을 잘 활용해야 합니다. I did it today 라고 할 수는 없잖아요? 많이 쓰이는 표현위주로 몇 개 알아보죠. 먼저 '…한 후에'라는 의미의 after+명사 형태를 보죠. 퇴근 후에 한잔하자고 할 때를 영작하다보면 How about a drink까지는 잘 나오는데 퇴근 후를 after S+V의 형태로 어렵게 영작하려는 습성을 많이 보게 됩니다. 이럴 때는 간단히 after work로 하면 되죠. 같은 방식으로 방과후는 after school, 그 이후에는 after that이라고 하면 됩니다.

after + 명사
…후에

1. 알았어, 퇴근 후 바로 집으로 갈게는
   OK, I'll be home right after work.

2. 내일 퇴근후가 어때?는
   What about tomorrow after work?

3. 그 이후에 새로운 프로젝트를 함께 하자고는
   After that, we can work on a new project.

Magic Talk!

A: What are you doing after work?
B: Nothing, why?
  A: 퇴근 후에 뭐 할 거니?
  B: 할 일 없는데, 왜?

A: Do you have time to talk about the meeting?
B: Not this morning, but I am free after lunch.
  A: 회의에 대해 얘기할 시간 있어요?
  B: 아침엔 안 되고 점심 후에는 괜찮아요.

A: I'll take a look at it after work.
B: That'll be great.
  A: 일 끝나고 한번 살펴보겠습니다.
  B: 정말 잘 됐네요.

I'll tell you after we eat! 식사하고 얘기해줄게!

after는 뒤에 명사 뿐만아니라 동사의 ~ing 혹은 주어+동사의 절이 와서 …후에라는 의미로 쓰이니까 잘 활용해보도록 해요.

I'll come by after I'm done. 이걸 마치면 너에게 들릴게.

정답노트 010

금방

I'll be back in a minute
금방 돌아올게

역시 시간관련어구로 in a minute는 바로, 금세(very soon)라는 의미의 부사구입니다. I'll be back in a minute는 잠시 자리를 비울 때 바로 돌아오겠다고 할 때 쓰는 전형적인 표현으로 회화에서 많이 쓰이니 꼭 외워두기 바랍니다. I'll~를 빼고 Be back in a minute 혹은 Be까지 빼고 Back in a minute라고도 하죠. 비슷한 표현으로 in a moment가 있습니다.

~ in a minute
…잠시 후에

1. 곧 돌아올게는
   I'll be back in a minute.

2. 잠시 여기 있을게는
   I'd stay here in a minute.

3. 조금 후에 이층에서 봅시다는
   I'm going to meet you upstairs in a minute.

Magic Talk!

A: Can you boys come outside?
B: In a minute.
    A: 얘들아 밖으로 나와라.
    B: 잠시만요.

A: Could we get another pitcher of water?
B: Sure, I'll bring it for you in a minute.
    A: 물 좀 더 갖다 주시겠어요?
    B: 그러죠, 곧 갖다 드리겠습니다.

A: Back in a moment.
B: Don't be too long.
    A: 금방 올게.
    B: 넘 늦지말라고.

Wait a minute 잠깐만 기다려

잠깐 기다려라는 의미로 Wait a minute, Just a minute, Hold on a minute, 그리고 Hang on a minute이 있는데 모두 "잠깐만 기다려," 혹은 (상대의 말과 행동을 멈추게 하며) "그만"이라는 뜻입니다. minute자리에는 second나 moment를 써도 됩니다.

Wait a minute, did you say, you love her?
잠깐만, 너 걔 사랑한다고 말했어?
Hold on a second, I have another call. 잠깐만, 다른 전화온게 있어서.

정답노트 011

잠시만요

Can I talk to you for a second?
잠깐 얘기할 수 있어?

상대방에게 잠깐 얘기 좀 하자고 할 때 쓰는 대표표현이죠. Can I see you for a second?라 해도 됩니다. for a second는 '잠시동안'이라는 의미로 for a minute, for a moment라고 해도 됩니다. 앞의 in a minute가 '잠시 후'라는 뜻으로 조금 후에 할 행동을 말할 때 쓰이는(I'll be back in a minute) 반면 for a second는 '잠시동안 동작이 계속되는 경우'를 말하게 됩니다. 그래서 잠시라는 기간동안 얘기를 하자고 할 때는 Can I talk to you in a minute?가 아니라 Can I talk to you for a second?가 되는거죠.

for a second[sec] ~
잠시만, 잠시동안

1. 잠시 밖에서 이야기해도 될까?는
   Can I talk to you outside for a second?

2. 잠시 실례해도 될까?는
   Would you please excuse me for a moment?

3. 가서 피터와 잠시 이야기하고 싶어는
   I want to go talk to Peter for a minute.

Magic Talk!

A: You were with Kenny today, weren't you?
B: Just for a second.
  A: 오늘 케니하고 있었지, 그지 않아?
  B: 잠깐 동안만.

A: Can I just talk to you for a second?
B: Yeah, sure.
  A: 잠시 이야기해도 돼?
  B: 그래 물론.

A: Uh, Sammy, could I see you for a minute?
B: What's up?
  A: 저기, 새미야, 잠깐 좀 보자?
  B: 뭔데?

You stay here for a while? 너 여기 좀 있을거야?

for a minute[second]와 같은 계열의 표현으로 for a while, for the time being 등이 있는데 모두 "당분간"이라는 의미입니다.

Are you planning to stay in town for a while?
여기서 잠시 얼마간 있을 건가요?

Actually, I'm staying at the Waldorf for the time being.
사실은 당분간 월도프 호텔에 머무르고 있어요.

정답노트 012

가고 있는 중이야

I'm on my way
지금 가고 있어

현재 '길위에 있는'이란 의미로 뭔가 한 곳에서 다른 지점으로 이동 중이란 뜻을 갖습니다. on the way (over) here하면 '이쪽으로 오는 도중에,' on the way back 하면 '돌아오는 도중에'라는 뜻이 되죠. 또한 소유격으로 바꾼 on my way로도 쓰는데 on my way home은 '내가 집에 오는 도중에,' on my way to work는 '내가 출근하는 길에' 등의 의미가 되는거죠. 위 문장처럼 I'm on my way (now)는 내가 지금 이동중이다, 즉 "지금 갈게," "지금 가고 있어"라는 뜻입니다.

on the way to ~
…로 이동 중에

1. 돌아오는 길에 커피 한잔 가져와는
   Bring me a coffee on your way back.

2. 집에 돌아가는 길에 들를게는
   I will stop by on my way home.

3. 그 가게는 출근하는 길에 있어는
   The store's on the way to work.

Magic Talk!

A: When are you leaving?
B: I'm on my way now.
  A: 언제 출발할 거니?
  B: 지금 가고 있는 중이야.

A: I will be right back.
B: Bring me a coffee on your way back.
  A: 곧 돌아올게요.
  B: 돌아오는 길에 커피 좀 가져오세요.

A: The computer system failed.
B: Call a technician right now, I'm on my way.
  A: 컴퓨터 시스템이 고장났어요.
  B: 당장 기술자를 불러요. 나도 바로 갈게요.

on Sunday, on Sundays, on a Sunday

on Sunday는 가장 근접한 일요일 즉, 다가오는 일요일이나 지난주 일요일을 의미하고요, on Sundays처럼 복수가 되면 매일요일마다라는 뜻이 됩니다. 또한 좀 생소한 on a Sunday는 "Have you ever been to the zoo on a Sunday?"에서 보듯 언제인지는 모르지만 과거의 어느 한 일요일을 말하는거죠. 정해지지 않은 일요일을 말하는 것으로 이는 Have you ever been~이 현재완료로 역시 과거부터 현재까지의 시간을 쭈욱 말하는 것으로 역시 "정해지지 않은 시간"을 뜻한다는 것을 생각하면 이해가 쉬울 겁니다.

정답노트 013

어, 저기 말야

You know, I think that's a good idea
저말야, 그거 좋은 생각같아

우리의 일상대화는 무슨 연설문이나 취임선언문과는 다르죠. 말을 꺼내기 앞서 허사처럼 어, 저, 저기(Well, Now, Listen, Say) 등의 말을 먼저 내세우거나 저말야, 음(You know,) 혹은 보다시피(You see,) 등 좀 더 적극적으로 상대방의 관심을 끄는 말들을 하곤 합니다. 또한 let me see(어디보자, 그런데), let me think(생각 좀 해보자)처럼 약간 시간을 확보하기 위한 표현도 있지요. 의사소통에 결정적인 역할을 하는 건 아니지만 중간중간 대화들을 맛깔스럽게 연결해주는 이런 표현들을 듣기만 하지말고 한번 써보는 것도 괜찮습니다.

You know,
저말야,

1. 음, 모든게 다 괜찮을거야는
   You know, everything is going to be fine.

2. 실은 그래서 내가 그녀를 좋아해는
   You see, that's why I like her.

3. 이봐, 낭비할 시간이 없어는
   Listen, I have no time to waste.

Magic Talk!

A: What time would you like to meet tomorrow?
B: Let's see, how about four o'clock?
   A: 내일 몇시쯤 만나면 좋을까요?
   B: 글쎄요, 4시는 어때요?

A: Listen, Tim, you're a really great guy.
B: It's because I'm with you.
   A: 저기, 팀, 넌 진짜 대단한 친구야.
   B: 너와 함께 있어서 그렇지.

A: You know, a lot of people don't like you.
B: I couldn't care less.
   A: 저 말이지, 널 좋아하지 않는 사람들이 많아.
   B: 알게 뭐람.

Excuse me 저기요, 실례합니다만

Excuse me, I seem to have lost my way.
실례합니다, 제가 길을 잃은 것 같아요.

Excuse me, but are you Jack Builders?
실례합니다만, 잭 빌더스 씨인가요?

Could you excuse us for a second?
잠깐 실례해도 될까요?, 자리 좀 비켜주시겠어요?

정답노트 014

상대방의 관심을 불러일으켜라

You know what?
있잖아

이제는 본격적으로 자기가 전달할 내용에 앞서 상대방의 관심을 불러일으키는 표현들을 알아보죠. 놀랍거나 흥미로운 사실을 전달할 때 곧잘 사용되는 문장들로 You know what?은 "있잖아?," "그거 알아?" 정도의 의미로 I'll tell you what, Guess what?이라고도 합니다.

You know what?
있잖아, 그거 알아?

1. 있잖아, 얘기하지 말자고는

You know what? Let's not talk.

2. 저말야, 이거 나중에 끝낼게는

You know what? I'm going to finish this later.

3. 저기 말야, 나 주니랑 데이트있어는

Guess what? I have a date with Juny.

Magic Talk!

A: I'm going to get some more coffee.
B: Oh, you know what? I'll come with you!
  A: 커피를 좀 더 먹을거야.
  B: 어, 저말이야. 같이 가!

A: Guess what? It's raining out.
B: So what?
  A: 저기 말야, 밖에 비가 와.
  B: 그래서 뭐 어쨌다고?

A: Guess what? I'm going to be in a TV commercial!
B: What are you talking about?!
  A: 저말야, 난 TV광고에 나온다!
  B: 그게 무슨 말야?

So what?, ~ or what? and For what?

So what?은 "그래서 어쨌다는거냐?"라는 핀잔의 의미이고 or what?은 "그게 아니면 뭐야?," "그렇지 않아?"라는 뜻으로 자기가 하는 말에 대한 상대방에게 강력한 동의를 구하는 표현입니다. 또한 For what?은 상대방의 행동에 이유를 물어보는 간편한 표현이죠.

It's raining out there - So what? 밖에 비가 내리네 - 그래서 어쨌다는거야?
Are we going to get together or what? 우리 다시 만나는거지 그지 않아?
We're so sorry — For what? 정말 미안해 - 뭐 때문에?

정답노트 015

상대방의 말에 맞장구를 치자

You did?
네가 그랬어?

대화는 자기 이야기를 잘 전달하는 것도 중요하지만 그에 못지 않게 상대방의 말을 잘 들어야 합니다. You did?는 상대방의 말에 화답하는 것으로 대화를 부드럽게 유도하는 표현중의 하나입니다. 우리말로는 "그랬어요?"에 해당되죠. 물음표가 있어서 답을 요구하는 문장이 아니니까 착각하지 말고요. 또 이 표현은 상대방의 주어와 동사의 종류 및 시제에 따라 Are you?, Were you?, Have you?, You do? 등 다양하게 바꿔 사용해야 되기 때문에 순발력을 요구하는데 간단히 말해서 좀 어렵다는 말이죠. 그럴 땐 그냥 Really?, Are you sure?, Is that so? 등의 표현을 써도 무방합니다.

You do/did?
그래/그랬어?

1. 그래?는
   You do?, Are you?

2. 그랬어?는
   You did?, Were you?, Have you?

3. 정말?은
   Are you sure?

Magic Talk!

A: I think I know what's going on here.
B: You do?
   A: 무슨 일인지 알겠어.
   B: 그래?

A: I just broke up with Ellen.
B: You did?
   A: 엘렌하고 헤어졌어.
   B: 그랬어?

A: Hey! I'm in, they're going to let me audition!
B: Really? That's great!
   A: 야, 나 됐어, 오디션보게 한대!
   B: 정말? 잘됐다!

You went where? 어디 갔었다고?

단순히 맞장구를 치는게 아니라 상대방 말의 일부분을 못들었을 경우 혹은 믿기지 않는 이야기를 들었을 경우에 사용하는 표현으로 "모르는 부분만 의문사"로 바꾸면 됩니다. 따라서 You did what?은 "네가 뭘했다고?"라는 뜻이 되는거죠.

A: I went to the library to get a book. 책 빌리러 도서관에 갔었어.
B: You went where? 어디에 갔다구?

정답노트 016

뭐라고요?

I'm sorry?
뭐라고?

사과의 표현인 I'm sorry에 왠 난데없이 물음표(?)가 붙어있는지 의아하게 생각할 수도 있습니다. 이는 미안하다는 의미가 아니라 상대방의 말을 못들었을 때 미안하지만 "다시 한번 말해달라"는 표현입니다. 물음표가 붙었으니 당연히 끝을 올려 발음해야 하고 줄여서 Sorry?라고 해도 됩니다. Come again?도 같은 의미입니다.

이것만은 꼭! 외워두자

I'm sorry?
뭐라고요?

1. 뭐라고요? 다시 한번 말해줘요는
   I'm sorry? Could you repeat that?

2. 미안하지만 뭐라고 말했어?는
   Excuse me, what did you say?

3. 뭐라구요?는
   Come again?

Magic Talk!

A: Excuse me, what did you say?
B: I said, I think we have a bad connection.

A: 죄송합니다, 뭐라고 하셨죠?
B: 제 말은 전화 연결상태가 나쁜 것같다구요.

A: We just lost a million dollars on that deal.
B: Come again?

A: 우리 그 거래에서 백만 달러를 손해봤어요.
B: 뭐라구요?

A: I'm sorry? Could you repeat that?
B: Sure, no problem.

A: 뭐라고요? 다시 말해줄래요?
B: 그러죠, 문제없어요.

I'm sorry?와 같은 내용의 표현들

네이티브가 말하는 걸 완벽히 듣기 힘든 상황하에서는 이렇게 다시 한번 말해달라는 표현은 다른 어떤 표현보다도 항시 몸에 지니고 다녀야 합니다.

Say it once more. 한번 더 얘기해줘.
Would you speak more slowly please? 좀 천천히 말해 줄래요?
I didn't catch what you just said. 방금 말한 거 못들었는데요.
I didn't quite get that. 무슨 말인지 전혀 모르겠네요.
Excuse me, I didn't hear you well. 미안하지만 잘 못들었어요.

정답노트 017

좋아

All right
알았어

All right은 앞의 알았다는 의미와 비슷하지만 이해라는 측면보다는 상대방의 의견이나 제안에 동의하면서 "알았어" 혹은 "좋아," "그래"라는 의미로 쓰입니다. 줄여서 Alright로 표기하기도 하죠. 이와 같이 동의의 표현들로는 Of course, Sure, Okay 등이 있습니다. 이젠 상대방의 말에 동의할 때 하나만 고집하고 말고 다양하게 돌아가면서 써보도록 해요.

All right
좋아

1. 좋아, 너희들 나중에 보자는

   All right, I'll see you guys later.

2. 좋아요. 그럼 내일 사무실에서 봐요는

   Okay, then I'll see you tomorrow at the office.

3. 물론요. 금요일엔 하루 종일 시간이 있습니다는

   Of course. I'm free all day on Friday.

Magic Talk!

A: I got to go. So, I'll talk to you later.
B: All right, Julie.
> A: 나 가야 돼. 그럼 나중에 이야기하자.
> B: 그러자 줄리야.

A: Go over there and tell that woman the truth.
B: All right.
> A: 저기 가서 저 여자에게 사실을 말해.
> B: 알았어.

A: Well, I think I'd better be going now.
B: Okay, then I'll see you tomorrow at the office.
> A: 저, 그만 가봐야 될 것 같아요.
> B: 좋아요. 그럼 내일 사무실에서 봐요.

~, all right? 알았어? 괜찮어?

자기가 하는 말 문장 끝에 ~, all right? 혹은 All right?처럼 단독으로 쓰며, 자기가 한 말을 상대방에게 확인시켜 줄 때 사용하는 표현이죠.

You just need to relax all right? 넌 좀 쉬어야겠어, 알았어?
I just have to go, all right? 나 가야 돼, 괜찮겠어?
But come on, it doesn't matter. All right?
하지만 이봐, 그건 상관없다고. 알았어?

정답노트 018
상대방의 말에 적극적으로 동의하기

You can say that again!
그렇고 말고!

대놓고 큰소리로 상대방의 말에 적극적으로 동의하는 표현들도 있습니다. "누가 아니래.", "그렇고말고!" 정도의 뉘앙스를 띄는 표현들로 You can say that again!, You said it!, You're telling me! 등이 있습니다. 내용상 단조롭게 읽기보다는 마치 연극배우인양 상대방의 말에 동의한다는 생각을 가득 품고 억양을 강하게 넣어 발음해봐야 살아있는 영어가 됩니다.

You can say that again!
그렇고 말고!

1. 네말이 맞아!는
   You said it!

2. 누가 아니래!, 정말 그래!는
   You're telling me!

3. 정말 네 말이 맞아는
   I couldn't agree with you more.

Magic Talk!

A: **It's about time we got a raise.**
B: **You're telling me.**
  A: 임금을 올려받을 때야.
  B: 네 말이 맞아.

A: **The traffic was so bad this morning.**
B: **You can say that again.**
  A: 오늘 아침에 교통상황이 너무 안좋았어요.
  B: 내말이 그말이에요.

A: **I think we should go and celebrate.**
B: **I agree with you entirely.**
  A: 가서 축하해 주자.
  B: 전적으로 동감이야.

I'm with you 동감야, 알았어

상대방의 말에 동의를 표현하는 것으로 '그 점'에 동의한다고 할 때는 I'm with you there이라고 하면 됩니다. 유사한 표현으로는 I'm on your side(난 네 편이야), I'm like you(너랑 같은 생각이야), I'm for it(난 찬성이야), I feel the same way(나도 그렇게 생각해) 등이 있습니다.

정답노트 019

상대방의 기쁨에 축하해주기

Good for you!
잘 됐네!

상대방이 복권에 당첨되었거나 승진했거나 등 좋은 일을 생겼을 때 Yes나 Yeah만을 되뇌이며 멀뚱하게 있으면 투기의 화신으로 오해받을 수도 있지요. 이때는 재빠른 사교술을 발휘하여 "잘됐구나!," "나도 기뻐!"라는 인사를 해야 합니다. 이럴 때 쓰는 전형적인 표현이 바로 Good for you!입니다.

Good for you!
잘 됐네!

1. 네가 잘돼서 나도 기뻐는
   I'm happy for you.

2. 그것 참 잘됐다는
   I'm glad to hear that.

3. 넌 받을 만해는
   You deserve it.

Magic Talk!

A: I quit smoking.
B: Good for you!
  A: 담배 끊었어.
  B: 잘됐네!

A: I finally got the raise I asked for.
B: Good. You deserve it.
  A: 내가 요청한대로 급여가 인상되었어.
  B: 좋겠다. 넌 받을 만해.

A: If you two are happy, then I'm happy for you.
B: That's so sweet.
  A: 너희 둘이 행복하다면 나도 기뻐.
  B: 고마워.

Good job! 잘했어!

잘됐다와 잘했다는 한끝 차이지만 의미가 전혀 다르죠? "잘됐다"(Good for you!)는 상대방의 기쁨을 함께 공유할 때 하는 말이고, "잘했다"(Good job!)은 상대방이 일을 잘 처리했다고 칭찬하는 말입니다. 더 강조하려면 good를 바꿔 Super job!, Excellent job!이라고 하면 되죠. 비슷한 표현으로 Well done!, Nice going!도 있습니다.

정답노트 020

고맙다고 말하는 상대방에게 괜찮다고 말하기

You're welcome
뭘요

감사하다고 고마움을 표현하는 대표적인 표현이죠. "천만에요," "별말씀을요"라는 의미입니다. Don't mention it, Not at all 등과 같은 의미이지만 쓰임의 빈도수는 You're welcome이 절대적으로 많습니다. 상대방이 Thank you하면 거의 반사적으로 (You're) Welcome이라고 하면 됩니다. 그밖의 표현으로는 No problem(별걸요), Think nothing of it(마음쓰지 마세요), (It's) My pleasure(도움이 돼서 내가 기쁘네요), It was nothing(별거 아닌데요) 등이 있습니다.

이것만은 꼭! 외워두자

You're welcome
뭘요

1. 뭘요, 도와줄 수 있어 내가 기뻐요는
   You're welcome! Glad I could help.

2. 별걸요. 그저 할 일을 했을뿐인데요는
   It was nothing, I was just doing my job.

3. 천만의 말씀을요는
   No problem at all.

Magic Talk!

A: I want to thank you for letting me use the car.
B: It was nothing.
　A: 차 빌려줘서 고마워요.
　B: 별것도 아닌데요 뭘.

A: Thank you in advance.
B: No problem, it's my job!
　A: 고맙네.
　B: 뭘요, 제 일인데요!

A: Thanks for the lovely dinner party.
B: You're very welcome. How about some dessert?
　A: 아주 멋진 저녁 파티였어요.
　B: 별 말씀을요. 디저트 좀 드실래요?

No problem 괜찮아

감사에 대한 인사 외에도 상대방이 부탁하거나 사과할 때도 쓰입니다. 그래서 "Regular unleaded. Please fill it up"(보통 무연휘발유로 가득 채워주세요)라고 할 때 "No problem"이라고 하면 이때는 "예 알겠습니다"라는 의미고요 또 "I'm sorry I can't make it"(미안하지만 못갈 것 같은데)라는 말에 "No problem"하면 "괜찮아"라는 의미가 되는거죠.

정답노트 021

상대방에 괜찮다고 관용을 베풀 때

Don't worry about it
걱정마

상대방이 실수를 해서 사과를 해올 경우 또 멀뚱하게 있다가는 오해받기 쉽죠. 물론 사과를 받지 않을 경우라면 문제없지만 사과를 받고 용서를 해줄 때는 빨리 Don't worry (about it)라고 해주어야 합니다. 뒤에 It's no big deal(별거아냐)까지 붙이면 금상첨화이겠구요. 앞서 언급한 That's all right, 그리고 Never mind, Forget it도 같은 맥락의 표현입니다.

Don't worry about it
걱정마

1. 걱정마. 별일 아냐는
   Don't worry! It's no big deal.

2. 괜찮아요. 용서해드리죠는
   That's all right. I forgive you.

3. 신경쓰지마는
   Never mind.

Magic Talk!

A: Oh, Tony! Sorry!
B: No that's all right. Don't worry about it.
   A: 어 토니! 미안!
   B: 아냐, 괜찮아. 걱정마.

A: I'm really sorry I stood you up on Friday.
B: Never mind, forget it.
   A: 금요일날 바람 맞혀서 정말 미안해.
   B: 신경쓰지마, 잊어버리라고.

A: I am sorry to have kept you waiting for so long.
B: That's all right.
   A: 오래 기다리게 해서 미안해요.
   B: 괜찮아요.

Forget it 괜찮아, 그만 이야기하자

사과하는 상대방에게 Forget it하면 괜찮으니까 신경쓰지 말라는 말이 되지만 뭔가를 계속 알려달라고 하는 등 상대방이 귀찮아 하는 경우에 Forget it하면 "신경꺼," "그만 이야기하고 싶어"라는 의미가 되기도 합니다.

정답노트 022

상관없다고 말하기

It doesn't matter to me
난 별로 상관없어

상대방이 나의 의견이나 의향을 물을 때 사용하는 표현으로 어떻게 하든지 나는 상관없음을, 즉 결정권을 상대방에게 일임하는 문장입니다. 여기서 matter는 '중요하다'라는 뜻으로 결국 내게는 중요하지 않다, 그러니 네 마음대로 결정해도 좋다는 말이 되는거죠. to me를 생략하거나 혹은 주어 'It'을 빼고 Doesn't matter라고 쓰기도 합니다. I don't care 역시 비슷한 의미로 거의 무관심을 나타내는 표현입니다.

이것만은 꼭! 외워두자   **It doesn't matter (to me)**
상관없어

1. 난 별로 상관없어는
It doesn't matter to me.

2. 네가 뭐라고 하든 상관없어는
It doesn't matter what you say.

3. 알게 뭐람! 난 안 그만둔다고!는
I don't care! I am not quitting!

Magic Talk!

A: Can I use your computer when you're gone?
B: I don't care.
   A: 너 퇴근하고 나서 네 컴퓨터를 내가 써도 될까?
   B: 그래, 상관없어.

A: You know what? She's gay.
B: Doesn't matter.
   A: 그게 말야, 걔가 레즈비언이래.
   B: 상관없어.

A: When do you want to get together to talk about it?
B: It doesn't matter to me.
   A: 언제 만나 그 얘기 할까?
   B: 나는 별로 상관없어.

Does size matter? 크기가 문제돼?

It doesn't matter (to me)를 통째로 상관없어라고 배운 탓에 동사 matter의 원래 의미에 좀 낯설어하고 matter가 긍정의 동사로 쓰인 경우에 생소해하는 경우가 있습니다. 물론 부정형태로 많이 쓰이기는 하지만 긍정형태로도 가끔은 쓰이니까 matter의 동사의미가 '중요하다,' '문제가 되다'라는 걸 알아두도록 해요.

When it comes to love, what does age matter?
사랑에 관해서라면 나이가 뭐 중요한건가?
Does it matter?! 그게 문제가 돼?!

정답노트 023

모든 걸 다 알 수는 없잖아요?

I have no idea
몰라

창의력이 없다고 이야기하는 게 아닙니다. 여기서 idea를 '아이디어'로 생각하면 안 되지요. have no idea는 숙어로 don't know와 같은 뜻입니다. 그래서 I have no idea는 "난 모르겠는데"라는 표현이 되는거죠. 상대방의 질문에 모른다고 할 때 계속 앵무새처럼 No만 반복할게 아니라 I have no idea와 같은 No 대용어를 많이 알아두고서 바꿔 써보도록 해요. "잘 모르겠을" 때는 I'm not sure, "내가 알기로는 잘 모르겠어요"는 Not that I know of, "아직 모른다"고 할 때는 Not yet 등을 쓰면 됩니다.

I have no idea
몰라

1. 글쎄, 잘 모르겠는데는
   I'm not sure.

2. 아직은 아냐는
   Not yet.

3. 내가 알기론 잘 모르겠어요는
   Not that I know of.

Magic Talk!

A: **So what are you going to do?**
B: **I have no idea.**
   A: 그래 너 뭐할거야?
   B: 몰라.

A: **How much is this going to cost?**
B: **I have no idea.**
   A: 이게 비용이 얼마나 들 것같아?
   B: 모르겠는데요.

A: **Will Sofia be coming over for dinner tonight?**
B: **Not that I know of.**
   A: 소피아가 오늘밤 저녁식사에 올까?
   B: 난 잘 모르겠어.

I have no idea wh~ …을 모르겠어

I have no idea what/who~ 주어+동사 무엇(누가)이 …인지 몰라
I have no idea what you just said. 네가 방금 뭘 말했는지 모르겠어.
I have no idea who Dorothy is. 누가 도로시인지 모르겠어.

정답노트 024

오해는 풀기 전에 막아야

Don't get me wrong
오해하지마

모국어인 우리말로 이야기하면서도 오해가 많이 생기기 마련인데, 영어를 외국어로 배운 우리가 영어를 말하면서 오해가 생기지 않을 수 있을까요? 이런 때를 대비해서 오해방지용 표현들을 알아둬야 하는데, Don't get me wrong은 그중 하나로 "상대방에게 오해하지 말라"고 하는 표현이고요. 또한 I didn't mean that은 내가 말 할려는 의도가 잘못 전달되었을 경우에 "내 말은 그게 아냐"라는 의미입니다.

Don't get me wrong
오해하지마

1. 오해하지마는
   Don't get me wrong.

2. 미안 그런 의미가 아니야는
   Sorry, I didn't mean that.

3. 내 말은 그게 아냐는
   That's not what I meant.

Magic Talk!

A: So, you think I'm a jerk?
B: That's not what I meant.
   A: 그래 너 생각에 내가 머저리라고?
   B: 내말은 그게 아냐.

A: You told Carol she was fat?
B: I didn't mean that.
   A: 캐롤에게 뚱뚱하다고 말했어?
   B: 내 말은 그게 아니었는데.

A: You think hamburgers are unhealthy?
B: Don't get me wrong. I still like to eat them.
   A: 햄버거가 건강에 안좋다고 생각하는거야?
   B: 오해마. 여전히 햄버거 즐겨 먹어.

I didn't mean to+동사 …할 의도는 아니었어

상대방이 오해할 수도 있는 부분을 구체적으로 말하면서 오해를 푸는 표현이죠.

I'm sorry. I didn't mean to scare you. 미안, 널 겁줄려는게 아니었어.
Oh sorry I didn't mean to interrupt. 어 죄송해요, 방해할려고 한게 아닌데.
I'm sorry! I didn't mean to do that! 미안! 그럴려고 그런게 아니었어!

정답노트 025

불쌍한 상대방 위로해주기

That's too bad
정말 안됐어

상대방이 불행한 일을 당했다는 소식을 접했을 때 말하는 표현들을 알아보죠. 특히 이런 안좋은 일을 당했을 때는 어느 때보다도 빨리 자신의 안타까움을 표현해야 되므로 몇 개 안되는 표현 그냥 다 외워두도록 해요. 가장 대표적인 것으로 I'm sorry to hear that으로 유감을 표명하거나 혹은 That's too bad로 안타까움을 표명하면 됩니다.

That's too bad
정말 안됐어

1. 저런, 안됐네는
   That's too bad.

2. 정말 유감야는
   I'm sorry to hear that.

3. 저런은
   That's a shame!

Magic Talk!

A: **Something's come up and he can't make it.**
B: **That's too bad!**
   A: 일이 생겨서 올 수가 없대.
   B: 저런!

A: **We missed winning the lottery by one number.**
B: **That's too bad.**
   A: 숫자 하나가 틀려 복권에 당첨되지 못했어.
   B: 참 안됐군.

A: **My little girl's dog got hit by a car yesterday.**
B: **What a shame!**
   A: 우리 딸 강아지가 어제 차에 치였어.
   B: 저런!

Shame on you! 부끄러운 줄 알아!

상대방의 잘못된 행동에 던지는 말로 문맥에 따라 비난의 의미보다는 안타까움의 표현이 될 수도 있음.

A: **They are talking about Tom and Jane.**
   쉿, 쟤네들이 탐과 제인 얘기를 하고 있다구.
B: **Are you eavesdropping? Shame on you!**
   너 엿듣고 있는거야? 챙피한 줄 알아!

정답노트 026

고맙다고 말하기

Thank you for the ride
차 태워줘서 고마워

상대방이 내게 고마움을 베풀었을 때 말하는 전형적인 표현이죠. Thank you for~ 이하에는 명사나 혹은 ~ing 형태를 넣으면 됩니다. 물론 Thank you를 Thanks로 바꿔 Thanks for~라고 해도 되고, 간단히 고마운 행위를 구체적으로 언급하지 않고 그냥 Thank you very[so] much, Thanks a lot 등으로 말해도 됩니다. 한편 상대방의 제의를 거절하면서 "고맙지만 괜찮아요"라고 말하려면 No, thank you라고 하면 됩니다.

Thank you for +명사/~ing
…해줘서 고마워

1. 태워다줘서 고마워는

Thank you for the ride.

---

2. 와줘서 고마워는

Thank you for coming.

---

3. 시간내줘서 고마워는

Thank you for your time.

Magic Talk!

A: Thank you for the ride.
B: You're welcome, I was going this way anyway.
   A: 태워다줘서 고마워요.
   B: 천만에요. 어차피 이 길로 가는 걸요.

A: Can I help you with anything?
B: No, thank you, I'm just looking around.
   A: 도와드릴까요?
   B: 고맙지만 괜찮아요. 그냥 구경만 하는 거예요.

A: Thank you for the gift you sent on my birthday.
B: Oh, it was my pleasure. I hope you like it.
   A: 내 생일에 보내준 선물 고마워.
   B: 뭘 그런 걸 가지고. 네 맘에 들었으면 좋겠다.

Thank you~ 와 같은 내용의 표현

I really appreciate it.[that, this] 정말 고맙습니다.
That's (so) sweet. 고마워라, 친절도 해라.
It's very kind of you to say so. 그렇게 말해줘서 고마워.

MEMO